A MENTE DA CRIANÇA

MARIA MONTESSORI

Organização:
Daniele Novara

A MENTE DA CRIANÇA

Mente absorvente

Tradução

Marcos Araújo

Planeta

Título original: *La mente del bambino*

Preparação: Fernanda Guerriero Antunes
Revisão: Ligia Alves
Projeto gráfico e diagramação: Márcia Matos
Capa: Fabio Oliveira

CIP-BRASIL. CATALOGAÇÃO NA PUBLICAÇÃO
ANGÉLICA ILACQUA CRB-8/7057

Montessori, Maria, 1870-1952
A mente da criança / Maria Montessori ; organização de Daniele Novara. -- São Paulo : Planeta do Brasil, 2025.
304 p.

ISBN 978-85-422-3195-3
Título original: La mente del bambino

1. Psicologia infantil 2. Pedagogia I. Título II. Novara, Daniele

25-0493 CDD 136.7

Índices para catálogo sistemático:
1. Psicologia infantil

MISTO
Papel | Apoiando o manejo florestal responsável
FSC® C019498
FSC www.fsc.org

Ao escolher este livro, você está apoiando o manejo responsável das florestas do mundo

2025

Editora Planeta do Brasil Ltda.
Rua Bela Cintra 986, 4º andar – Consolação
São Paulo – SP – 01415-002
www.planetadelivros.com.br
faleconosco@editoraplaneta.com.br

SUMÁRIO

INTRODUÇÃO

DANIELE NOVARA

Maria Montessori é a maior pedagoga da modernidade. Não só pelo que realizou – o método que leva seu nome –, mas porque representa a pedagogia moderna em suas melhores formas, na qualidade específica, na essência científica. Em suas descobertas, ela condensa o próprio sentido da pedagogia como ciência prática e operativa. O próprio Jean Piaget, indagado em matéria de pedagogia, afirmou:

> Não tenho opinião alguma no tocante à pedagogia. O problema da educação me interessa vivamente, já que considero que as coisas a transformar e reformar são infinitas, mas creio que o papel do psicólogo consiste sobretudo em fornecer ao pedagogo fatos que ele poderá utilizar, e não em substituí-lo para lhe dar conselhos.[1]

Maria Montessori não representa um divisor de águas, mas a realização criativa e orgânica dos recursos de uma ciência historicamente mantida refém da filosofia. Com a eficácia de seu trabalho e de seu método, Maria Montessori demonstra que a pedagogia é outra coisa; leva-a ao desenvolvimento máximo, porém não esgota seu potencial.

---

[1] Bringuier, Jean-Claude (org.). *Jean Piaget. Intervista su conoscenza e psicologia*. Roma-Bari: Laterza, 1978, p. 125.

Tentemos, portanto, retraçar essa viagem e situá-la de modo adequado.

Tudo tem origem com Jean-Jacques Rousseau, filósofo profundamente iluminista, mas que tem um interesse muito pessoal, como acontece com frequência. Antes de se tornar famoso, rico e admirado pela sociedade de seu tempo, Rousseau se vê obrigado a abandonar quatro filhos num orfanato. No século XVIII ainda não existia nenhum dispositivo para uma eventual reunião das crianças com os pais legítimos, algo que só ocorreria na segunda metade do século XIX. Uma ferida devastadora que ele, em alguma medida, canalizou em seu trabalho naquela que se tornou sua obra mais famosa: *Emílio, ou Da educação*. Um texto demolidor que faz desabar o conceito de educação que tinha imperado, de Tertuliano a Comênio, criando as grandes figuras de preceptores como o nosso Vittorino da Feltre na corte dos Gonzaga de Mântua. Rousseau inverte os termos da tradição: já não se trata de inculcar nas crianças os conhecimentos, as virtudes, os comportamentos necessários, mas de colocar-se a serviço da liberdade do crescimento infantil. Nas primeiríssimas páginas de *Emílio*, encontra-se um ataque muito duro à prática de enfaixar os recém-nascidos, algo que hoje parece óbvio, mas que para a época foi uma revolução. Não esqueçamos que, ainda no século XVIII, a iconografia da natividade prescrevia Jesus Menino enfaixado no berço. Uma prática desumana para Rousseau:

> O homem civilizado nasce, vive e morre na escravidão: no nascimento, enfaixam-no [...].
>
> Diz-se que várias parteiras pretendem, ao pressionar a cabeça dos recém-nascidos, dar-lhe uma forma mais conveniente, e isso é aceito! Nossas cabeças teriam sido malfeitas pelo Autor de nosso ser: precisamos que sejam moldadas por fora pelas parteiras e por dentro pelos filósofos.[2]

Abre-se assim uma primeira e excepcional trilha para o trabalho científico de Maria Montessori, que põe a liberdade das mãos dos recém-nascidos

[2] Rousseau, Jean-Jacques. *Emilio*. Roma-Bari: Laterza, 2016, p. 61.

na base mesma de seu método e que faz da sensorialidade seu ponto fulcral e de desenvolvimento.

No início do século XIX, dois médicos franceses, Jean-Marc Gaspard Itard e Édouard Séguin, experimentaram aplicar as teorias filosófico-pedagógicas de Rousseau num setor que era praticamente irrelevante até aquele momento: as crianças com atraso mental, designadas na época com o termo "deficientes". Itard conduz o famoso experimento com o "menino selvagem" (Victor, encontrado abandonado na floresta do Aveyron). Não obtém o resultado esperado, mas sua experimentação marca um avanço na concepção da educabilidade das crianças ao demonstrar a importância do ambiente em que elas crescem. Seu discípulo Séguin, com a identificação dos materiais que levam seu nome, inaugura o uso de instrumentos específicos na gestão das crianças com retardo mental. Quase um século depois, Maria Montessori se apega a esses instrumentos, recupera-os, retira-os do esquecimento e constrói um arcabouço metodológico que, a princípio, tem exatamente o objetivo de liberar da discriminação as crianças ditas "deficientes", mostrando que o ambiente é decisivo para a recuperação delas. Maria Montessori pode fazer essa operação revolucionária porque, após Jean-Jacques Rousseau, outros pioneiros se moveram na direção certa.

No início do século XIX, o grande pedagogo suíço Johann Heinrich Pestalozzi começa a valorizar o intercâmbio social entre os alunos e a força do ensinamento mútuo, ou seja, da reciprocidade – como a chamaríamos hoje –, no trabalho escolar. A falta de colaboradores em seu instituto de Stans (1798-1799) leva-o àquela intuição, incrivelmente rousseauniana, que se torna a base da pedagogia moderna: o maior recurso dos alunos são os próprios alunos:

> O número e a diferença entre as crianças facilitavam minha tarefa. Como um irmão e uma irmã mais velhos, sob os olhos da mãe, mostram agilmente aos menores tudo o que sabem, e se sentem felizes e orgulhosos por ocupar desse modo o lugar da mãe, assim minhas crianças estavam felizes em ensinar às outras aquilo que tinham aprendido.

> Despertava-se seu sentimento de honra, e aprendiam duplamente ao fazerem os outros repetirem o que eles lhes repetiam. Assim, logo tive assistentes e colaboradores entre minhas próprias crianças.
>
> Nos primeiros dias, eu os fazia decorar algumas palavras muito difíceis; bastava que um deles conhecesse uma delas para que reunisse em torno de si crianças que não a sabiam para ensiná-la a elas.
>
> Assim, desde o início, formei auxiliares para mim. Cedo tive entre meus alunos colaboradores que, na arte de ensinar aos mais fracos aquilo que estes ainda não sabiam, progredindo com nossa instituição, decerto teriam se mostrado mais úteis ou, sob muitos aspectos, mais úteis às necessidades momentâneas dela, do que professores empregados para tal fim. Eu mesmo aprendia com eles.[3]

Maria Montessori acolhe essa mensagem. Assume o *imprinting* sensorial de Itard e Séguin, mas também de um pedagogo da área alemã, Friedrich Fröbel, que inventa os *jardins de infância*, estabelecidos numa lógica de descoberta e de exploração sensorial. Embora com os grandes limites de uma pedagogia alemã ainda profundamente marcada pelas teorias de Herbart, o teórico da *tábula rasa*, Fröbel apresenta uma proposta extremamente inovadora no tocante ao modelo religioso dos asilos infantis:

> O jogo neste período não é simples divertimento, mas tem grande seriedade e profundo significado. Os jogos desta idade são os germes da inteira vida futura, porque neles se desenvolve e se mostra todo o homem em suas disposições mais delicadas, em seu sentimento íntimo. Toda a vida futura do homem, de agora até quando dela sairá, tem suas fontes neste período e deste dependerá que essa vida venha a ser serena ou conturbada, calma ou tempestuosa, ativa ou ociosa, rica ou pobre de ações.[4]

---

[3] Ver: Pestalozzi, Johann Heinrich. *Lettera ad un amico sul proprio soggiorno a Stans*. Editado por Ernesto Codignola. Florença: La Nuova Italia, 1951, pp. 35-36.

[4] Fröbel, Friedrich. *L'educazione dell'uomo*. Florença: La Nuova Italia, 1993.

Sem dúvida, porém, a forte inspiração de Maria Montessori se situa dentro da importantíssima temporada de ativismo pedagógico surgido simultaneamente com os grandes movimentos de renovação do início do século XX. Primeiro entre todos, o movimento de liberação da mulher, ou seja, o protofeminismo, do qual Maria Montessori é uma representante qualificada, ainda que jovem, e altamente reconhecida. Mas também o primeiro movimento ambientalista que se difunde em toda a Europa na esteira do movimento estético da *art nouveau*, isto é, do Liberty, e que encontra uma referência nas ideias políticas de Lev Tolstói. Os primeiros anos do século XX são incríveis do ponto de vista cultural e social. Na moda, as primeiras minissaias aparecem precisamente naquela época; nudismo e liberação sexual começam a impor-se. É toda uma proliferação de dinamismo, de ideias e de cultura que encontra seu ápice na descoberta da criança, como o famoso livro da feminista sueca Ellen Key.[5] A descoberta das crianças, de sua força, de sua potência e de sua criatividade faz parte desse conjunto de ideias mais amplo do qual Maria Montessori, liberta dos complexos acadêmicos, participa com grandes intervenções e protagonismo. O ativismo pedagógico encontra em John Dewey, grande filósofo e pedagogo estadunidense, seu ponto de referência inequívoco. Seu livro *The School and Society*[6] permanece uma absoluta obra-prima pedagógica. Muitas experiências brotam no mundo todo: "A educação é, por isso, um processo de vida, e não uma preparação para um viver futuro".[7]

O ativismo sustenta que na escola os alunos devem fazer experiência; não devem mais escutar os preceptores, mas viver concretamente situações ativas, sobretudo na dimensão do grupo.[8] Maria Montessori se insere nesse ímpeto e se torna sua ponta de lança.

---

[5] Key, Ellen. *Il secolo dei fanciulli*. Turim: Bocca, 1906.

[6] Idem, *La scuola e la società*. Catânia: F. Battiato Editore, 1915.

[7] Dewey, John. *Il mio credo pedagogico. Antologia di scritti sull'educazione*. Edição de Lamberto Borghi. Florença: La Nuova Italia, 1952.

[8] Ver: Cousinet, Roger. *Un metodo di lavoro libero per gruppi*. Florença: La Nuova Italia, 1975.

As duas Guerras Mundiais atenuam em parte, não totalmente, essa onda de renovação. A emergência de sistemas políticos ditatoriais em várias regiões do mundo apaga a possibilidade de identificar a pedagogia com a liberdade, ou seja, com métodos como o montessoriano e todos os inspirados em Jean-Jacques Rousseau. Com o fim da Segunda Guerra, porém, assiste-se a uma retomada: na França nasce o movimento freinetiano e, na América do Sul, Paulo Freire está muito próximo dessas instâncias de liberdade. Em 1968, os sistemas escolares europeus são progressivamente reorganizados e reformados à luz das novas ideias que encontram no eixo Rousseau-ativismo--Montessori seu terreno mais fértil. Maria Montessori pode voltar ao auge, permanecendo o ponto de referência de todos os educadores que creem na pedagogia como ciência da liberdade, ciência da mudança, ciência do crescimento baseada no desenvolvimento dos recursos das crianças, dos jovens, dos alunos e, em certa medida, também dos pais. Todos nos definimos montessorianos, mesmo não sendo necessariamente parte de um movimento específico. Não é preciso. Maria Montessori defende a ciência que hoje, em sua concretude, pode revelar-se o ovo de Colombo para enfrentar e resolver os problemas que uma sociedade cada vez mais complexa nos impõe e evitar os solipsismos da educação-bricolagem, do isolamento digital, do paroxismo narcísico, do idealismo magistral. É necessário partir de Maria Montessori e dar mais uma chance à sua ciência, reconhecendo-nos nela como operadores de uma educação libertadora e criativa que, sem levantar barricadas ou disparar projéteis, pretende realmente de fato mudar o mundo.

NOTA DO ORGANIZADOR

A mente da criança é um dos últimos textos de Maria Montessori. Tal como a maioria de seus livros, trata-se de uma coletânea de conferências: aprofundamentos, atualizações e especificações acerca de seu método no tocante à vida e ao crescimento infantil. Neste livro tão importante, ela parece interessada em elucidar uma série de passagens científicas e de motivações psicoevolutivas que fortalecem as razões e a eficácia de suas propostas. Por isso, considerei necessário deixar o texto exatamente como em sua composição em língua italiana. Uma opção diferente seria, do meu ponto de vista, arbitrária. O livro tem uma organicidade própria e uma natureza precisa. Não é possível selecionar páginas específicas sem desfigurar a diacronia do texto.

A atualidade deste conteúdo não se acha tanto no alinhamento científico-técnico com respeito às inevitáveis atualizações que o pensamento e a pesquisa científica têm produzido subsequentemente, mas na incontornável substância de suas profundas intuições, que têm traçado o caminho para quem veio depois de Montessori. Nestes oitenta anos, ninguém contestou de maneira significativa o que ela afirmava; ao contrário, o progresso tem permitido aprofundamentos. Notas e comentários ao texto representariam um estorvo, quando não uma interferência inútil e indevida.

Portanto, boa leitura. É sempre uma grande emoção "ouvir" a voz desta grande cientista e pedagoga.

A CRIANÇA NA RECONSTRUÇÃO DO MUNDO

Este livro é um elo na evolução de nosso pensamento e de nossa obra em defesa das grandes forças da infância.

Hoje, enquanto o mundo está dividido e se pensa em formular planos para uma futura reconstrução, a educação é universalmente considerada como um dos meios mais eficazes para essa reconstrução, já que não há dúvidas de que, do ponto de vista psíquico, o gênero humano está abaixo do nível que a civilização apregoa ter alcançado.

Também penso que a humanidade está distante do grau de preparação necessária para aquela evolução à qual ela tão ardentemente aspira: a construção de uma sociedade pacífica e a eliminação das guerras. Os homens não são ainda capazes de controlar e dirigir os acontecimentos, dos quais se tornam, bem mais, as vítimas.

Embora a educação seja reconhecida como um dos meios aptos a elevar a humanidade, é considerada, ainda e apenas, educação da mente baseada em velhos conceitos, sem pensar em extrair dela uma força renovadora e construtora.

Não duvido de que a filosofia e a religião devam dar uma contribuição imensa à renovação. Mas quantos filósofos existem no mundo hiperurbanizado de hoje, e quantos existiram antes e existirão no futuro? Nobres ideias e altos sentimentos sempre existiram e sempre foram transmitidos com o ensino, mas as guerras nunca cessaram. E, se a educação tivesse de ser concebida ainda segundo os antigos esquemas de transmissão do saber, não haveria nada mais a esperar para o futuro do mundo. De que serve a transmissão do saber se a formação mesma do homem é negligenciada? Existe, ignorada, uma entidade psíquica, uma personalidade social imensa para a multidão de indivíduos, uma potência do mundo que deve ser tomada em consideração; se podem vir auxílio e salvação, estes virão somente da criança, porque a criança é a construtora do homem.

A criança é dotada de poderes desconhecidos, que podem conduzir a um futuro luminoso. Se realmente se deseja planejar uma reconstrução, o desenvolvimento dessa potencialidade humana deve ser o escopo da educação.

Nos tempos modernos, a vida psíquica do recém-nascido tem suscitado grande interesse, e alguns psicólogos tornaram objeto de suas observações o desenvolvimento infantil das três primeiras horas depois do nascimento. Outros, após terem estudado atentamente, chegaram à conclusão de que os dois primeiros anos de vida são os mais importantes no desenvolvimento humano.

A grandeza da personalidade humana começa com o nascimento do homem. Essa afirmação singularmente mística leva a uma conclusão que poderia parecer estranha: a educação deveria começar no nascimento. Falando de maneira prática, porém, como se pode educar uma criança que acabou de nascer, ou em seu primeiro ou segundo ano de vida? Como ministrar lições a uma criaturinha que não entende nossa fala e nem sequer sabe mover-se? Talvez só nos refiramos à higiene quando falamos de educação das criancinhas pequeninas? Decerto não.

Durante esse período, a educação deve ser entendida como auxílio ao desenvolvimento dos potenciais psíquicos inatos no indivíduo humano, o que significa que não poderia ser usada a forma comum e conhecida de ensino por meio da palavra.

Riqueza não utilizada

Observações recentes têm demonstrado amplamente que os pequeninos são dotados de uma natureza psíquica toda particular, e isso nos oferece um caminho novo para a educação; uma forma diferente, que diz respeito à humanidade mesma e que ainda não foi levada em consideração. A verdadeira energia construtiva, vital e dinâmica das crianças permaneceu ignorada por milênios. Tal como os primeiros homens pisaram a terra e em seguida cultivaram sua superfície, sem conhecer as imensas riquezas que jaziam escondidas nas profundezas – e nem se importar com elas –, também o homem moderno avança na civilização sem conhecer os tesouros que jazem escondidos no mundo psíquico da criança.

Desde os primórdios da humanidade, o homem tem continuado a reprimir e a aniquilar essas energias cuja existência somente hoje ele começou a intuir. Assim, por exemplo, Carrel escreve: "O tempo da primeira infância é sem dúvida o mais rico. Deve ser utilizado de todos os modos possíveis e imagináveis por meio da educação. A perda desse período é irreparável. Em vez de descuidar dos primeiros anos da vida, é nosso dever cultivá-los com a máxima atenção".[1]

A humanidade começa a tomar consciência da importância dessa riqueza ainda não explorada; algo bem mais precioso que o ouro: o espírito mesmo do homem.

Os dois primeiros anos de vida abrem um novo horizonte, revelam leis de construção psíquica que até hoje permaneciam desconhecidas. A própria criança nos fez o dom dessa revelação, nos fez conhecer um tipo de psicologia todo seu, completamente diferente da do adulto. Eis o novo caminho! Não é o professor que aplica a psicologia às crianças, mas são as próprias crianças que revelam sua psicologia ao estudioso.

Tudo isso pode parecer obscuro, mas se tornará imediatamente claro se nos aprofundarmos nos detalhes: a criança tem uma mente capaz de

[1] Carrel, Alexis. *L'homme, cet inconnu*. Paris: Librairie Plon, 1935, p. 222 (tradução italiana: *L'uomo questo sconosciuto*. Turim: Marcovalerio, 2016).

absorver cognições e o poder de ensinar a si mesma; basta uma observação superficial para demonstrá-lo. O filho fala a língua dos pais. Ora, o aprendizado de uma língua é uma grande conquista intelectual, ninguém ensinou à criança, e no entanto ela saberá usar perfeitamente o nome das coisas, os verbos, os adjetivos.

Acompanhar a criança no desenvolvimento da linguagem é um estudo de imenso interesse, e todos os que se dedicaram a ele concordam em reconhecer que o uso das palavras, dos nomes, dos primeiros elementos da linguagem, se dá em determinado período da vida como se uma precisa regra de tempo fiscalizasse essa manifestação da atividade infantil. A criança parece seguir fielmente um rígido programa imposto pela natureza, e com tamanha exatidão pontual que nenhuma escola, por mais sabiamente dirigida, venceria no confronto. Sempre seguindo esse programa, a criança aprende as irregularidades e as construções sintáticas da língua com impecável diligência.

Os anos vitais

No íntimo de cada criança existe, por assim dizer, um mestre vigilante que sabe obter os mesmos resultados de qualquer criança, em qualquer país em que esteja. A única língua que o homem aprende perfeitamente é sem dúvida a adquirida no primeiro período da infância, quando ninguém pode ministrar um ensino à criança. E não só: se, adiante, a criança, já crescida, tiver de aprender uma língua nova, nenhuma ajuda de nenhum professor conseguirá que ela fale a língua nova com a mesma exatidão com que fala a língua adquirida na primeira infância. Existe, portanto, uma força psíquica que auxilia o desenvolvimento da criança. E isso não apenas no que diz respeito à linguagem: aos 2 anos, ela será capaz de reconhecer todas as pessoas e as coisas de seu ambiente. Se refletirmos sobre esse fato, torna-se cada vez mais evidente que a obra de construção realizada pela criança é imponente, e que tudo o que possuímos foi edificado desde a infância, desde aquela criança que nós mesmos éramos nos primeiros anos de vida. Não se trata somente, para a criança, de reconhecer o que está à nossa volta ou de compreender e adaptar-se ao nosso ambiente, mas sim, num período em que ninguém pode ser seu mestre, de formar o complexo daquilo que será nossa inteligência e o esboço de nosso sentimento religioso, de nossos sentimentos nacionais e sociais particulares. É como se a natureza tivesse protegido cada criança da influência da inteligência humana para dar a precedência ao mestre interior que a inspira; a possibilidade de edificar uma completa construção psíquica, antes que a inteligência humana possa entrar em contato com o espírito e influenciá-lo.

Aos 3 anos, a criança já assentou os fundamentos da personalidade humana e precisa do auxílio particular da educação escolar. As conquistas feitas por ela são tamanhas que se pode dizer que a criança, ao entrar na escola aos 3 anos, já é um homem pelas conquistas que alcançou. Os psicólogos afirmam que, se compararmos nossa habilidade de adultos à da criança, seriam necessários sessenta anos de trabalho árduo para alcançar o que a criança alcançou em seus primeiros três anos; e eles se exprimem com as mesmas palavras que usei: "aos 3 anos a criança já é um homem", mesmo que essa singular faculdade da criança de absorver do ambiente ainda não tenha se esgotado totalmente nesse período inicial.

Nas nossas primeiras escolas, as crianças chegavam com 3 anos, e ninguém podia lhes ensinar porque não eram receptivas, mas nos ofereceram extraordinárias revelações da grandeza da mente humana. A nossa é uma Casa das Crianças, mais do que propriamente uma escola, isto é, um ambiente especialmente preparado para a criança, onde ela assimila qualquer cultura difundida pelo ambiente sem necessidade de ensino. As crianças das nossas primeiras escolas pertenciam às classes mais humildes do povo e seus pais eram analfabetos. No entanto, aquelas crianças aos 5 anos sabiam ler e escrever, e ninguém lhes tinha ensinado diretamente. Se os visitantes da escola perguntavam quem as tinha ensinado a escrever, as crianças, com frequência espantadas, respondiam: "Quem me ensinou? Ninguém me ensinou".

Pareceu então um milagre que crianças de 4 anos e meio soubessem escrever e que tivessem chegado a tanto sem ter tido a impressão de receber um ensinamento.

A imprensa começou a falar de "espontânea conquista de cultura"; os psicólogos se perguntavam se aquelas crianças não seriam diferentes das outras, e nós mesmos ficamos por muito tempo perplexos. Somente depois de experimentos repetidos obtivemos a certeza de que todas as crianças indistintamente têm essa capacidade de "absorver" a cultura. Se as coisas são assim – nós nos dissemos então –, se a cultura pode ser adquirida sem esforço, façamos a criança ser capaz de "absorver" outros elementos de cultura. Vimos então a criança "absorver" bem mais que a leitura e a escrita: a botânica, a zoologia, a matemática, a geografia, e com igual facilidade, espontaneamente, sem esforço.

Descobrimos assim que a educação não é aquilo que o professor dá, mas é um processo natural que se desenvolve espontaneamente no indivíduo humano; que ela não se adquire escutando palavras, mas graças a experiências realizadas no ambiente. A tarefa do professor não é falar, mas preparar e dispor uma série de motivos de atividade cultural num ambiente expressamente preparado.

Minhas experiências desenvolvidas em outros países duraram mais de quarenta anos, e, à medida que as crianças cresciam, os pais me pediam que continuasse a educação das crianças já maiorzinhas. Descobrimos assim que a atividade individual é a única faculdade que estimula e produz o desenvolvimento, e que isso vale tanto para os pequenos em idade pré-escolar quanto para as crianças das escolas primárias e das escolas mais avançadas.

Surge o Homem Novo

Diante de nossos olhos apareceu uma nova imagem; não era a de uma escola ou de uma educação. Era o Homem que surgia, o Homem que revelava seu verdadeiro caráter em seu livre desenvolvimento, que exibia sua grandeza quando nenhuma opressão mental vinha limitar seu trabalho interior e oprimir sua alma.

Eu sustento, portanto, que qualquer reforma da educação deve se basear no desenvolvimento da personalidade humana. O próprio homem deveria se tornar o centro da educação, e cabe estar ciente de que o homem não se desenvolve na universidade, mas começa seu desenvolvimento mental desde o nascimento e o efetiva com a maior intensidade nos três primeiros anos de vida; a esse período mais que a qualquer outro é necessário que se dedique um cuidado atento. Se agirmos segundo esse imperativo, a criança, em vez de impor a si mesma um esforço, se revelará a nós como a maior e mais confortadora maravilha da natureza. Então nos veremos diante da criança, não mais considerada um ser sem força, um recipiente vazio para encher com nossa sabedoria, mas sua dignidade surgirá diante de nossos olhos à medida que a virmos como construtora da nossa inteligência, como o ser que, guiado por um mestre interior, trabalha infatigavelmente na alegria e na felicidade, segundo um programa preciso, na construção desta maravilha da natureza que é o Homem. Nós, educadores, podemos somente ajudar a obra já executada como os empregados ajudam o patrão. Nós nos tornaremos, então, testemunhas do desenvolvimento do ânimo humano, do surgimento do Homem Novo, o qual não será vítima dos acontecimentos, mas, graças à sua clareza de visão, poderá se tornar capaz de dirigir e plasmar o futuro da sociedade humana.

A EDUCAÇÃO PARA A VIDA

A escola e a vida social

É necessário ter desde o princípio uma ideia daquilo que entendemos por educação para a vida, e é preciso entrar nos pormenores do problema. Recentemente, o líder de um povo, Gandhi, enunciava a necessidade não só de estender a educação ao inteiro curso da vida, mas também de fazer da "defesa da vida" o centro da educação. E foi a primeira vez que uma afirmação assim foi feita por um líder político e espiritual. A ciência, por seu turno, não só já expressou essa necessidade como, desde o início do nosso século, tem demonstrado que a ideia de estender a educação para toda a vida tem possibilidade de ser efetivada com certeza de sucesso. Esse conceito de educação, porém, ainda não entrou no campo de ação de nenhum ministério da educação.

A educação hoje é rica de métodos, de objetivos e finalidades sociais, mas também se pode dizer que ela não leva em consideração a vida em si mesma. Entre os muitos métodos oficiais de educação de países diferentes, nenhum se propõe a dar assistência ao indivíduo desde o nascimento e a proteger seu desenvolvimento. A educação hoje, tal como é concebida, prescinde tanto da vida biológica quanto da vida social. Todos aqueles que entram no mundo da educação se veem isolados da sociedade. Os estudantes têm que seguir as regras preestabelecidas pela instituição da qual são alunos e a conformar-se aos programas recomendados pelos ministérios da educação. Pode-se dizer que, mesmo no passado mais recente, as condições sociais e físicas dos estudantes não eram levadas em consideração como fato que pudesse minimamente interessar à escola em si. Assim, se o estudante fosse desnutrido, ou se tivesse deficiências de visão ou de audição que reduziam suas possibilidades de aprendizagem, ele era simplesmente classificado com notas inferiores. Os defeitos físicos foram levados em consideração, em tempos posteriores, mas somente do ponto de vista da higiene física, enquanto ninguém considera, ainda hoje, que a mente do estudante pode ser ameaçada e prejudicada por métodos educacionais defeituosos e inadequados. O currículo da Nova Escola pelo qual Claparède se interessou considera bem mais a *quantidade* das disciplinas incluídas nos programas, visando reduzi-las para evitar a fadiga mental. No entanto, não toca no problema do modo como os alunos poderiam enriquecer de cultura sem afadigar-se. Na maioria das escolas públicas administradas pelo Estado, o que importa é que o programa seja cumprido. Se o espírito dos jovens universitários se sensibilizar pelas deficiências sociais e pelas questões políticas agitadas por verdades apaixonantes, a palavra de ordem é que o jovem não deve se ocupar de política, mas, sim, cuidar dos estudos até que os tenha levado a termo. Ocorre, com isso, que o jovem, saído da universidade, terá uma inteligência um tanto limitada e sacrificada por não ser capaz de identificar e avaliar os problemas da época em que vive.

Os mecanismos escolares são estranhos à vida social contemporânea, de tal modo que esta parece estar excluída, com seus problemas, do campo educacional. O mundo da educação é uma espécie de ilha onde os indivíduos, retirados do mundo, se preparam para a vida permanecendo estranhos a ela. Pode acontecer, por exemplo, que um estudante universitário seja afetado pela tuberculose e morra disso. Não é triste que a universidade, a escola onde ele vive, ignore que está doente, e depois apareça em seu funeral, inesperadamente, com uma representação oficial? Há indivíduos extremamente nervosos que, quando entrarem no mundo, serão inúteis para si mesmos e causarão sofrimento à família e aos amigos. No entanto, a autoridade escolar não se interessa por casos particulares de psicologia, e tal indiferença tem plena justificativa nos regulamentos que atribuem à escola a tarefa de se ocupar apenas de estudos e exames. Quem tiver sucesso neles receberá um diploma ou um certificado. Eis, para o nosso tempo, o ponto de chegada da escola. Os estudiosos de problemas sociais sublinham que os graduados pelas escolas e universidades não estão preparados para a vida, e não só: na maior parte dos casos, são mesmo diminuídos em suas possibilidades. As estatísticas revelam um impressionante aumento de loucos, de criminosos, de indivíduos considerados "estranhos". Os sociólogos cobram da escola um remédio para tantos males, mas a escola é um mundo em si, fechado aos problemas sociais, os quais não faz questão de considerar e conhecer. É uma instituição social de tradição demasiado antiga para que seus regulamentos possam ser modificados por meio de ofício; apenas uma força que aja do exterior poderá modificar e renovar, e dar remédio às deficiências que acompanham a educação em todos os graus, assim como infelizmente acompanham a vida dos que vão à escola.

A idade pré-escolar

Quem é a criança desde o nascimento até o sexto ou sétimo ano de idade? A escola propriamente dita não se interessa por ela, de modo que essa idade é chamada de pré-escolar, como quem diz que é estranha ao campo do ensino oficial. E pelos recém-nascidos, que coisa poderia fazer a escola? Nos lugares onde surgiram, as instituições para as crianças em idade pré-escolar raramente dependem da autoridade central educacional ou do ministério da educação. São habitualmente controladas pelos municípios ou por instituições privadas, as quais com frequência têm finalidades lucrativas. O interesse pela proteção da vida psíquica dos pequenos, como problema social, não existe; a sociedade afirma, além disso, que os pequenos pertencem à família, e não ao Estado.

A importância nova que se dá aos primeiros anos da vida não tem suscitado providências particulares; pensa-se somente em modificar a vida da família, no sentido de que agora se considera necessária a educação da mãe. Mas a família não faz parte da escola, e, sim, da sociedade. Disso resulta que a personalidade humana, ou o cuidado da personalidade humana, fica dividida: de um lado, a família, que é parte da sociedade, mas que vive isolada e descuidada ou ignorada pela sociedade; de outro lado, a escola, ela também apartada da sociedade, e em seguida a universidade. Não existe uma concepção unitária, uma boa vontade social pela vida, mas fragmentos que se ignoram uns aos outros e que se referem sucessiva ou alternativamente à escola, à família e à universidade concebida como escola, que implica a última parte do período educativo. Até mesmo as ciências novas, que revelam o mal desse isolamento, como a psicologia social e a sociologia, estão isoladas da escola. Não existe, portanto, um verdadeiro sistema que apoie o desenvolvimento da vida. O conceito da educação entendido nesse sentido não é novo para a ciência, como eu já disse, mas ainda não se realizou. E é este o passo que em breve a civilização terá de dar: o caminho está assinalado, a crítica revelou os erros das condições atuais, outros definiram o remédio a trazer para as diferentes fases da vida, hoje tudo está pronto para que se passe à construção. As contribuições da ciência podem ser comparadas às pedras já aparadas, destinadas a essa construção; falta encontrar quem apanhe as pedras e as sobreponha para erguer o novo edifício necessário à civilização.

A tarefa da educação e da sociedade

O conceito de uma educação que assuma a vida como centro da própria função altera todas as ideias educacionais precedentes. A educação não deve mais se basear num programa preestabelecido, mas no conhecimento da vida humana. À luz dessa convicção, a educação do recém-nascido adquire de imediato uma grande importância. É verdade que o recém-nascido não pode fazer nada, que não se pode ensinar-lhe nada no sentido comum da palavra, e que ele pode ser apenas objeto de uma observação e de um estudo voltados para trazer à luz suas necessidades vitais. De fato, temos conduzido essas observações, com o objetivo de descobrir quais são as leis da vida, já que, se desejarmos auxiliá-la, a primeira condição é o conhecimento das leis que a governam – e não só o conhecimento, porque, se tivéssemos como fim somente o conhecimento, permaneceríamos no campo da psicologia e não avançaríamos para o campo da educação.

No entanto, esse conhecimento do desenvolvimento psíquico da criança deve ser amplamente difundido. Apenas, então, a educação poderá adquirir nova autoridade e dizer à sociedade: "Estas são as leis da vida, vocês não podem ignorá-las e devem agir em conformidade com elas, porque apontam para *direitos humanos* que são amplos e comuns à humanidade inteira".

Se a sociedade considera necessário oferecer uma educação obrigatória, isso significa que a educação deve ser dada de modo prático; e, quando se admitir que a educação deve se iniciar desde o nascimento, será necessário que a sociedade conheça as leis do desenvolvimento infantil. A educação, em vez de permanecer ignorada pela sociedade, deve adquirir autoridade sobre ela, e o mecanismo social terá de se adaptar às necessidades inerentes à nova concepção: que a vida deve ser protegida. Todos são chamados a colaborar, pais e mães devem assumir sua responsabilidade; porém, quando a família não tiver possibilidades suficientes, a sociedade tem que não só oferecer a instrução, mas também prover os meios necessários para educar as crianças. Se a educação significa cuidar do indivíduo, se a sociedade reconhece que para o desenvolvimento da criança são necessários meios dos quais a família não é capaz de dispor, cabe à sociedade mesma prover, cabe ao Estado não abandonar a criança.

A educação se empenhará, portanto, em impor-se com autoridade à sociedade da qual tinha permanecido apartada. Se é evidente que a sociedade deve exercer um controle benéfico sobre o indivíduo humano, e se é também verdade que a educação é considerada amparo à vida, esse controle não deverá jamais ser restrição e opressão, mas deverá oferecer um amparo físico e psíquico. Significa que o primeiro passo que a sociedade deverá dar será o de consagrar meios mais amplos à educação.

As necessidades da criança durante os anos de crescimento foram estudadas, e os resultados desses estudos foram dados ao conhecimento da sociedade, que deve agora assumir com consciência a responsabilidade pela educação, enquanto a educação, de sua parte, partilhará com a mesma sociedade os bens adquiridos em seu progresso. A educação assim concebida já não envolve somente a criança e os pais, mas o Estado e a finança internacional, torna-se estímulo para cada membro do corpo social, estímulo para a máxima renovação da sociedade. Existe algo mais imóvel, estagnado e indiferente do que a educação de hoje? Quando um país precisa cortar gastos, a educação sem dúvida é a primeira vítima. Se alguém perguntar a um homem de Estado quais são suas opiniões sobre a educação, ele responderá que a educação não lhe diz respeito, que confiou a educação dos filhos à mulher para que esta, por sua vez, a confiasse à escola. Ora, no futuro será absolutamente impossível, para um homem de Estado, formular semelhante resposta e dar mostra de tamanha indiferença.

A criança construtora do homem

Consideremos os resultados obtidos por diversos psicólogos que estudaram a criança desde o primeiro ano de vida. O que se deduz deles? Que o crescimento do indivíduo, ao contrário de ser confiado ao acaso, deve ser dirigido cientificamente com mais apuro, o que permitirá alcançar um melhor desenvolvimento do indivíduo. A ideia com a qual todos concordam é a de que o indivíduo mais amparado e assistido está destinado a crescer mais forte, com a mente mais equilibrada e com um caráter mais enérgico. Em outras palavras, a conclusão é que, para além da higiene física, a criança deve ser protegida por uma higiene mental. A ciência tem feito outras descobertas sobre o primeiro período de vida: na criança se manifestaram energias bem maiores do que geralmente se imagina. Ao nascer, psiquicamente falando, a criança não é nada, e não só psicologicamente, já que ao nascer é incapaz de movimentos coordenados e a quase imobilidade das articulações não lhe permite fazer nada; tampouco pode falar, ainda que veja o que acontece ao seu redor. Após dado período de tempo, a criança fala, anda e passa de uma conquista a outra, até construir o homem em toda a sua grandeza e inteligência. E eis que se exibe uma verdade: a criança não é um ser vazio, que deve a nós tudo quanto sabe e com o qual a preenchemos. Não, a criança é construtora do homem, e não existe homem que não tenha sido formado pela criança que ele foi um dia. As grandes energias construtoras da criança, das quais tantas vezes falamos, e que têm atraído a atenção dos cientistas, permaneceram até agora escondidas sob um conjunto de ideias que se formaram em torno da maternidade; dizia-se: a mãe formou a criança, ensina-a a falar, a andar etc. Ora, tudo isso não é inteiramente obra da mãe, mas conquista da criança. O que a mãe cria é o recém-nascido, mas é o recém-nascido que produz o homem. Se a mãe morre, a criança cresce de todo modo e realiza a construção do homem. Uma criança indiana levada para a América e confiada aos cuidados de americanos aprenderá a língua inglesa, e não a indiana. Não vem da mãe, portanto, o conhecimento da linguagem, mas é a criança que se apropria da linguagem como se apropria dos hábitos e dos costumes da gente em meio ao qual se acha vivendo. Não existe, portanto, nessas aquisições, nada de hereditário, e a criança, absorvendo do ambiente que a rodeia, plasma por si mesma o homem futuro.

Reconhecer essa grande obra da criança não significa diminuir a autoridade dos pais; quando estes se persuadirem de que não são os construtores, mas simplesmente os colaboradores da construção, tanto melhor poderão cumprir o próprio dever e auxiliarão a criança com uma visão mais ampla. Somente se esse auxílio for dado convenientemente é que a criança realizará uma boa construção; assim, a autoridade dos pais não se funda numa dignidade intrínseca, mas no amparo que dão aos filhos, e é essa a verdadeira e grande autoridade e dignidade dos pais.

Mas consideremos também de outro ponto de vista a criança na sociedade humana.

O pensamento marxista desenhou a figura do operário tal como é adquirida modernamente pela nossa consciência: o operário produtor de bem-estar e riqueza, colaborador essencial na grande obra da vida civil, reconhecido como tal pela sociedade graças a seus valores morais e econômicos, detentor moral e economicamente do direito de ser provido dos meios e materiais necessários para cumprir seu trabalho.

Vamos trazer agora essa ideia para nosso campo. Tomamos consciência de que a criança é uma operária e que a finalidade de seu trabalho é produzir o homem. Os pais, de fato, fornecem a essa trabalhadora os meios essenciais de vida e de trabalho construtivo, mas o problema social no tocante à infância é considerado de importância bem maior, porque o trabalho das crianças não produz um objeto material, contudo cria a própria humanidade: não uma raça, uma casta, um grupo social, mas a humanidade inteira. Se tal fato for levado em conta, fica claro que a sociedade deve levar a criança em consideração, reconhecendo seus direitos e suprindo suas necessidades. Quando tomarmos a vida mesma como objeto de nossa atenção e de nosso estudo, conseguiremos tocar o segredo da humanidade e teremos em nossas mãos o poder de governar e ajudar a humanidade. Também nós, quando falamos de educação, pregamos uma revolução, na medida em que, graças a ela, tudo aquilo que hoje conhecemos será transformado. Eu a considero a revolução definitiva: uma revolução não violenta, e menos ainda cruenta, que, ao contrário, exclui qualquer mínima violência, porque se houvesse sombra de violência a construção psíquica da criança estaria ferida de morte.

A construção da normalidade humana deve ser defendida. Todos os nossos esforços não objetivaram remover os obstáculos no caminho da criança e afastar os perigos e as incompreensões que o circundavam?

Essa é a educação entendida como auxílio à vida, uma educação desde o nascimento, que alimente uma revolução despida de qualquer violência e que una a todos para um fim comum e os atraia para um único centro. Mães, pais, homens de Estado, todos convergirão no respeito e no apoio a essa delicada construção, elaborada em condições psiquicamente misteriosas, sob a orientação de um mestre interior. Essa é a nova esperança luminosa da humanidade. Não reconstrução, mas auxílio na construção que a alma humana é chamada a levar a termo, construção entendida como desenvolvimento de todas as imensas potencialidades de que a criança, filha do homem, é dotada.

OS PERÍODOS DO CRESCIMENTO

Segundo alguns psicólogos que acompanharam o bebê e o jovem do nascimento até a idade universitária, existem no curso do desenvolvimento diversos e distintos períodos. Essa concepção, derivada de W. Stern, foi logo adotada por outros, em particular por C. Bühler e seus seguidores, enquanto se pode dizer que, de outro ponto de vista, a escola freudiana a desenvolvera de modo notável. É um conceito diferente daquele que tinha sido seguido precedentemente, segundo o qual o indivíduo humano tem, nos primeiros anos, um conteúdo bastante pobre, que enriquece com o crescimento; ou seja, segundo o qual o indivíduo é alguma coisa pequena que aumenta, mas conservando sempre a mesma forma. Abandonando esse velho conceito, a psicologia veio hoje a reconhecer que existem diferentes tipos de psique e de mente nos diferentes períodos da vida.[1] Esses períodos são nitidamente diferentes entre si, e é curioso constatar que coincidem com as diferentes fases do desenvolvimento físico. As mudanças são de tamanho relevo, psiquicamente

[1] Para informações ulteriores sobre esse tema e sobre os pontos de vista acima mencionados, ver: Stern, William. *Psychology of Early Childhood: Up to Sixth Year of Age*. Oxford: Taylor & Francis, 2017 (primeira edição alemã, 1914); Bühler, Charlotte. *Kindheit und Jugend*. Göttingen: Verlag der Psychologie, 1967; Jones, Ernest. *Some Problems of Adolescence*. Londres: British Journal of Psychology, 1922. Para um ponto de vista biológico mais aprofundado, consultar as obras do Dr. Arnold Gesell.

falando, que alguns psicólogos, tentando esclarecê-las, exageraram a ponto de se exprimirem deste modo: "O desenvolvimento é uma sucessão de nascimentos". Em dado período da vida, uma individualidade psíquica cessa e nasce outra. O primeiro desses períodos vai do nascimento aos 6 anos. Nesse período, que entretanto tem manifestações notavelmente diversas, o tipo mental permanece o mesmo. De 0 a 6 anos, o período tem duas subfases distintas: a primeira, de 0 a 3 anos, revela um tipo de mentalidade da qual o adulto não pode se aproximar, isto é, sobre o qual não pode exercer influência direta, e, de fato, não existe escola para esses pequenos. Segue-se outra subfase: dos 3 aos 6 anos, em que o tipo mental é o mesmo, mas a criança começa a ser influenciável de um modo particular. Esse período é caracterizado pelas grandes transformações que ocorrem no indivíduo. Para nos convencermos disso, basta pensar na diferença que existe entre o recém-nascido e a criança de 6 anos. Por ora, não nos interessa como essa transformação ocorre, mas o fato é que aos 6 anos o indivíduo, segundo a expressão comum, se torna inteligente o bastante para ser admitido na escola.

O período seguinte vai dos 6 aos 12 anos e é uma etapa de crescimento, mas sem transformações. É uma fase de calma e serenidade e, psiquicamente falando, de saúde, força e serena estabilidade. "Essa estabilidade, física e mental", diz Ross ao escrever sobre as crianças dessa idade, "é a característica mais destacada da meninice mais avançada. Um ser de outro planeta, que não conhecesse a raça humana, poderia facilmente tomar por adultos da espécie esses pequenos seres de 10 anos, se não tivesse ocasião de ver os verdadeiros adultos".[2]

Em seguida, quanto ao físico, há sinais que parecem fixar os limites entre esses dois períodos físicos. A transformação que ocorre no corpo é muito visível; citarei apenas o fato de que a criança perde sua primeira dentição e inicia a segunda.

O terceiro período vai dos 12 aos 18 anos e é um período de tantas transformações que recorda o primeiro. Este último período pode ser subdividido

---

[2] Ross, James S. *Groundwork of Educational Psychology*. Londres: George G. Harrap & Co., 1944, p. 144.

em duas subfases: uma que vai dos 12 aos 15 anos e a outra que vai dos 15 aos 18. Esse período também é caracterizado por transformações do corpo, o qual alcança a maturidade do desenvolvimento. Após os 18 anos, o homem pode se considerar completamente desenvolvido, e nele não se produz mais nenhuma transformação notável: cresce somente em idade.

O curioso é que a educação oficial reconheceu esses diferentes tipos psíquicos. Parece que ela teve uma obscura intuição sobre eles. O primeiro período, do nascimento aos 6 anos, foi claramente reconhecido, tendo sido excluído da educação obrigatória, enquanto se percebeu que aos 6 anos advém uma transformação em virtude da qual a criança já está madura o bastante para ser admitida na escola. Reconheceu-se, portanto, que a criança já sabe um grande número de coisas, o que lhe permite frequentar a escola. De fato, se as crianças de 6 anos não pudessem orientar-se, nem andar, nem compreender o que diz o professor, não estariam em condições de tomar parte na vida coletiva. Houve, podemos afirmar, um reconhecimento prático. Mas os educadores jamais pensaram que, se a criança pode ir à escola, orientar-se, compreender as ideias a ela transmitidas, tem que ter se desenvolvido mentalmente, dado que ao nascer era incapaz de tudo.

O segundo período também recebeu um reconhecimento inconsciente, porque em muitos países as crianças de 12 anos, geralmente, deixam a escola elementar para entrar nas secundárias. Por que o período dos 6 aos 12 anos foi considerado adequado para ministrar às crianças as primeiras e basilares noções da cultura? Uma vez que isso ocorre em todos os países do mundo, sem dúvida não se trata de uma inspiração fortuita: só uma base psíquica comum a todas as crianças pode ter possibilitado esse tipo de organização escolar, que é indubitável conclusão de um raciocínio baseado na experiência. De fato, a experiência tem mostrado que durante esse período a criança pode submeter-se ao trabalho mental exigido pela escola: pode compreender o que diz o professor e tem bastante paciência para ouvir e aprender. Durante todo esse período, ela é constante no trabalho e forte em saúde: por isso, esse período é considerado o mais adequado para receber a cultura. Após o duodécimo ano de idade, inicia-se uma escola de grau superior, o que significa que a educação oficial reconheceu que naquela idade se inicia um novo tipo de psicologia para o indivíduo humano. Também se reconheceu que esse tipo se manifesta mediante duas fases, como fica demonstrado pelo fato de as escolas secundárias serem divididas em duas partes. Temos uma escola secundária inferior e uma superior; a inferior dura aproximadamente três anos e a superior, às vezes, quatro. Não importa, de todo modo, o período exato de anos em que é subdividido o ensino, interessa somente considerar a sucessão de dois períodos também na escola secundária. No conjunto, esse período é menos fácil e calmo que o precedente. Os psicólogos que têm se interessado pela educação no período da adolescência o consideram um período de tamanhas transformações psíquicas que o comparam ao primeiro, aquele que vai do nascimento aos 6 anos. Geralmente, nessa idade, o caráter não é estável e ocorrem manifestações de indisciplina e de rebeldia. A saúde física não é estável e segura como no segundo período. A escola, porém, não se preocupa. Um determinado programa foi elaborado e os adolescentes são obrigados a segui-lo, querendo ou não. Também nesse período eles têm que ficar sentados a escutar o educador, têm que obedecer e dedicar seu tempo a aprender de cor os conhecimentos ministrados.

O coroamento da vida escolar é a universidade, que, no entanto, não difere essencialmente dos tipos de escola que a antecedem, exceto talvez pela intensidade do estudo. Também na universidade os professores falam e os estudantes escutam. Quando eu estava na universidade e os homens não costumavam se barbear, era curioso ver aqueles jovens nas aulas, alguns com barbas mais ou menos imponentes e todos igualmente dando mostras das mais diversas variedades de bigodes. Apesar disso, aqueles homens maduros eram tratados do mesmo modo que os meninos: tinham que ficar sentados e escutar, submeter-se aos professores, depender – para os cigarros e os meios de transporte – da liberalidade dos pais, prontos a repreendê-los quando fracassavam nos exames. E eram homens adultos, cuja inteligência e experiência um dia dirigiriam o mundo, cujo instrumento de trabalho era a mente, e aos quais eram destinadas as mais altas profissões: futuros médicos, engenheiros, advogados. E, acrescentemos, de que serve hoje um diploma? Por acaso garante a vida de quem o obtém? Quem recorre a um médico recém-formado? Quem confia a construção de uma casa a um jovem engenheiro recém-saído da faculdade? Ou uma causa a um advogado recém-autorizado a exercer a profissão? E como explicar essa falta de confiança? A razão é que esses jovens passaram anos a escutar a fala dos professores, e a escuta não forma o homem: somente o trabalho prático e a experiência conduzem os jovens à maturidade. Por isso é que encontramos jovens médicos que devem ser treinados demoradamente nos hospitais; jovens advogados que têm de fazer estágio no escritório de um advogado já experiente; engenheiros que têm de fazer o mesmo para alcançar o exercício independente de sua profissão e conquistar a própria experiência. E acrescente-se que, para encontrar onde fazer estágio, é necessário aos recém-formados buscar apoios, recomendações e vencer dificuldades consideráveis. Esse triste fato ocorre, pode-se dizer, em todos os países. Um caso típico se deu em Nova York, onde se organizou um desfile de intelectuais composto de centenas de indivíduos que não tinham conseguido encontrar emprego. Levavam um cartaz onde se lia: "Estamos sem trabalho, temos fome. O que devemos fazer?". A situação não mudou. A educação está sem controle e não abandona seus hábitos inveterados. Simplesmente se reconheceu a existência, durante o crescimento do indivíduo, de tipos diferentes em diversos períodos da vida.

O período criativo

Durante a minha juventude, as crianças dos 2 aos 6 anos não eram levadas em consideração. Agora, porém, existem instituições pré-escolares de vários gêneros que acolhem os pequenos entre 3 e 6 anos. Mas ainda hoje, como no passado, a parte mais importante da educação é considerada a universitária, porque da universidade provêm aqueles que melhor cultivaram a faculdade essencialmente humana chamada inteligência. Agora, porém, quando os psicólogos se voltaram para o estudo da vida mesma, veio se formando uma tendência que se pode dizer que é totalmente oposta; muitos sustentam hoje, como eu, que a parte mais importante da vida não é a que corresponde aos estudos universitários, mas, sim, o primeiro período, que se estende do nascimento aos 6 anos, porque justamente nesse período se forma a inteligência, o grande instrumento humano. E não só a inteligência, mas também o complexo das faculdades psíquicas. A ideia nova produziu uma grande impressão naqueles que têm alguma sensibilidade para com a vida psíquica, e muitos se dedicaram ao estudo do recém-nascido, da criança de 1 ano, que cria a personalidade do homem. Atentos a essa misteriosa revelação da vida, os estudiosos experimentam a mesma emoção daqueles que, em tempos antigos, costumavam meditar sobre a morte. O que acontece quando chega a morte? Essa interrogação estimulava a meditação e demandava a sensibilidade no passado. Hoje, no entanto, é o homem, na sua primeira aparição no mundo, que se torna objeto de intensa reflexão. No recém-nascido se descobre o Homem. Por que ele deve ter uma infância tão longa e penosa? Nenhum animal tem um período infantil tão difícil. O que acontece durante esse período?

Sem dúvida, o período infantil é um período de criação; nada existe no início e eis que cerca de um ano depois de nascida a criança conhece todas as coisas. A criança não nasce com um pouco de inteligência, um pouco de memória, um pouco de vontade, prontas para crescer e se desenvolver no período seguinte. O gatinho pode miar desde o nascimento, ainda que imperfeitamente; o pássaro e o bezerro também têm sua pequena voz, a mesma que será, mais crescida, a voz de sua espécie. O homem tem um único meio de expressão ao nascer: o choro. No caso do ser humano, portanto, não se trata de desenvolvimento, mas de criação, a qual parte do zero. A assombrosa passagem realizada pela criança é a que a conduz do nada a alguma coisa, e é difícil para nossa mente apreender esse assombro.

Para fazer essa passagem é necessário um tipo de mentalidade diferente da nossa de adultos. A criança é dotada de outros poderes, e não é pequena coisa a criação que ela realiza: é a criação de tudo. Ela cria não só a linguagem, mas plasma os órgãos que lhe permitem falar. Cada movimento físico ela cria, cada elemento de nossa inteligência, tudo aquilo de que é dotado o indivíduo humano. Conquista espantosa, que não é produzida por uma mente consciente. Os adultos são conscientes: se nós adultos temos a vontade e o desejo de aprender alguma coisa, nos empenhamos em fazê-lo, mas na criança não existe nem consciência nem vontade, uma vez que consciência e vontade têm de ser criadas.

Se chamamos de consciente nosso tipo de mente adulta, a da criança deveria ser chamada de inconsciente, mas uma mente inconsciente não significa mente inferior. Uma mente inconsciente pode ser rica de inteligência. Um tipo de inteligência fácil de se encontrar em cada ser, até nos insetos; inteligência que não é consciente ainda que às vezes dotada de razão. É de tipo inconsciente, e a criança realiza suas espantosas conquistas, a começar pelo conhecimento do ambiente, na medida em que é dotada desse tipo de mente. Como pôde a criança absorver seu ambiente? Justamente graças a uma das características particulares que descobrimos nela: um poder de sensibilidade tão intenso que as coisas que a circundam despertam nela um interesse e um entusiasmo que parecem penetrar sua própria vida. A criança assimila todas essas impressões não com a mente, mas com a própria vida. A aquisição da linguagem é o exemplo mais evidente. De que modo a criança aprende a linguagem? Responde-se que ela é dotada da audição e que ouve as vozes dos seres humanos, aprendendo assim a falar. Mesmo admitindo esse fato, temos de nos perguntar por que, entre os milhões de sons e ruídos diversos que a circundam, a criança ouve e apreende somente a voz humana. Se é verdade que a criança ouve, e se é verdade que aprende somente a linguagem dos seres humanos, isso é sinal de que a linguagem humana deve causar nela uma grande impressão. Tais impressões devem ser tão fortes, e causam tamanha intensidade de sentimentos e um entusiasmo tão profundo, que chegam ao ponto de ativar fibras invisíveis em seu corpo, fibras que começam a vibrar para reproduzir aqueles sons. Para fazer uma comparação, pensemos no que se passa com nós mesmos quando a assistimos um concerto; em pouco tempo, uma expressão de arrebatamento está nos rostos dos ouvintes, as cabeças e as mãos começam a se mover. O que as colocou em movimento a não ser as impressões causadas pela música? Algo de semelhante deve ocorrer na mente inconsciente da criança. A voz produz nela impressões tais que aquelas suscitadas em nós pela música são, em comparação, quase inexistentes. Na criança quase vemos os movimentos da língua que vibra, das cordas miúdas que tremem e das bochechas; cada coisa vibra e tensiona, preparando-se no silêncio para reproduzir os sons que causaram uma emoção tão funda na mente inconsciente. De que modo ocorre que a criança aprenda a linguagem em sua exatidão, e tão exata e firmemente que a linguagem venha a fazer parte da personalidade psíquica? Essa linguagem adquirida na infância é chamada língua materna, e é claramente diferente de todas as outras línguas que ela poderá aprender a seguir, assim como uma dentadura postiça pode ser diferente de uma dentadura natural.

Como se dá que aqueles sons, inicialmente sem significado, de repente tragam à sua mente compreensão e ideias? A criança não apenas "absorveu" as palavras, ela absorveu de fato a "frase", a construção da frase. Se não compreendermos a construção da frase, não podemos compreender a linguagem. Quando dizemos, por exemplo: "O copo está sobre a mesa", o sentido que damos a essas palavras resulta da ordem em que as colocamos. Se disséssemos: "Copo o sobre está a mesa", seria difícil apreender uma ideia. O que compreendemos é a sequência das palavras. A criança absorve a construção da linguagem.

A mente absorvente

E como se dá isso? Dizem: "Ela se lembra das coisas"; mas, para lembrar, é preciso antes construir. A criança teria de ter a capacidade de raciocinar para dar-se conta de que a construção de uma frase é necessária para torná-la compreensível. Mas a criança não tem a faculdade do raciocínio, precisa criá-la.

Nossa mente, tal como é, não chegaria lá aonde chega a criança; para uma conquista como a da linguagem é necessária uma forma de mente diferente; e essa forma justamente a criança possui: um tipo de inteligência diferente da nossa.

Poderíamos dizer que adquirimos os conhecimentos com nossa inteligência, enquanto a criança os absorve com sua vida psíquica. Simplesmente, continuando a viver, a criança aprende a falar a língua de seu povo. É uma espécie de química mental que opera nela. Nós somos recipientes; as impressões se derramam em nós, e nós as recordamos e as conservamos em nossa mente, mas permanecemos distintos de nossas impressões, tal como a água permanece distinta do copo. A criança, porém, sofre uma transformação: as impressões não somente penetram em sua mente, porém a formam. Elas se incorporam à criança. A criança cria a própria "carne mental", usando as coisas que estão em seu ambiente. Temos chamado seu tipo de mente de *mente absorvente*. É difícil para nós conceber as faculdades da mente infantil, mas sem dúvida sua mente é de uma forma privilegiada.

Imaginem como seria maravilhoso se fôssemos capazes de conservar a prodigiosa habilidade da criança que, enquanto se empenha em viver alegremente, pulando e brincando, é capaz de aprender uma língua com todas as suas complexidades gramaticais. Que maravilha seria se todo o saber entrasse em nossa mente simplesmente vivendo, sem exigir esforço maior do que nos custa respirar ou alimentar-nos! De início, não perceberíamos nada de particular; em seguida, inesperadamente, os conhecimentos adquiridos se revelariam em nossa mente como luminosas estrelas de cognição. Começaríamos a perceber que elas estão lá presentes e estaríamos conscientes de todas as noções que se tornaram, sem esforço, patrimônio nosso.

Se eu lhes dissesse que há um planeta onde não existem escolas, nem professores, nenhuma necessidade de estudar, e onde, vivendo e passeando, sem qualquer esforço, os habitantes conseguem conhecer todas as coisas e fixar solidamente em seu cérebro o inteiro saber, isso não lhes pareceria uma bela fábula? Ora, esse fato, que soa tão fantástico que parece invenção de uma imaginação fértil, é uma realidade, porque esse é o modo de aprender da criança inconsciente. Essa é a trilha que ela segue. Ela aprende tudo inconscientemente, passando pouco a pouco do inconsciente à consciência, avançando por uma trilha que é toda alegria e amor.

A consciência humana nos parece uma grande conquista. Tornar-se consciente, adquirir uma mente humana! Mas é uma conquista que devemos pagar, porque não apenas nos tornamos conscientes: toda nova aquisição de saber nos exige duro trabalho e esforço.

O movimento é outra das assombrosas aquisições da criança. Recém-nascida, fica deitada tranquila por meses em seu berço. Eis que, porém, passado algum tempo, ela anda, se move no ambiente, faz algumas coisas, é feliz. Vive dia a dia e aprende a se mover cada dia mais; a linguagem, com toda a sua complexidade, entra em sua mente, e assim também o poder de dirigir seus movimentos segundo as necessidades de sua vida. Mas não é tudo: muitas outras coisas ela aprende com surpreendente rapidez. De toda coisa que a rodeia ela se apropria: hábitos, costumes, religião, se estabelecem em sua mente.

Os movimentos que a criança conquista não se formam por acaso, mas são determinados no sentido de que são adquiridos num período específico de desenvolvimento. Quando a criança começa a se mover, sua mente, capaz de absorver, já se apropriou de seu ambiente; antes de começar a se mover, já ocorreu nela um desenvolvimento psíquico inconsciente, e quando inicia os primeiros movimentos começa a tornar-se consciente. Se observarmos uma criança de 3 anos, veremos que ela brinca sempre com alguma coisa. Isso significa que ela vai elaborando com as mãos e introduzindo na consciência aquilo que sua mente inconsciente absorveu antes. Através dessa experiência do ambiente, sob forma lúdica, ela examina as coisas e as impressões que recebeu em sua mente inconsciente. Por meio do trabalho, ela se torna consciente e constrói o Homem. A criança é dirigida por um poder misterioso, assombrosamente grande, que pouco a pouco ela incorpora; torna-se assim homem e se faz homem por meio de suas mãos, por meio de sua experiência: primeiro, através do lúdico e, depois, através do trabalho. As mãos são o instrumento da inteligência humana. Graças a elas, a criança assume uma forma definida e, portanto, limitada, já que a consciência é sempre mais limitada do que a inconsciência e a subconsciência.

A criança entra na vida e começa seu misterioso trabalho; pouco a pouco, assume a admirável personalidade adaptada a seu tempo e a seu ambiente. Edifica sua mente, até conseguir, paulatinamente, construir a memória, a faculdade de compreender, a faculdade de raciocinar. Aí está ela, por fim, em seu sexto ano de idade. Então, inesperadamente, nós educadores descobrimos que esse indivíduo compreende, que tem a paciência de ouvir o que dizemos, enquanto antes não tínhamos os meios de chegar até ele. Ele vivia em outro plano, diferente do nosso. Desse primeiro período se ocupa nosso livro. O estudo da psicologia infantil nos primeiros anos de vida revela-nos tais milagres, que qualquer pessoa que deles se aproxime não pode deixar de ficar profundamente impressionada.

Nossa obra de adultos não consiste em ensinar, mas em auxiliar a mente infantil no trabalho de seu desenvolvimento. Seria maravilhoso se pudéssemos, com nosso auxílio, com um tratamento inteligente da criança, com a compreensão das necessidades de sua vida, prolongar o período em que opera nela a mente capaz de absorver. Que serviço prestaríamos à humanidade se pudéssemos auxiliar o indivíduo humano a absorver os conhecimentos sem esforço, se o homem pudesse achar-se rico de conhecimentos sem saber que os adquiriu, quase por efeito de magia! A natureza acaso não é cheia de magia e de milagres?

A descoberta de que a criança é dotada de uma mente capaz de absorver tem produzido uma revolução no campo educacional. Compreende-se agora facilmente por que o primeiro período do desenvolvimento humano, no qual se forma o caráter, é o mais importante. Em nenhuma outra idade da vida se precisa tanto de um auxílio inteligente como nesta, e todo obstáculo que se coloque então para a criança virá diminuir as possibilidades de aperfeiçoamento de sua obra criativa. Nós, portanto, auxiliaremos a criança, não porque a consideramos um ser pequeno e fraco, mas porque ela é dotada de grandes energias criativas, de natureza tão frágil que exigem uma defesa amorosa e inteligente para não serem danificadas ou feridas. A essas energias queremos prestar auxílio, não à criança pequena nem à sua fraqueza. Quando se compreender que essas energias pertencem a uma mente inconsciente, a qual deve se tornar consciente através do trabalho e da experiência adquirida no ambiente, quando nos dermos conta de que a mente infantil é diferente da nossa, que não podemos alcançá-la com o ensino verbal, que não podemos intervir diretamente no processo da passagem do inconsciente para o consciente, e na da construção das faculdades humanas, então toda a concepção da educação mudará e se tornará a de um auxílio à vida da criança, ao desenvolvimento psíquico do homem, e não de imposição para que retenha ideias, fatos e palavras nossas.

Este é o novo caminho em que a educação entrou: auxiliar a mente em seus diversos processos de desenvolvimento, apoiar suas várias energias e fortalecer suas diversas faculdades.

UMA NOVA ORIENTAÇÃO

Nota-se em nossos dias uma orientação definitivamente nova nos estudos biológicos. Até pouco tempo, toda pesquisa era conduzida sobre o ser adulto, e os cientistas, quando estudavam animais e plantas, levavam em consideração apenas exemplares adultos. O mesmo ocorria no estudo da humanidade: só o adulto era objeto de consideração, seja para o estudo da moral, seja para o da sociologia. Assim, um campo predileto de atenção e reflexão da parte dos estudiosos era a morte, e era lógico, já que o ser adulto, prosseguindo na vida, se dirige para a morte. De igual modo, o estudo da moral era o estudo das regras e relações sociais entre adultos. Os cientistas hoje, tomando uma direção oposta, parecem andar para trás, tanto no estudo dos seres humanos quanto no de outros tipos de vida. Não somente consideram os seres muito jovens, mas remontam à origem dos seres. A biologia se voltou para a embriologia e para o estudo da vida da célula. Dessa orientação rumo às origens surgiu uma nova filosofia que não é de natureza idealista. Poderíamos dizer que ela é bem mais científica, porque nasce da observação, e não da dedução abstrata de pensadores. O desenvolvimento dessa filosofia procede *pari passu* com o progresso das descobertas feitas nos laboratórios.

Quando se penetra no campo das origens do indivíduo, que é o campo da embriologia, revelam-se coisas que não existem no campo da vida adulta ou, ainda que existam, são de natureza bastante diferente. A observação científica revela um tipo de vida totalmente diferente daquele que a humanidade estava habituada a considerar, e traz para a luz do dia a personalidade da criança.

Uma consideração muito banal demonstrará que a criança não progride em direção à morte como o adulto; ela progride rumo à vida, já que sua meta é a construção do homem em sua plenitude de força e vida. Toda a vida da criança é um processo rumo à perfeição, rumo a uma maior completude. Basta essa observação para deduzir que a criança pode encontrar alegria na execução de uma tarefa de desenvolvimento e perfeição. O tipo de vida da criança é aquele em que o trabalho, o cumprimento do próprio dever, produz alegria e felicidade, enquanto para o adulto o trabalho geralmente representa uma função bem mais penosa.

Esse prosseguimento na vida é para a criança uma extensão e uma ampliação de si mesma: quanto mais a criança cresce em idade, mais inteligente e forte se torna. Seu trabalho e sua atividade ajudam-na a adquirir inteligência e força, enquanto no caso dos adultos o passar dos anos determina bem mais o contrário. Além disso, no campo da criança não existem competições, porque ninguém pode realizar por ela o trabalho voltado à construção do homem que ela deve construir. Em outras palavras, ninguém pode crescer por ela.

Vamos recuar ainda mais na vida da criança, ao período anterior ao nascimento. Já antes de nascer a criança tem contato com o adulto, porque sua vida embrionária transcorre no corpo da mãe. Antes do embrião existe a célula primeira, que é o resultado de duas células provenientes dos adultos. Seja transportando-nos às origens da vida dos seres humanos, seja acompanhado a criança no cumprimento de seu "dever" de crescimento, encontramos sempre o adulto.

A vida da criança é a linha que une duas gerações de vida adulta. A vida da criança, que cria e é criada, parte do adulto e termina no adulto. Esse é o caminho, a vereda da vida, e dessa vida tão estreitamente próxima ao adulto podem vir interesse de estudo e nova luz.

As duas vidas

A natureza oferece uma proteção particular à criança. Ela nasce do amor, e o amor é sua verdadeira origem. Uma vez nascida, ela é rodeada pela ternura do pai e da mãe; não é, portanto, gerada na discórdia, e eis sua primeira proteção. A natureza inspira nos pais o amor pelos pequeninos, e esse amor não é algo artificial, alimentado pela razão, como a ideia de fraternidade, que nasce dos esforços de todos os que aspiram à unidade do gênero humano. No campo da vida da criança pode-se encontrar o tipo de amor que demonstra qual deveria ser a atitude moral ideal da comunidade adulta, já que somente aqui se pode encontrar o amor naturalmente capaz de inspirar o sacrifício, a entrega de um eu a um outro, a entrega de si mesmo ao serviço de outros seres. No profundo de seu sentimento, todos os pais renunciam à própria vida para dedicá-la aos filhos, e este é para eles um sacrifício natural, que proporciona alegria e não parece jamais um sacrifício. Ninguém jamais dirá: "Pobre homem, tem dois filhos!". Ao contrário, julgará que esse homem é afortunado. O sacrifício ao qual os pais se submetem por seus filhos é um sacrifício que dá alegria, é a vida mesma: a criança inspira aquilo que no mundo do adulto representa um ideal: a renúncia, a abnegação, virtudes quase impossíveis de alcançar fora dos afetos familiares. Que homem de negócios, podendo tomar posse de algum objeto de que precisa, dirá a um rival nos negócios: "Peguem vocês aquela mercadoria, eu abro mão dela"? Mas, se os pais famintos não têm o que comer, sacrificam até o último pedaço de pão para satisfazer a fome da criança. Há, portanto, duas vidas diferentes, e o adulto tem o privilégio de participar de ambas: de uma como pai e da outra como membro da sociedade. A melhor das duas é aquela que os pais dispensam à criança, porque, graças à proximidade da criança, desenvolvem-se no homem os mais altos sentimentos.

Se tomarmos como objeto de estudo os animais, em vez dos homens, encontraremos igualmente esses dois tipos de vida. Os animais ferozes e selvagens parecem, eles também, mudar seus próprios instintos quando têm prole; todo mundo sabe quanta ternura demonstram tigres e leões por seus filhotes e quanta coragem adquire o tímido cervo para defendê-los. Parece haver uma mudança de instintos em todos os animais no momento em que têm filhotes a proteger, como se instintos especiais viessem sobrepor-se aos habituais. Os animais tímidos possuem, em medida ainda maior que os homens, um instinto de autoconservação, mas quando têm filhotes ele se transforma em instinto de proteção. Assim acontece com os pássaros: seu instinto é o de sair voando tão logo se aproxime algum perigo, porém quando têm filhotes a proteger não se afastam do ninho, permanecem imóveis com suas asas para esconder a fragilidade muito visível dos ovos. Outros fingem estar feridos e quase entram nas mandíbulas do cão para impedir que ele agarre os filhotes, que assim permanecem ocultos. Em toda forma de vida animal há exemplos semelhantes e se manifestam duas espécies de instinto: um de autoproteção e outro de proteção da vida dos filhotes. Os livros do biólogo J. H. Fabre oferecem as mais fabulosas ilustrações desses fatos. Fabre conclui sua grande obra dizendo que a espécie deve sua sobrevivência a esse forte instinto materno. E é verdade, porque, se a sobrevivência da espécie se devesse apenas às assim chamadas armas da luta pela existência, como poderiam os filhotes se defender enquanto não desenvolveram suas armas defensivas? Por acaso os tigrinhos não estão sem dentes e os passarinhos no ninho sem penas? Por isso, se a vida tem de ser salva e a espécie tem de sobreviver, é necessário sobretudo prover a proteção dos filhotes, que, inermes, ainda estão preparando as próprias armas.

Se a sobrevivência da vida fosse confiada somente à luta do forte, a espécie pereceria. Portanto, a verdadeira razão, o fator principal da sobrevivência da espécie é o amor dos adultos pelos pequenos.

No estudo da natureza, a parte mais fascinante é a revelação da inteligência, que existe até nas criaturas ínfimas. Cada uma delas é dotada de várias espécies de instintos protetores; cada uma é também dotada de uma diferente manifestação de inteligência, e essa inteligência é toda despendida na proteção dos filhotes; ao passo que, se estudarmos os instintos de autoconservação, estes não revelam tanta inteligência nem têm a mesma variedade de manifestações. Estão bem longe daquela riqueza de detalhes que deu a Fabre matéria para dedicar quase inteiramente seus dezesseis volumes à descrição dos instintos protetores dos insetos.

Estudando, portanto, os diferentes gêneros de vida, constata-se a necessidade de duas espécies de instinto e dois tipos de vida. E, se levarmos essa afirmação para o campo da vida humana, não fosse senão por razões sociais, o estudo da vida da criança resulta necessário para as consequências que ele tem para o adulto. Esse estudo da vida deve remontar às origens.

O MILAGRE DA CRIAÇÃO

Embriologia

Entre as ciências diversas que hoje levam em consideração a vida do indivíduo, desde o início, de particular interesse é a embriologia. Em todas as épocas, os pensadores se surpreenderam com o fato espantoso de que um ser que antes não existia se torna em seguida homem ou mulher, destinado a ter sua inteligência e pensamentos próprios. Como isso acontece? Como se formam seus órgãos tão complicados e surpreendentes? Como se formam os olhos, e a língua que nos permite falar, e o cérebro, e as outras infinitas partes do organismo humano? No início do século XVIII, os cientistas, ou melhor, os filósofos, acreditavam numa pré-formação e achavam que no óvulo devia existir um minúsculo homem (ou mulher) já feito. Tão pequeno que não se podia ver, mas existente e destinado a crescer. O mesmo se pensava que ocorria com os mamíferos. Duas escolas, a dos animalculistas e a dos ovistas, debateram se o minúsculo indivíduo estava presente na célula germinal do homem ou da mulher, e suscitaram discussões eruditas.

O doutor G. F. Wolff, fazendo uso do microscópio, recém-inventado, decidiu ver o que realmente acontecia no processo de criação e começou a estudar a célula germinal nos ovos de galinha fecundados. Chegou à conclusão expressa em sua *Theoria generationis*: que nada preexiste, que o ser se constrói por si mesmo, e descreveu essa formação.

A célula germinal se divide em duas partes, estas se dividem em quatro, e o ser se forma com a multiplicação das células (figura 1).

Os sábios que debatiam entre si sobre a localização da preexistência se insurgiram, se ofenderam, gritaram contra a ignorância, a heresia, e a situação se tornou tão difícil para Wolff, o fundador da embriologia, que foi expulso de seu país. Permaneceu no exílio e morreu em terra estrangeira. Embora os microscópios se multiplicassem, ninguém mais, por cinquenta anos, ousou investigar o segredo, mas nesse ínterim as afirmações daquele primeiro estudioso foram ganhando terreno. Outro cientista, K. E. von Baer, realizou as mesmas pesquisas e comprovou que era verdade tudo o que Wolff tinha afirmado. Afirmou-o, e todos dessa vez aceitaram a nova verdade, e assim nasceu o novo ramo da ciência que se chama *embriologia*.

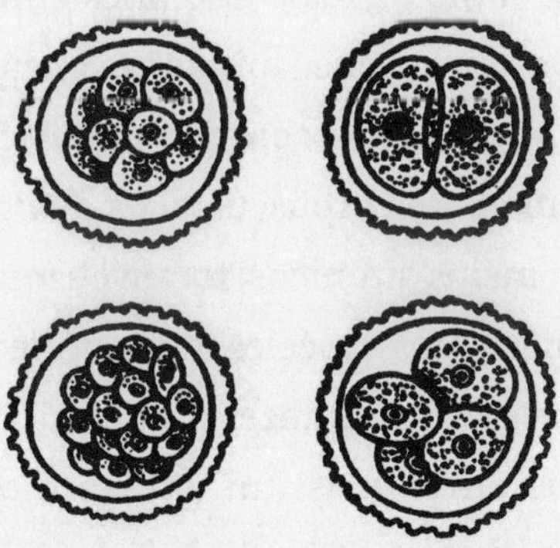

Figura 1. A multiplicação das células germinais.

A embriologia é indubitavelmente uma das ciências mais fascinantes, na medida em que não estuda os órgãos de um organismo desenvolvido, como a anatomia, nem sua função, como a fisiologia, nem suas doenças, como a patologia, mas tem como objetivo de sua investigação o processo criador, o modo como um corpo que não existia vem a se formar para enfim entrar no mundo dos vivos.

Cada animal, cada mamífero, o homem, este ser maravilhoso, provêm de uma única e primeira célula, redonda e não diferenciada, com o aspecto simplíssimo de uma célula primitiva. As proporções dessas células germinativas surpreendem por sua extrema pequenez. A do homem corresponde a um décimo de milímetro. Para se ter uma ideia, façamos um ponto com um lápis bem apontado e disponhamos dez desses pontos um ao lado do outro: por menores que sejam, um milímetro não os conterá. Vejamos então o quanto é microscópica a célula da qual provém o homem. Essa célula se desenvolve separadamente do ser que a gera, porque protegida e envolta numa espécie de invólucro que a mantém destacada do adulto que a contém. Isso se verifica em todos os animais. A célula fica isolada da genitora de modo que o ser dela resultante é na verdade o produto do trabalho da célula germinativa. Isso suscita meditações inesgotáveis, porque os maiores homens, em qualquer plano que se tenham manifestado, de Napoleão a Alexandre, de Shakespeare a Dante, a Gandhi, assim como os mais humildes entre os seres humanos, cada um foi construído por uma dessas minúsculas células.

Observando a célula germinativa com um microscópio potente, vemos que ela contém certo número de corpúsculos, os quais, podendo ser muito facilmente coloridos com meios químicos, foram chamados "cromossomos". Seu número difere nas diferentes espécies. Na espécie humana, os cromossomos são 48. Em outras espécies, quinze, em outras ainda, treze, de modo que o número de cromossomos constitui um traço distintivo da espécie. Pensou-se que esses cromossomos eram os depositários da hereditariedade. Recentemente, novos microscópios de maior potência, ditos ultramicroscópios, têm permitido ver que cada cromossomo é uma espécie de caixinha que contém uma cadeia ou coleção composta de cerca de cem diminutíssimos grãos; os cromossomos se abrem, os grãos se liberam e a célula se torna depositária de aproximadamente 4 mil corpúsculos chamados *genes* (figura 2). A palavra *gene* implica a ideia de geração. E por consenso interpretou-se intuitivamente que cada gene pode trazer em si a hereditariedade de um detalhe: por exemplo, a forma do nariz, a cor dos cabelos.

É claro que não se chegou a essa visão científica da verdade somente graças ao microscópio, porque a inteligência do homem é criativa e não recebe as impressões só para fotografá-las na mente, mas como estímulos a sua imaginação. Com a imaginação, isto é, graças a uma inteligência que "vê para além das coisas", pode-se reconstruir os fatos; graças a esse poder humano, todas as ciências e as descobertas tomam impulso para seu progresso.

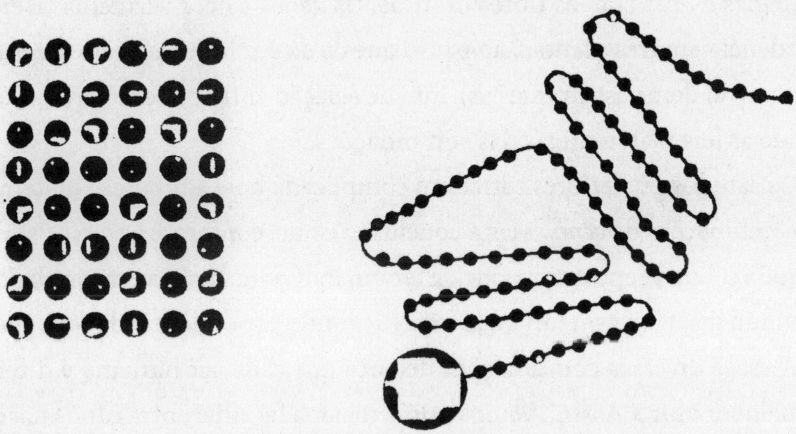

Figura 2. Cadeia de cem genes apresentados linearmente e contidos em cada um dos 48 cromossomos da célula humana representados à esquerda.

Refletindo sobre as revelações dadas pela gênese dos seres, sentimos o quanto há de místico na árida constatação científica, já que a célula, mínima a ponto de ser invisível, contém em si a hereditariedade de todos os tempos: nessa mancha pequeníssima está em potencialidade a inteira experiência humana, a inteira história do gênero humano. Antes que qualquer mudança se torne visível na célula primitiva e esta inicie seu trabalho de segmentação, já ocorreu uma combinação entre os *genes*, que entram numa espécie de luta, de competição, e assim tem lugar entre eles uma escolha. Porque nem todos os *genes* contidos numa célula são destinados à construção de um novo ser; somente alguns prevalecem na concorrência. Estes são os portadores dos "caracteres dominantes", outros por sua vez não se manifestam e são portadores dos "caracteres recessivos". Esse fato misterioso, que ocorre como preparação ao trabalho criador da célula germinativa, foi ilustrado, como hipótese científica, por Mendel. Ele conduziu sua famosa experiência inovadora estudando o cruzamento de uma planta com flores vermelhas e outra da mesma família com flores brancas, e logo confiou à terra as sementes das novas plantas. Daquelas sementes ele obteve três plantas com as flores vermelhas e uma com as flores brancas. Os genes da cor vermelha tiveram a prevalência em três plantas, ao passo que os da cor branca foram recessivos. Foi possível demonstrar que essa luta de seleção entre os caracteres se dá seguindo as leis matemáticas das combinações.

Os estudos posteriores tornaram complicada hoje a hipótese matemática das combinações de *genes*. Mas a conclusão é que, conforme as circunstâncias em que a célula se encontra, pode-se ter um indivíduo mais ou menos belo, um indivíduo mais forte ou um mais fraco, segundo a prevalência de seus genes.

A essas diversas combinações decorre que cada ser humano é diferente de qualquer outro. Assim, vemos numa mesma família, entre filhos nascidos dos mesmos pais, inúmeras diferenças de beleza e força física e desenvolvimento intelectual.

Hoje se estudam com particular interesse as circunstâncias que podem fazer prevalecer os melhores caracteres, e disso nasceu uma ciência nova, a *eugênica*.

O capítulo sobre as combinações dos genes, que se refere a um conjunto de hipóteses, é separado do estudo direto dos fenômenos que ocorrem quando já foram estabelecidas suas combinações.

É então que se inicia o verdadeiro processo embriológico da construção do corpo: um processo de segmentação celular tão notável que Wolff, observando-o apenas pela primeira vez ao microscópio, já pôde fazer uma clara exposição sobre as fases sucessivas por que passa o desenvolvimento embrional. A célula começa por dividir-se em duas células iguais que permanecem unidas, logo as duas se tornam quatro, as quatro oito, as oito dezesseis e assim por diante. Esse processo continua até que sejam produzidas centenas de células: é como se a construção começasse inteligentemente com o acúmulo dos tijolos necessários para construir uma casa. Em seguida, as células se dispõem em três estratos distintos, como se com aqueles tijolos se começasse a construir muros. (A comparação com a casa é de Huxley.) O procedimento seguinte é constante em todos os animais. Primeiro, as células formam uma espécie de esfera vazia como as paredes de uma bola de borracha elástica (a *mórula*), em seguida a parede se inflecte e formam-se duas paredes sobrepostas. Enfim, um terceiro estrato se infiltra entre os dois primeiros. E aí estão os três muros, dos quais procederá toda a construção (figura 3).

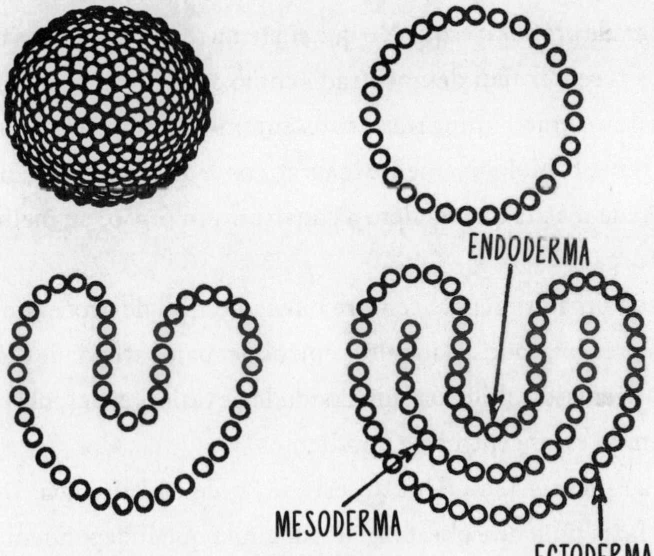

Figura 3. No alto, à esquerda, a forma primitiva de células (*mórula*), limitada por uma só parede (à direita). Embaixo, à esquerda, a *gástrula*, com dupla parede introflexa. À direita, é possível ver a terceira parede que se formou no interior da *gástrula*.

Esses estratos, ou folículos germinativos, são, portanto, um externo (ou ectoderma), um médio (ou mesoderma) e um interno (ou endoderma), e formam um pequeno corpo alongado onde as células são todas iguais entre si, embora menores que a célula da qual se originaram.

Cada uma das três paredes produz um complexo de órgãos. A externa dá origem à pele, aos órgãos sensores e ao sistema nervoso. E isso prova que o estrato externo está em relação com o ambiente porque a pele protege, e o sistema nervoso nos põe em relação com o ambiente. A parede interna desenvolve os órgãos que servem para a nutrição, como o intestino, o estômago, as glândulas da digestão, o fígado, o pâncreas e os pulmões. Os órgãos do sistema nervoso são chamados "órgãos de relação", porque nos permitem colocar-nos em relação com o ambiente. Os órgãos do sistema digestivo e respiratório são chamados "órgãos vegetativos", porque tornam possível a vida vegetativa. A terceira ou média parede produz o esqueleto que sustenta todo o corpo e os músculos.

Estudos recentes têm demonstrado como se dá o desenvolvimento dos órgãos. Nesses estratos uniformes apresentam-se pontos ou centros que se tornam de repente biologicamente mais ativos, e desses pontos emergem células da parede matriz que tendem a construir um órgão, ou melhor, o desenho de um órgão.

Para cada órgão se repete sempre o mesmo tipo de procedimento, e vários órgãos provêm, todos, daqueles centros de maior atividade distantes um do outro. O professor Child, da Universidade de Chicago, descobriu esse processo e chamou esses centros de "gradientes".[1]

Quase ao mesmo tempo, outro estudioso de embriologia, Douglas, na Inglaterra, fazia uma descoberta análoga, ainda que independente de Child. Ele, que observava em particular o desenvolvimento do sistema nervoso, chamou de "correias"[2] os pontos de atividade construtiva, atribuindo-os a uma sensibilidade especial.

No momento em que começam a surgir as construções de órgãos, as células que eram todas iguais se põem a modificar-se e sofrem profundas

[1] Child, Charles M. *Physiological Foundations of Behaviour*. Nova York: Holt, 1924.

[2] Douglas, A. C. *The Physical Mechanism of the Human Mind*. Edimburgo: E&S Livingstone, 1932.

diferenciações segundo as funções que os órgãos estarão destinados a realizar, ou seja, ocorre a "especialização celular", que é adaptada para realizar a função relativa aos órgãos que se constroem. A delicada especialização das células, portanto, embora ocorra com vista a uma determinada função, ocorre antes que a função comece.

Na figura 4 estão representadas algumas dessas células para dar uma ideia de sua profunda diferenciação: as células do fígado são hexagonais, unidas como as pedras de um pavimento e sem conector; as células ósseas, por sua vez, são ovais, isoladas e raras, em relação entre si com sutis filamentos, e a parte importante, substancial, do órgão é aquela espécie de conector sólido, elaborado pelas células mesmas. Particularmente interessante é o revestimento da traqueia: as pequenas taças que, de modo contínuo, exsudam uma substância glutinosa, destinada a conservar o pulvísculo do ar, estão dispersas entre células triangulares providas de uma franja continuamente vibrátil que transporta o muco para o exterior. São particulares as células da pele, achatadas e em estratos sobrepostos cujo exterior é constituído de células destinadas a morrer e a destacar-se para dar lugar às outras, que, desde baixo, vão substituindo-as. Estas, que defendem a superfície externa do corpo, parecem soldados prontos a dar a vida pela pátria.

As células nervosas são as mais evoluídas, as mais importantes, insubstituíveis: sempre presentes no posto de comando, com seus filamentos longuíssimos, que vão longe como fios telegráficos que ligam um continente a outro.

São as profundas diferenças entre as células que nos interessam, porque elas provêm de células todas iguais, mas, preparando-se para seus diversos empregos, mudam a si mesmas para se adaptarem a um trabalho que nunca realizaram. E, quando se transformaram conforme o objetivo do órgão específico do qual vêm a fazer parte, não são mais suscetíveis a mudança. Uma célula do fígado jamais poderia se transformar numa célula nervosa. Ou seja, para realizar aquele trabalho, não tiveram que se preparar mas, diríamos nós, se transformar.

Por acaso não acontece o mesmo na sociedade humana? Poderíamos dizer que existem grupos particulares de homens que formam os órgãos da humanidade. No princípio, cada indivíduo cumpre muitas tarefas, e assim ocorre na sociedade primitiva quando os indivíduos são poucos e cada um deve se dedicar a cada trabalho sem especialização: uma mesma pessoa é pedreiro, médico, lenhador, em suma, é tudo. Mas, quando a sociedade se desenvolve, o trabalho se especializa. Cada um escolhe um tipo de trabalho e, psiquicamente, tanto se empenha nesse trabalho que não pode realizar senão aquele ao qual se dedicou e nenhum outro. O aprendizado de uma profissão não significa apenas aprender uma técnica: o indivíduo, dedicando-se a um dado trabalho, está sujeito a uma transformação psíquica necessária à tarefa que deve cumprir, de modo que ele se prepara não só tecnicamente, mas – e isso é o mais importante – adquire uma personalidade psíquica particular, adequada àquele trabalho específico. O indivíduo encontra nesse trabalho a realização do próprio ideal, o trabalho se torna o objetivo de sua vida.

Agora, portanto, voltando ao embrião, cada órgão é construído de células especializadas e cada órgão tem suas próprias funções separadas daquelas dos outros órgãos; no entanto, o cumprimento de todas essas funções é necessário para a saúde do organismo total: cada órgão, assim, existe e funciona para o todo.

A construção do embrião não interessa somente aos órgãos em si, mas também às suas contínuas intercomunicações. A unidade funcional é estabelecida por dois grandes sistemas: o sistema circulatório e o nervoso; estes são os órgãos mais complexos, e no entanto são os únicos que funcionam com o fim de alcançar a unidade entre todos os outros.

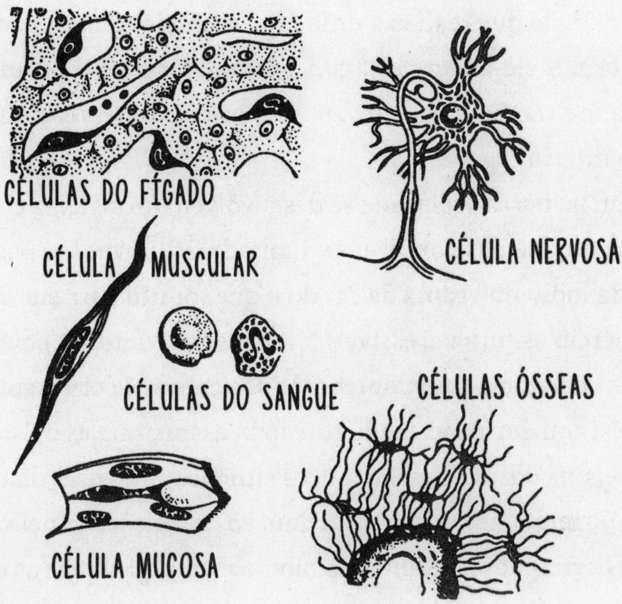

Figura 4. Tipos de células.

O primeiro é como um rio no qual correm substâncias que são transportadas a todas as partes do corpo. Todavia, esse sistema não serve somente como distribuidor, mas também como coletor: o sistema circulatório é, de fato, o veículo universal que transporta o alimento para todas as células através dos vasos capilares e ao mesmo tempo transporta todo o oxigênio que o alimento absorve passando através dos pulmões. Mas o sangue transporta, além disso, substâncias especiais elaboradas nas glândulas endócrinas: os hormônios, que têm o poder de influir sobre os órgãos, de estimulá-los e sobretudo controlá-los com a finalidade de que as funções sejam cumpridas numa harmonia necessária ao bem-estar de todos.

Os hormônios são substâncias necessárias a órgãos distantes daqueles que os produzem. Que perfeição, portanto, é alcançada pelo sistema circulatório no cumprimento de sua função! Cada órgão capta, como de um rio, o que lhe é necessário para a vida e lança nele o que produziu a fim de que outros órgãos possam servir-se disso para suas necessidades.

O outro órgão que realiza a unidade de funcionamento do todo é o sistema nervoso. É ele que dirige, concentrando no cérebro uma espécie de comando que é transmitido, através de filamentos nervosos, a todos os elementos do inteiro organismo.

Também na nossa sociedade se desenvolveu um sistema circulatório. As substâncias produzidas por diversos indivíduos e povos são postas em circulação, e cada indivíduo capta dali tudo o que for útil para sua vida; o grande rio do comércio as torna acessíveis a outros indivíduos e povos. Os comerciantes, os vendedores ambulantes, não são como os corpúsculos vermelhos do sangue? Também a sociedade funciona assim, que as coisas produzidas num país sejam consumidas em outros situados a imensas distâncias dele.

Nestes últimos anos se nota a atribuição de funções semelhantes à distribuição dos hormônios no campo fisiológico dos órgãos. São as tentativas dos grandes Estados de organizar o ambiente, de controlar a circulação, de estimular, de encorajar, de dirigir as ações de todas as nações com o único fim de realizar a harmonia e o bem-estar de todos. Pode-se dizer que os defeitos que se tornam evidentes nessas tentativas demonstram que o sistema circulatório não cumpriu seu desenvolvimento embrionário, embora tenha alcançado um período de organização muito avançada.

Falta, porém, na sociedade humana aquilo que deveria corresponder às células especializadas do sistema nervoso. Poderíamos quase concluir do estado caótico do mundo de hoje que o que deveria corresponder a esse sistema diretor do corpo humano ainda não se desenvolveu na sociedade. Pela falta dessa função especial não há nada que aja em conjunto sobre todo o corpo social e guie harmoniosamente a sociedade inteira. A democracia, que é a forma mais evoluída de organização na nossa civilização, permite a todos escolher o próprio dirigente graças às eleições. Se isso ocorresse no campo da embriologia seria um absurdo inconcebível, porque, se cada célula deve ser especializada, tanto mais especializada deve ser a célula que dirige as funções do todo. O trabalho diretivo é a tarefa mais difícil e exige mais especialização do que qualquer outra. Não se trata, portanto, de eleição, mas de ser adaptado e idôneo ao trabalho. Quem tiver de dirigir os outros precisa ter-se transformado a si mesmo: não pode haver dirigente e guia se estes não tiverem modelado sua tarefa. Esse princípio, que vai da especialização à função, atrai vivamente nosso pensamento e ainda mais quando ele parece ser o plano adotado pela natureza em todos os ramos da vida: é o plano mesmo da natureza quando cria.

Nos organismos vivos, porém, esse plano se manifesta nas maravilhas de seu cumprimento. Por isso, a embriologia pode nos indicar algumas diretrizes e nos oferecer alguma inspiração. Assim Huxley resume os milagres do embrião: "A passagem do nada ao corpo complexo das individualidades é um dos constantes milagres da existência. Se não ficamos espantados com a grandeza desse milagre, só pode ser por uma razão: ele se repete continuamente sob nossos olhos na experiência de nossa vida de todo dia".[3]

Qualquer animal que observemos, pássaro ou coelho ou qualquer outro vertebrado, é resultado de composto de órgãos extraordinariamente complexos em si mesmos, e, mais que qualquer outra coisa, é assombroso ver como esses órgãos complicadíssimos são estreitamente conectados entre si. Se formos observar o sistema circulatório, descobriremos um sistema de drenagem tão fino, complicado e completo que nenhum sistema inventado pelo mais avançado tipo de civilização pode ser comparado a ele. Que coisa pode se comparar à maravilha do olho ou do ouvido? E, se estudarmos as reações químicas que ocorrem no corpo, logo nos apercebemos da existência de laboratórios de extrema perfeição, nos quais são tratadas e desenvolvidas substâncias, unindo e mantendo juntas outras substâncias que nossos laboratórios mais bem equipados não têm normalmente capacidade de unir. Em comparação com as redes de comunicação criadas no homem pelo sistema nervoso, nossas comunicações mais evoluídas e perfeitas, incluindo o telefone, o rádio, o telégrafo sem fio e outras tantas, resultam insuficientes e defeituosas.

[3] Huxley, Julian S. *The Stream of Life*. Londres: Watts & Co., 1926.

E se estudarmos o exército mais bem organizado não encontraremos jamais uma obediência similar àquela dos músculos que executam imediatamente as ordens de um único comandante e estratega. Servos dóceis, exercitam-se com um trabalho especial e de modo particular para estarem prontos a qualquer comando que lhes seja dado. Se pensarmos que esses órgãos complexos, órgãos de comunicação, músculos, nervos que penetram cada mínima célula do corpo, provêm todos de uma única célula, a célula primitiva esférica, sentimos toda a maravilha da natureza.

EMBRIOLOGIA: COMPORTAMENTO

As fases sucessivas do desenvolvimento embrionário se repetem em todos os animais superiores e no homem. Os animais inferiores são diferentes no sentido de que seu desenvolvimento é incompleto, detendo-se nas fases mais primitivas.

Por exemplo, o volvocale se deteve na esférula e permaneceu como uma bolinha vazia que rola pelas águas do oceano, movendo os pelos vibráteis que se desenvolveram na faixa externa do único estrato de células.

Os celenterados correspondem ao embrião que tem uma dupla parede para a invaginação da parede externa e são constituídos de apenas dois estratos de células, o ectoderma e o endoderma.

E, onde se tem o desenvolvimento completo em três estratos, os primeiros estágios da formação são tão semelhantes que é fácil confundir o embrião de um animal com o de outro, como mostra a figura 5.

Isso é considerado uma das provas mais claras da teoria da descendência entre os vários graus da "animalidade". Assim, o homem provinha dos macacos; os mamíferos e os pássaros, de répteis; estes, dos anfíbios e dos peixes, e assim por diante até os animais ainda mais simples e os unicelulares. Os respectivos embriões atravessavam as fases herdadas de todos os predecessores, de modo que o embrião representaria a síntese da evolução da espécie – isto é, a ontogênese repete a filogênese.

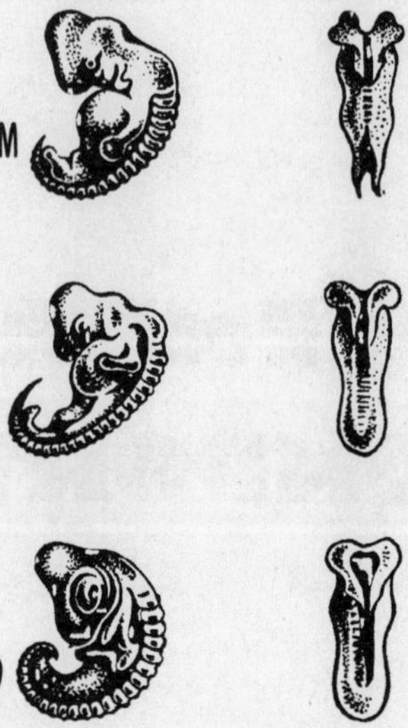

Figura 5. Embriões de alguns animais.

Essa ideia veio assim enquadrar-se nas teorias darwinianas da evolução, permanecendo como uma das principais comprovações delas. Mais tarde, porém, depois da descoberta de De Vries, a embriologia se lançou rumo a conceitos mais amplos na tentativa de explicar a vida. A começar pela "teoria das mutações".[1] De Vries viu provirem da mesma planta formas de variedades diversas, sem nenhuma influência atribuível ao ambiente, o que o levou a pensar em variações espontâneas, cuja causa deveria ser buscada precisamente, não no ambiente, mas nas atividades interiores do embrião. Porque só no embrião existe a possibilidade de variar rapidamente.

Isso permite incluir algumas outras possibilidades, além do lento avanço da adaptação sobre a incalculável extensão dos tempos, e o pensamento humano pôde se mover mais livremente rumo a novas intuições e permanece sensível a novos problemas.

[1] Hugo de Vries, fundador da genética experimental, é conhecido sobretudo pela obra aqui citada, *Die Mutationstheorie* (Leipzig: Veit & Co., vol. I, 1901; vol. II, 1903). Todos os seus escritos foram compilados no volume *Opera e periodicis collata*. Utrecht: A. Oosthoek, 1918-1927.

De fato, a construção embriológica que pode ser estudada no microscópio se refere apenas a uma parte mecânica, enquanto os seres vivos não são simplesmente um conjunto de órgãos que vão se unir numa única funcionalidade. O fato realmente misterioso é que de procedimentos tão semelhantes surja aqui um réptil, ali um pássaro, ou um mamífero, ou um homem.

As formas definitivas das articulações, do corpo, dos dentes etc., que criam as diferenças entre os animais, não estão ligadas àquele primitivo fato embrionário, porém bem mais ao comportamento dos animais no ambiente.

E surgiu então a ideia de um "plano construtivo único" na natureza: um só método de construir, como se dá com o homem que constrói os mais diversos edifícios – simples ou monumentais –, mas que começa sempre com o acúmulo dos elementos (pedras ou tijolos) e sua sobreposição em paredes etc. Mas o que determina a diferença definitiva, os detalhes e os ornamentos, é o uso que terão esses edifícios.

A coisa mais importante, no entanto, é que a embriologia pôde sair da fase das abstrações teóricas, ou seja, ela não inspirou só contrastes de teorias: ela abriu também uma trilha prática de experiências e avançou por essa trilha até a construção de uma ciência que pode ter aplicações práticas.

De fato, o embrião pode sofrer influências transformadoras; e o homem, agindo sobre ele, pode experimentalmente orientar o caminho da vida. E assim fez.

O homem, por meio dos genes e de suas combinações, pôde interferir na hereditariedade vegetal – e depois animal – com resultados de grande importância. Um interesse imenso e vasto – não acadêmico, mas de valor prático – veio a se desenvolver. A importância do embrião está no fato de que, não tendo ainda construído os órgãos de modo definitivo, pode facilmente variar: eis o segredo da vida do qual o homem se apoderou. Alguns anos atrás, outorgou-se nos Estados Unidos a primeira patente no campo da embriologia, porque foi produzida uma variedade de abelhas sem ferrão e capazes de fornecer uma quantidade bem maior de mel do que as abelhas comuns. De igual modo, foram transformadas algumas plantas que se tornaram capazes de produzir frutos em maior quantidade do que no passado, ou de perder espinhos se fossem espinhosas. Da mesma maneira, foram produzidas raízes ricas de substâncias nutritivas, e outras que eram ricas dessas substâncias foram privadas do veneno que continham.

Os resultados mais conhecidos são aqueles alcançados na obtenção de inúmeras e belíssimas qualidades de flores. Hoje, embora o fato ainda seja pouco conhecido, a atividade do homem se estende não só sobre a terra firme mas também nas águas, no reino animal e vegetal, de modo que se pode dizer que o homem, com sua inteligência, pôde embelezar e enriquecer o mundo. Se, como fazem os biólogos, se estuda a vida em si mesma e se se considera a influência recíproca das diferentes formas que ela assume – e das consequências dessa influência –, começa-se a ver um dos objetivos da vida humana na terra e a compreender que o homem está entre as grandes forças cósmicas.

Com a contribuição de sua inteligência, o homem se revela de fato como o continuador da criação, quase como se fosse enviado para empregar essa sua força para auxiliar a criação acelerando-lhe o ritmo (como diz Huxley) e para torná-la mais perfeita exercendo um controle sobre a vida mesma.

O estudo da embriologia, portanto, já não é mais abstrato e infrutífero.

Se com um esforço da imaginação pensarmos que o desenvolvimento psíquico segue um procedimento semelhante, podemos imaginar que o homem – que hoje pode agir sobre a vida para criar novos tipos de desenvolvimento mais elevado – poderia também ajudar a controlar a formação psíquica dos homens, dado que o desenvolvimento psíquico da criança, e não só o do corpo, parece orientado pelo mesmo projeto criativo da natureza.

Também a psique humana começa do nada ou, pelo menos, daquilo que parece nada, do mesmo modo como o corpo parte daquela célula primitiva que de fato não parece diferente das outras células.

No recém-nascido, também psiquicamente falando, parece que não há nada de construído, assim como não havia um homem já feito na célula primitiva. Tem-se, a princípio, a obra de acumulação do material, de modo análogo ao que vimos acerca da acumulação de células mediante a multiplicação. No campo psíquico, essa atividade acumula trabalho graças ao que chamei de *mente absorvente*; também no campo psíquico os órgãos se constroem em torno de um ponto de *sensibilidade*. Os pontos de *sensibilidade* se produzem a seguir, e são tão intensos em sua atividade que os adultos não podem recriar em si mesmos nem imaginar qualquer coisa de semelhante. Acenamos a isso com a ilustração da aquisição da língua. Desses pontos de *sensibilidade* não se desenvolve a psique, mas os órgãos da psique. Também nesse campo cada órgão se desenvolve independentemente do outro: assim vão se constituir a linguagem, a capacidade de calcular as distâncias, de orientar-se no ambiente, de manter-se ereto sobre as pernas, e outras formas de coordenação. Cada uma dessas faculdades desenvolve um interesse independente uma das outras, e esse ponto de sensibilidade é tão agudo que conduz o indivíduo a certa sequência de ações. Nenhuma dessas *sensibilidades* ocupa todo o período de desenvolvimento; cada uma delas tem uma duração suficiente para assegurar a construção de um órgão psíquico. Quando o órgão se formou, a *sensibilidade* desaparece. Mas durante esse período agem energias tão fortes que não podemos sequer imaginar, porque as perdemos a ponto de não as poder mais chamar de volta à memória. Quando todos os órgãos estão prontos, ele se unem entre si para formar o que chamamos de unidade psíquica.

O mesmo De Vries que enunciou a teoria das mutações foi o que descobriu num inseto a presença dessas sensibilidades temporárias que tinham por objetivo guiar o inseto – logo depois do nascimento – para atividades que garantiam sua sobrevivência e seu desenvolvimento. Esta segunda descoberta levou a estudos biológicos e psicológicos sobre diferentes animais. Disso resultou uma quantidade de teorias defendidas com ardor por diferentes grupos de estudiosos até que, em meio ao tumulto caótico das inumeráveis hipóteses, um psicólogo americano, Watson, tentou encerrar a disputa.

"Deixemos as coisas que não podemos verificar", propôs ele, "e atenhamo-nos aos fatos seguros: o que há de seguro é o comportamento dos animais; tomemo-lo como a base de novas pesquisas."

Ele partiu das manifestações externas como guia para aprofundar com mais segurança os fenômenos da vida, e começou a se voltar para o comportamento humano e para a psicologia da criança como coisas que podemos compreender mais diretamente, constatando, porém, que na criança não há traço de um comportamento estabelecido e confirmando que não existe instinto, nem hereditariedades psicológicas, que os atos do homem se devem a uma série de reflexos sobrepostos em planos cada vez mais altos. Assim surgiu e se propagou pelos Estados Unidos a teoria do *behaviorismo* (comportamento), que, no entanto, logo suscitou oposições e críticas da parte dos que consideram a teoria imatura e superficial.

Mas o interesse que ela despertava incentivou dois cientistas americanos a verificar e estudar o comportamento com novas pesquisas sistemáticas baseadas nos habituais laboratórios experimentais.

Eles foram Coghill e Gesell. O primeiro fez novas pesquisas de embriologia com o fim de esclarecer a questão do *behaviour*, e Gesell se propôs a tarefa de investigar sistematicamente o desenvolvimento das crianças, fundando o famoso laboratório de psicologia, para o qual hoje todos nós olhamos com interesse.

Em 1929 veio a público a descoberta feita pelo biólogo Coghill, da Filadélfia, que tinha estudado durante muitos anos o desenvolvimento embrionário de um único tipo de animal, uma espécie inferior de anfíbio, o axolote, que era particularmente adaptado a investigações cômodas pela simplicidade de sua estrutura. Estudou durante muitos anos, porque os fatos vistos pareciam contradizer demais as convicções enraizadas na biologia. Ele continuava a encontrar, embora repetindo sempre com mais exatidão as mesmas pesquisas, o fato de que os centros nervosos no cérebro se desenvolviam *antes* que se desenvolvessem os órgãos que eles deveriam dirigir: os centros da visão antes que os nervos ópticos. Como era possível que os centros, que deveriam formar-se a partir da função eventual dos órgãos sobre o ambiente – e que por isso deveriam, por hereditariedade embrionária, formar-se depois –, se apresentassem, ao contrário, com precedência não só sobre os órgãos mas também sobre as vias de comunicação com estes?

As pesquisas de Coghill deram uma grande contribuição ao estudo de fatos reais do comportamento dos animais e, além disso, puseram em relevo uma ideia insuspeitada, isto é, que, se os órgãos se desenvolvem depois dos centros, é justamente para assumirem forma em correspondência com as tarefas que devem depois cumprir sobre o ambiente. Isso teve como consequência não só a constatação da hereditariedade do comportamento (análoga à hereditariedade dos instintos), mas também a ideia nova, a de que a forma dos órgãos se forja segundo o projeto do comportamento sobre o ambiente.

De fato, constatam-se na natureza admiráveis correspondências entre a forma de órgãos e as tarefas que o animal desempenha sobre o ambiente, mesmo quando elas nem sempre tragam um benefício direto para o animal. Os insetos que sugam o néctar das flores desenvolvem probóscides adaptadas ao comprimento da corola das respectivas flores, mas também desenvolvem pelos para recolher o pólen com que fertilizarão as outras flores que eles visitarão a seguir; o tamanduá tem uma boca tão pequena que só permite a saída de uma língua vermiforme e coberta de uma substância pegajosa para recolher as formigas etc.

Mas por que acontece assim nos animais? Por que um deve rastejar e o outro saltar ou trepar, e por que um só come formigas e o outro se adapta exatamente àquela flor? E também por que alguns comem seres vivos e outros, por sua vez, cadáveres repugnantes? E um come grama ou madeira e outro come até o húmus da terra? A que se deve a grande quantidade de espécies diferentes? Por que precisam ter um comportamento fixo e tão diferente um do outro? Por que uma tem instintos agressivos e feroz enquanto outra é tímida e medrosa? O objetivo dos seres vivos, portanto, não é somente o de sobreviver, de vencer na luta pela existência, tentando conquistar do ambiente o melhor que pode servir ao próprio bem-estar numa livre escolha, como explicava o evolucionismo darwiniano. O *impulso vital*, desse modo, não vai sempre adiante para alcançar sucessivos aperfeiçoamentos, numa sucessão de formas. Tampouco o aperfeiçoamento é a verdadeira meta da vida.

Ideias de irresistível força inovadora! Os objetivos dos seres vivos parecem, bem mais, do novo ponto de vista, estar em relação com funções necessárias para o ambiente, quase como se os seres vivos fossem agentes da criação encarregados de realizar somente determinados trabalhos, como os criados de uma casa ou os empregados de uma grande empresa. A harmonia da natureza sobre a superfície da terra é alcançada com o esforço dos seres vivos, que realizam cada um a própria tarefa. Os comportamentos correspondem também a esse objetivo: eles se estendem para além das puras necessidades vitais da espécie.

O que pensar então daquelas ideias sobre a evolução que detiveram sozinhas por tanto tempo a autoridade no campo da ciência? Talvez tenham de ser abandonadas? Não, elas apenas se estendem a limites mais amplos. A evolução não pode ser considerada exclusivamente da antiga maneira linear, isto é, de sucessivos progressos rumo a um objetivo indefinido de aperfeiçoamento. Hoje, a visão da evolução se amplia, estendendo-se sobre um campo bidimensional e incluindo nele também as correspondências funcionais diretas e longínquas entre as várias funções dos seres vivos.

Tais relações não devem ser entendidas como as de um recíproco auxílio direto, mas como especialmente voltadas para um fim universal relativo ao ambiente: voltadas para o conjunto da natureza. Da ordem que disso resulta todos recebem os elementos necessários para a própria existência.

Que a vida pudesse ter também uma função destinada à terra era algo que já tinha sido constatado pelos geólogos desde o século passado. Aliás, na época de Darwin, foi justamente um geólogo, Lyell,[2] que ilustrou a real sucessão das espécies ao longo das eras geológicas, estudando os fósseis animais na estratificação das rochas e demonstrando assim a antiguidade da vida na terra. Depois, porém, outros geólogos ilustraram precisamente o *behaviour* em relação às construções terrestres. O tratado *A terra e a vida*, de

[2] Lyell, Charles. Ver suas obras: *Principles of Geology* (Cambridge: Cambridge University Press, 2009); *Elements of Geology* (Londres: Book on Demand Ltd., 2013); *Travels in North America* (Cambridge: Cambridge University Press, 2010).

Friedrich Ratzel,[3] um geólogo alemão, se tornou famoso também entre nós desde o início do nosso século. Outros escritos se seguiram, cheios de descobertas e deduções. Foram retraçados, com espanto no princípio, os avanços dos animais marinhos até nas rochas do Himalaia, dos Alpes e em muitos jazimentos das montanhas. Pareceu algo como a "assinatura" impressa por construtores desconhecidos, aqueles que preparavam a reconstrução do mundo desmoronado. Indubitavelmente, foram animais que concorreram na construção da terra, num processo que se pode acompanhar ainda hoje nas ilhas coralinas que afloram sobre as águas dos grandes oceanos.

Em seguida, estudos e constatações se estenderam: a natureza terrestre não foi apenas descrita com base nos climas e nos ventos, mas também na contribuição essencial das plantas, dos animais e dos homens. O geólogo italiano Antonio Stopparti, indicando as funções dos seres vivos com relação às condições da terra, conclui com a exclamação: "Todos os animais formam um exército disciplinado e aguerrido que combate para conservar a harmonia da natureza".

Hoje, porém, não é necessário recorrer a observações isoladas e parciais, já que surgiu uma ciência especial, a ecologia, que estuda a correspondência dos seres vivos entre si e tem feito conhecer em seus detalhes a função recíproca dos comportamentos de um modo tão minucioso que a faz parecer quase uma ciência econômica da natureza, capaz de compor um guia prático ao qual se possa recorrer para resolver problemas locais, como se faria para a agricultura científica. Por exemplo: para defender um terreno de plantas importadas, demasiado invasoras, contra as quais a obra do homem não é suficiente, recorre-se à ecologia, que indica a necessidade de também importar para o local insetos capazes de destruí-las, ou seja, capazes de estabelecer o necessário equilíbrio, como aconteceu – por exemplo, e especialmente – na Austrália.[4]

[3] Ratzel, Federico. *La terra e la vita*. Turim: Utet, vol. I, 1905; vol. II, 1907.

[4] Uma plena ilustração da vida em todos os seus aspectos pode ser encontrada na obra de Wells, H. G.; Huxley, J.; Wells, G. P. *The Science of Life*. Londres: Cassell & Co., 1931.

A ecologia poderia ser chamada de biologia prática, a qual se baseia nas relações entre os seres vivos, mais do que em características particulares das espécies.

Os conhecimentos modernos são mais abrangentes e utilizáveis na vida prática porque a visão da evolução se completa com as funções sobre o ambiente e aproximando-se mais da verdade sobre a unidade. São essas funções que aparecem como a parte mais iluminante e conclusiva: a vida não está na terra só para se conservar, mas para cumprir nela um trabalho essencial na criação e, por isso, necessário a todos os seres vivos.

Um plano, um método

Nem as descobertas nem as teorias que derivam das conquistas modernas explicam o mistério da vida, mas cada novo detalhe trazido à luz aumenta, entretanto, nossa compreensão dela.

Os fatos externos que podem ser plenamente observados oferecem guias práticos que devem ser utilizados.

E quem, como nós, se ocupa de auxiliar a vida na educação da criança não pode prescindir de considerar a criança como ser vivo, no período do crescimento, e encontrar, ou tentar interpretar qual é seu lugar na biologia, isto é, no campo total da vida. Porque já não é suficiente o conceito linear da evolução que explica a descendência através da adaptação, da hereditariedade e do impulso rumo à perfeição. Existe outra força, que não é só um impulso para a sobrevivência, mas é uma força que harmoniza todas as tarefas entre si.

Assim, na criança, além do impulso vital de criar e se aperfeiçoar, deve existir também outro objetivo, ou seja, o de um encargo a cumprir em harmonia e a serviço de um conjunto.

Já ouvi exprimirem esta pergunta: "Qual será o encargo da criança?".

Não poderíamos proceder com segurança rumo a uma educação científica sem nos determos para resolver esse problema.

Porque a criança tem um duplo encargo, e levar em conta só um deles, ou seja, o de crescer, tem o perigo de suprimir suas melhores energias.

Pode-se concluir que a criança, ao nascer, traz potencialidades construtivas que devem desenvolver-se independentemente do ambiente.

A criança vem do nada, no sentido de que não tem qualidades psíquicas nem habilidades motoras preestabelecidas, mas tem em si potencialidades que determinam seu desenvolvimento, assumindo as características do ambiente que a circunda.

Aquele nada da criança recém-nascida é comparável àquele outro nada aparente que é a célula germinativa.

Decerto, é uma ideia difícil de ser acolhida. Wolff suscitou grande espanto em seu tempo justamente porque demonstrou que o corpo vivo se constrói por si, e não existe uma pré-formação sua como acreditavam os filósofos da época.

No caso da criança, também causa espanto a ideia de que o recém-nascido não traz nada em si das conquistas de sua raça, de seus pais, mas que cabe a ela mesma construí-las, algo que ocorre por toda parte, em todas as raças mais diversas e primitivas, como também nos povos mais civilizados, e em todo lugar da terra. E por toda parte ela é sempre o mesmo ser inerte, vazio, insignificante.

Mas nela existe um poder global, uma "ausência humana criativa" que a impele a formar o homem de seu tempo, de sua civilização, e em sua faculdade absorvente ela procede segundo leis de crescimento que são universais para toda a humanidade.

Seu encargo é realizar o presente de uma vida que está em evolução, que se perde em centenas e milhares de anos no passado de sua civilização e que tem diante de si um futuro de milhares e talvez de milhões de anos – ou seja, um presente que não tem limites no passado, como não os tem no futuro e que nunca é igual a si mesmo.

É difícil realizar essa divisão de tarefas necessária entre criança e adulto em um único fenômeno de progresso para o qual está fechada a transmissão hereditária de caracteres.

A "neutralidade" da criança, a indiferença biológica em assumir qualquer coisa que encontre em torno de si e fazer dela os caracteres da própria personalidade, surpreende como uma prova real de unidade no gênero humano.

É a conquista dessa verdade que, justamente nos últimos anos, tem levado à realização de estudos sobre grupos humanos menos evoluídos para encontrar provas desse fenômeno surpreendente.

A doutora Ruth Benedict narra, em sua recente publicação, *Patterns of Culture*, que uma missão francesa desses estudos etnológicos modernos tinha se deslocado para a Patagônia, onde ainda existem raças consideradas as mais primitivas sobreviventes, permanecidas no nível e na forma social da idade da pedra. Aquelas pessoas, porém, espantadas com o homem branco, fogem quando este aparece. Ora, na fuga daquele grupo de patagônios tinha ficado abandonada uma menina recém-nascida. Ela foi recolhida pela missão e hoje é uma jovem inteligente que fala duas línguas europeias, tem costumes ocidentais, é católica e estuda biologia na universidade. No curso de dezoito anos, ela passou praticamente da idade da pedra à era atômica.

No início da vida o indivíduo pode, portanto, realizar semelhantes prodígios sem fadiga, permanecendo inconsciente.

A absorção dos caracteres é um fato vital que recorda o fato físico do mimetismo, o qual é raro, mas não tão excepcional quanto se acreditou no passado. Fenômenos de mimetismo são cada vez mais encontrados, tanto que um departamento inteiro do Museu Zoológico de Berlim foi dedicado a apresentar uma rica exposição deles. Ora, o fenômeno do mimetismo é uma das estratégias de defesa, consistindo em absorver no próprio corpo as aparências do ambiente. Assim se dá com a pelagem branca do urso-polar, com a forma de folha nas asas de algumas borboletas, com a aparência de graveto ou de pequeno galho de outros insetos ou do achatamento e aparência arenosa de alguns peixes.

O fato de reproduzir em si as características do ambiente é independente da história de tais características nem depende de "conhecer essas características". Muitos animais conservam somente alguns aspectos e características do ambiente, outros os absorvem.

O exemplo vital pode ajudar a compreender o fenômeno psíquico que ocorre na criança, ainda que seja de outro tipo.

DEZ

O EMBRIÃO ESPIRITUAL

O recém-nascido, portanto, deve empreender um trabalho formativo que, no campo psíquico, recorda o que se deu no corpo no período embrionário. Ele tem um período de vida que não é mais o do embrião físico e não se assemelha ao que apresenta o homem por ele formado. Esse período pós-natal, que pode ser definido como o "período formativo", é um período de vida embriológica construtiva que torna a criança um Embrião Espiritual.

Assim, a humanidade tem dois períodos embrionários: um é pré-natal, semelhante ao dos animais, e outro é pós-natal, exclusivo do homem. Desse modo se interpreta aquele fenômeno que distingue o homem dos animais: a longa infância.

É nela que se reconhece uma nítida barreira entre os animais e o homem, com ela o homem se apresenta na terra como um ser à parte, cujas funções não são nem a continuação nem a derivação daquelas que se manifestaram nos animais superiores. Representa um salto na vida: o empreendimento de novos destinos.

O que permite distinguir as espécies são suas diferenças, não suas semelhanças. As espécies novas devem ter *algo de novo*: não podem ser uma simples derivação das antigas – elas se apresentam originais e produtivas de caracteres que jamais existiram antes. A obra é original e criativa e denota um novo impulso da vida.

Assim, quando surgiram, os mamíferos e as aves trouxeram *novidades*, e não cópias ou adaptações ou continuações de seres anteriores. As novidades que se manifestaram no desaparecimento dos dinossauros foram, nas aves, a defesa apaixonada dos ovos, a construção de ninhos, a proteção dos filhotes, a coragem de defendê-los, enquanto os répteis insensíveis abandonavam seus ovos. E os mamíferos superaram as aves na proteção da espécie: não fizeram ninhos, mas deixaram os novos seres se desenvolverem dentro do próprio corpo, preparando sua nutrição com o próprio sangue.

Esses eram novos caracteres.

E assim um novo caráter é o de ser humano: este tem uma dupla vida embrionária, *um novo projeto*, e uma nova destinação com respeito aos demais seres.

Este é o ponto no qual nos devemos deter e do qual devemos retomar o estudo de todo o desenvolvimento da criança e do homem pelo lado psíquico. Se a obra do homem na terra está ligada a seu espírito, com sua inteligência criativa, espírito e inteligência devem constituir o fulcro da existência individual e de todas as funções do corpo. Em torno deste se organiza seu comportamento, e também da fisiologia de seus órgãos. O homem inteiro se desenvolve dentro de um halo espiritual.

Hoje, também nós ocidentais começamos a avançar rumo a esse conceito particularmente claro na filosofia indiana: através de experiências práticas, vamos descobrindo perturbações fisiológicas que dependem de fatos psíquicos porque o espírito não se aplicou em dominá-los.

Se o homem é reto e depende de um "halo espiritual que o circunda" e do qual deriva a organização de seu comportamento individual, os primeiros cuidados, prevalentes sobre quaisquer outros, deveriam ser dirigidos em particular para a vida psíquica do recém-nascido, e não somente para a física, como ainda hoje ocorre.

A criança, meio de adaptação

A criança não adquire em seu desenvolvimento somente as faculdades humanas, a força, a inteligência, a linguagem, mas adapta ao mesmo tempo o ser que ela constrói às condições do ambiente. E para isso vale a virtude de sua particular forma psíquica, porque a forma psíquica da criança é diferente da do adulto. A criança tem com o ambiente uma relação diferente da nossa. Os adultos admiram o ambiente, podem recordá-lo, mas a criança o absorve em si mesma. A criança não recorda as coisas que vê, porém essas coisas formam parte de sua psique, ela incorpora em si mesma as coisas que vê e ouve. Enquanto em nós adultos nada muda, na criança ocorrem transformações: nós apenas recordamos o ambiente, enquanto a criança se adapta a ele. Essa forma especial de memória vital que não recorda conscientemente, mas que absorve a imagem na vida mesma do indivíduo, foi chamada por Percy Nunn com um nome especial: *mneme*.[1]

Um exemplo, como vimos, vem da linguagem. A criança não recorda os sons, mas os incorpora e os pronunciará depois à perfeição. Fala a língua segundo suas regras complicadas e suas exceções, não porque a tenha estudado nem por um exercício comum de memória; sua memória talvez nunca a retenha conscientemente, e, no entanto, essa língua vem a formar parte de sua psique e da própria criança. Sem dúvida, trata-se de um fenômeno diferente da pura atividade mnemônica: trata-se de uma característica psíquica que distingue um dos aspectos da personalidade psíquica da criança. Há na criança, para com qualquer coisa que exista em seu ambiente, uma sensibilidade absorvente, e só com a observação e absorção do ambiente é possível a adaptação: tal forma de atividade revela um poder subconsciente que é próprio apenas da criança.

[1] A palavra *mneme* nessa ordem de ideias foi introduzida primeiro pelo biólogo alemão Richard Semon, mas Percy Nunn lhe deu um amplo significado em sua obra *Hormic Theory*. É nesse sentido que a usamos aqui, como os conceitos *horme* e *engrams*. Para referências ulteriores, aconselhamos o leitor a consultar o excelente livro de sir Percy Nunn *Education, its Data and First Principles*. Londres: Cornell University Library, 2009 (1. ed. 1920).

O primeiro período da vida é o da adaptação. Temos de esclarecer bem o que significa adaptação neste caso e temos de distingui-lo da adaptação do adulto. A adaptabilidade biológica da criança é aquela que faz do lugar em que nasceu o único onde se deseja viver, assim como a única língua que se fala bem é a língua materna. Um adulto que vai para um país diferente do seu jamais se adaptará a ele do mesmo modo e no mesmo grau. Tomemos como exemplo aqueles que se transferem voluntariamente para países longínquos como os missionários: vão por vontade própria realizar sua tarefa em terras desconhecidas, mas, se você falar com eles, dirão: "Nós sacrificamos nossa vida vivendo neste país". Eis uma confissão que denota as limitações da adaptabilidade no adulto.

Voltemos à criança. A criança vem a amar qualquer localidade em que nasceu, de modo que, por mais que possa ser dura a vida no país natal, ela nunca poderá ser igualmente feliz em outro lugar. Portanto, o homem que ama as planícies gélidas da Finlândia, como o que ama as dunas holandesas, recebeu essa adaptação, esse amor à pátria, da criança que um dia foi.

A criança realiza essa adaptação e o adulto se encontra depois preparado, isto é, adaptado, a ponto de se sentir apropriado a seu país, levado a amá-lo, a sentir-lhe o fascínio, e de não encontrar felicidade e paz em nenhum outro lugar.

Antigamente, na Itália, quem nascia numa aldeia vivia e morria ali, sem jamais se afastar dela. Mais tarde, isto é, depois da unificação da Itália, quem por casamento ou trabalho deixava a aldeia natal exibia frequentemente, após algum tempo, sinais de uma estranha doença: palidez, tristeza, fraqueza, anemia. Experimentavam-se muitos tratamentos para essa espécie de doença singular, e, quando todos tinham se esgotado, o médico aconselhava o retorno do paciente à terra natal. E o conselho era acompanhado quase sempre de um ótimo resultado: o doente recuperava a cor e a saúde. Costumava-se dizer que o ar natal valia mais que qualquer tratamento, ainda que o clima do lugar de nascença fosse bem pior que o daquele do lugar para onde o indivíduo tinha se transferido. Mas aquilo de que precisavam aqueles enfermos era a calma oferecida a seu subconsciente pelo lugar simples onde tinham vivido a infância.

Não há nada de mais importante do que essa forma absorvente de psique que forma o homem e o torna adaptado a qualquer condição social, clima e país. Sobre ela é que apoiamos nosso estudo. É preciso considerar que quem diz "Amo meu país" não diz algo de superficial ou artificioso, mas revela, ao contrário, algo que é essencial dele mesmo e de sua vida.

Podemos compreender então como a criança, graças a essa psique particular, absorve os costumes, os hábitos do país onde vive, a fim de que se forme o indivíduo típico de sua raça. Esse comportamento "local" do homem é uma construção misteriosa que se dá, ela também, durante a infância. É evidente que os costumes e a mentalidade especiais de um ambiente são adquiridos pelo homem porque nenhuma dessas características pode ser natural à humanidade.[2] Temos assim um quadro mais completo da atividade da criança: ela constrói um comportamento não só adaptado ao tempo e ao lugar, mas também à mentalidade local. Na Índia, o respeito à vida é tão grande que suscita também a veneração dos animais, e essa veneração permaneceu como elemento essencial da consciência desse povo. Ora, esse sentimento não pode ser adquirido por uma pessoa adulta; não adianta dizer: "A vida deve ser respeitada" para tornar nosso esse modo de sentir. Eu poderei dizer que os indianos têm razão, poderei sentir que eu também devo respeitar a vida dos animais, mas em mim isso não será jamais um sentimento, e, sim, um raciocínio. Aquela espécie de adoração que os indianos têm pela vaca, por exemplo, nós jamais a poderemos sentir, assim como, vice-versa, o indiano não poderá jamais se libertar da própria consciência desse sentimento. Esses caracteres parecem então hereditários – no entanto, eles são adquiridos pela criança no ambiente. Certa vez, vimos num jardim anexo à escola Montessori local um pequeno hindu de pouco mais de 2 anos, que olhava intensamente

[2] Uma prova convincente dessa verdade é oferecida pelo livro da doutora Ruth Benedict, *Patterns of Culture*, citado anteriormente. Nova York: Routledge & Kegan Paul, 1935

para o chão e com a ponta de um dedo parecia traçar uma linha. Ali estava uma formiga que tinha perdido duas patas e avançava com dificuldade: o menino tinha sido atraído por aquela desventura e tentava facilitar o caminho, preparando uma trilha com o dedo. Quem não diria que o menino hindu "herda" esses sentimentos de simpatia para com os animais? Eis que se aproximou outro menino, atraído por aquelas manobras, viu a formiga, pôs um pé em cima dela e a esmagou. O segundo menino era muçulmano. É provável que um menino cristão tivesse feito o mesmo, ou ficado indiferente – seria possível pensar que nele, por hereditariedade, estava presente o sentimento da absoluta barreira que separa os homens dos animais, e por isso respeito e caridade estão reservados somente aos homens.

Outros povos têm outras religiões, mas também quando o espírito de um povo vem repudiá-las o coração se sente preocupado e inquieto. Essas fés e sentimentos formam parte de nós mesmos, e, como dizemos na Europa, "nós os temos no sangue". Todos os hábitos sociais e morais que formam o conjunto da personalidade, os sentimentos de casta e toda espécie de outros sentimentos que caracterizam um típico italiano, um típico inglês, se constroem durante a infância por obra daquele misterioso poder psíquico que os psicólogos chamam mneme. Essa verdade também vale para certos tipos de movimentos característicos que distinguem as várias raças. Certas populações africanas desenvolvem e fixam em si qualidades suscitadas pela necessidade de defesa contra animais ferozes. Outras fazem exercícios apropriados, instintivamente, para tornar mais aguçada sua audição. Disso resulta que a acuidade da audição é uma das características dos indivíduos pertencentes a essas tribos particulares. De igual modo, todas as características são absorvidas pela criança para serem fixadas para sempre, de tal maneira que, mesmo que a razão as refute, algo delas persiste sempre no subconsciente do homem porque tudo quanto se formou na criança não pode ser jamais totalmente destruído. Essa mneme, que pode ser considerada uma memória natural superior, não só cria as características, mas as mantém vivas no indivíduo: aquilo que a criança formou permanece adquirido para sempre na personalidade, assim como ocorre para as articulações e os órgãos, de modo que todo homem passa a ter seu próprio caráter individual.

É inútil desejar transformar os indivíduos adultos. Quando se diz: "Esta pessoa não sabe como se comportar", ou quando se observa que esta ou aquela pessoa tem um comportamento incorreto, podemos frequentemente fazer nascer na pessoa a quem nos dirigimos um sentimento de humilhação, poderemos induzi-la a reconhecer que tem um caráter ruim, mas o fato está em que esse caráter não pode ser mudado.

O mesmo fenômeno explica a adaptação, digamos assim, em diferentes épocas da história, porque, enquanto um adulto dos tempos antigos não se poderia adaptar aos tempos modernos, a criança se adapta ao nível de civilização que encontra, seja qual for, e consegue construir um homem adaptado a seus tempos e a seus costumes. Isso nos prova que a função do indivíduo na ontogênese do homem é adaptar o indivíduo a seu ambiente, construindo um modelo de comportamento que o torne capaz de agir livremente naquele ambiente e de influir nele.

Hoje, portanto, a criança deve ser considerada ponto de ligação, elo de conjunção entre as diversas fases da história e os diversos níveis de civilização. A infância é um período realmente importante porque, quando se quiser infundir novas ideias, modificar ou melhorar hábitos e costumes do país, acentuar mais vigorosamente as características de um povo, devemos tomar como instrumento a criança, pois muito pouco se obtém agindo sobre os adultos. Se de fato aspiramos a condições melhores, a um brilho maior de civilização no povo, é preciso pensar na criança para obter os resultados desejados. Nos últimos tempos da ocupação inglesa na Índia, uma família de diplomatas mandava frequentemente seus dois filhos, acompanhados de uma babá indiana, para comer num hotel de luxo, e ali a babá, sentada no chão, ensinava as crianças a apanhar com a mão o arroz do prato, como é costume na Índia. O objetivo era que as crianças não crescessem com o desprezo e a repugnância que em geral os europeus sentem ao ver os indianos comer desse modo. Porque os costumes e os sentimentos contrastantes que eles suscitam é que constituem um dos motivos predominantes na incompreensão entre os povos. Se alguém acreditar que os costumes estão degenerados e desejar fazer reviver o velho hábito, somente sobre a criança se poderá agir; nenhum resultado se obteria dirigindo-se ao adulto. Para exercer influência sobre a sociedade é necessário orientar-se para a infância. Dessa verdade nasce a importância de criar escolas para as crianças, porque são estas que realizam a construção da humanidade, e a realizam com os elementos que nós lhes oferecemos.

A grande ação que podemos exercer sobre as crianças tem como meio o ambiente, porque a criança absorve o ambiente, toma tudo do ambiente e o incorpora em si mesma. Com suas infindas possibilidades, ela pode se tornar a transformadora da humanidade assim como é a criadora dela. Da criança nos vem uma grande esperança e uma nova visão: muito talvez se poderá fazer com a educação para levar a humanidade a uma maior compreensão, a um maior bem-estar, a uma maior espiritualidade.

Vida psicoembrionária

A criança, portanto, é cuidada desde o nascimento, sendo considerada sobretudo um ser dotado de vida psíquica. A vida psíquica da criança desde o nascimento e dos primeiros dias de sua existência de fato atrai amplamente a atenção dos psicólogos hoje. É um objeto interessante que parece ter de levar a uma nova ciência, tal como já se fez para o lado físico da vida: a higiene física e a pediatria.

Se, portanto, existe no recém-nascido uma vida psíquica, ela deve ter sido formada previamente, do contrário não poderia existir. De fato, mesmo no embrião pode haver uma vida psíquica, e, quando essa ideia é aceita, pergunta-se em qual período da vida embrionária ela começa. Como sabemos, pode ocorrer às vezes que a criança nasça de sete meses em vez de nascer de nove meses – e aos sete meses a criança já está completa a ponto de poder viver. Por isso, sua vida psíquica é capaz de funcionar como a de uma criança nascida de nove meses. Esse exemplo, sem que eu insista, basta para ilustrar o que quero dizer quando defendo que toda vida é vida psíquica. Na realidade, cada tipo de vida é dotado em diferente medida de energia psíquica, de uma dada espécie de psique individual, por mais primitiva que seja a forma de vida. Mesmo que consideremos os seres unicelulares, vemos que neles existe uma forma de psique: eles se afastam do perigo, se aproximam do alimento etc.

Mas a criança até há pouco tempo tinha sido considerada privada de vida psíquica, e só recentemente, no campo da ciência, começou-se a levar em consideração alguns pormenores da vida humana, antes não observados.

Acenderam-se pontos como novas luzes na consciência dos adultos e como novos indicadores de responsabilidade. O fato do nascimento surpreendeu de repente, tanto no campo da arte literária quanto no da psicologia. Os psicólogos o definiram como "a difícil aventura do nascimento", referindo-se à criança, não à mãe, à criança que sofreu sem poder se queixar e que lança seu grito só quando seu esforço e seu sofrimento terminaram.

Ter de se adaptar repentinamente a um ambiente totalmente diferente daquele em que tinha vivido, ter de assumir de imediato funções nunca antes exercidas, nas condições de indizível cansaço em que se encontra, constituem a prova árdua e a mais dramática de toda a vida do homem. Assim concluem os psicólogos, que, para definir esse momento crítico e decisivo, cunharam a expressão "o terror do nascimento".[3]

Não se trata, certamente, de uma aflição consciente, mas, se as faculdades psíquicas conscientes da criança estivessem desenvolvidas, a amedrontadora prova do recém-nascido encontraria sua expressão nas seguintes perguntas: "Por que vocês me lançaram neste mundo terrível? O que poderei fazer? Como poderei viver num mundo tão diferente? Como me adaptarei à aterrorizante quantidade de sons, eu, que antes

[3] Foi Otto Rank o primeiro a cunhar essa denominação em 1923, com base na teoria do "trauma do nascimento", defendida por seu mentor e professor Sigmund Freud. Na época a teoria não encontrou um consenso pleno; no entanto, ainda hoje é levada em consideração no estudo da psicologia profunda.

não tinha ouvido o menor ruído? Como poderei assumir as dificílimas funções que você, minha mãe, assumiu por mim? Como resistir às terríveis mudanças de clima, eu, que no seu corpo gozei de uma temperatura sempre igual e tépida?". A criança não tem consciência de tudo o que aconteceu. Não poderia dizer que sofre do trauma do nascimento. Deve existir nela, porém, um sentimento psíquico ainda que não consciente, e ela sente no estado de subconsciência e percebe aproximativamente o que exprimimos acima.

Torna-se natural, portanto, para quem estuda a vida, considerar que a criança é auxiliada em sua primeira adaptação ao ambiente. Nunca se deve esquecer que o recém-nascido pode ser sensível ao medo. Com muita frequência, viram-se crianças que, imersas rapidamente no banho nas primeiras horas de vida, fizeram movimentos como de quem se agarra ao sentir que está caindo. Essas reações revelam na criança o senso do medo. Como a natureza auxilia o recém-nascido? Sem dúvida, auxilia-o nessa difícil adaptação, dá às mães, por exemplo, o instinto de manter o bebê apertado ao próprio corpo para protegê-lo da luz, e a mãe mesma é tornada impotente pela natureza naquele primeiro período da vida de seu filho. Mantendo-se tranquila para o próprio bem, ela comunica à criança a necessária calma. É como se, no subconsciente, a mãe reconhecesse o trauma do bebê e o mantivesse junto a si para aquecê-lo com seu calor e protegê-lo de um excesso de impressões.

Nas mães humanas esses gestos de proteção não são guiados pelo entusiasmo que vemos nas mães das espécies animais. Observamos, por exemplo, as gatas que escondem seus filhotes em cantos escuros e ficam ciumentas quando alguém se aproxima. O instinto de proteção nas mães humanas é bem menos aguçado e vem sendo naturalmente perdido. Mal a criança nasceu e já há quem a tome nos braços para lavar, vestir, expô-la à luz para ver melhor a cor de seus olhos, sempre a tratando como coisa mais do que como um ser animado. Não é mais a natureza que guia, mas a razão humana, e a razão é enganosa porque não iluminada pela compreensão e habituada a considerar a criança como não dotada de psique.

É evidente que esse período, ou melhor, esse breve momento do nascimento, deve ser considerado à parte.

Ele não diz respeito à vida psíquica da criança em geral, mas ao primeiro encontro do homem com o ambiente externo. Se estudarmos os animais, veremos que a natureza forneceu proteções especiais para os mamíferos. A natureza dispôs que as mães se isolem do resto do rebanho, justo antes que elas deem à luz seus filhotes, e que permaneçam isoladas por algum tempo depois do parto. Isso é muito evidente com os animais que vivem em grandes grupos ou manadas como cavalos, bovídeos, elefantes, lobos, cervos e cães. Todos agem do mesmo modo. Durante esse período de isolamento, os filhotes dos animais têm tempo para se adaptar ao novo ambiente. Vivem isolados com a mãe, que os circunda com seu amor, com seus cuidados atentos. Nesse período, o recém-nascido animal começa pouco a pouco a manifestar o comportamento de sua espécie. Durante esse breve período de isolamento, há uma contínua reação psicológica da parte do filhote aos estímulos do ambiente, e essa reação corresponde às características particulares do comportamento da espécie, de modo que, quando a mãe retorna à manada, o filhote entra na comunidade preparado para viver segundo um modo já estabelecido. É, não só física, mas também psicologicamente falando, um pequeno cavalo, um pequeno lobo, um pequeno boi.

Podemos notar que também no estado doméstico os mamíferos conservam esses instintos. Em nossas casas vemos a cadela ou a gata cobrir com seu corpo os recém-nascidos; elas reproduzem os instintos dos animais em estado livre e praticam aquela intimidade que mantém o recém-nascido ainda agarrado à mãe. Pode-se dizer que o filhote saiu do corpo materno, mas não se soltou dele. A natureza não poderia ter previsto um auxílio mais prático para tornar gradual a passagem entre as duas vidas.

Assim interpretamos hoje esse período: nos primeiríssimos dias da vida, os instintos da raça despertam nos animais.

Não é, portanto, somente um auxílio instintivo suscitado e estimulado pelas circunstâncias difíceis e próprias destas, porém é um ato ligado à criação.

Se isso se dá com os animais, algo de parecido deve haver para os homens. Não se trata apenas do momento difícil, mas de um momento *decisivo* para todo o futuro. Nesse período, ocorre uma espécie de despertar de potencialidades que deverão em seguida dirigir o enorme trabalho criativo da criança: o trabalho do embrião espiritual. E, uma vez que a natureza dispõe sinais físicos evidentes em cada fase sucessiva do desenvolvimento psíquico, eis que o cordão umbilical, que mantinha a criança presa à mãe, se destaca de seu corpo vários dias depois do nascimento. Esse primeiro período é o mais importante porque nele ocorrem misteriosas preparações.

Assim, não se deve levar em consideração somente o trauma do nascimento, mas as possibilidades que sem dúvida existem. Porque, se não existem na criança caracteres já estabelecidos, como se dá para o comportamento animal, devem existir, contudo, determinadas potencialidades para criá-los. A criança, é fato, não espera que a lembrança atávica de um comportamento desperte, mas espera que se orientem impulsos *nebulosos*, sem forma, porém carregados de energias potenciais, que devem dirigir e incorporar a conduta ou comportamento humano do ambiente e que nós temos chamado de "nébulas".[4]

O trabalho de adaptação que é tarefa vital da primeira infância pode ser comparado aos "desenhos" da hereditariedade do comportamento que vem nos embriões dos animais. Estes nascem tendo tudo pronto: a forma dos movimentos, as habilidades, a escolha do alimento, os caracteres de defesa próprios à espécie respectiva.

O homem, ao contrário, teve que preparar tudo em sua vida social, e a criança deve fixar os caracteres próprios de seu grupo social, absorvendo-os do exterior, após o nascimento.

---

[4] Quando se fala de "despertar de nébulas", faz-se referência a um processo semelhante ao que nos animais induz o despertar dos instintos do comportamento. Ele ocorre poucos dias depois do nascimento, num período de tempo limitado que é essencial para o desenvolvimento psíquico do ser humano. Para mais aprofundamento, ver o livro: Montessori, Maria. *Formazione dell'uomo: nebule e analfabetismo mondiale.* Milão: Garzanti, 1950.

Nascimento e desenvolvimento

Por isso é interessante estudar o desenvolvimento da criança tendo em mente aquelas funções que ela desempenha como um "mecanismo geral" da vida humana.

Aquele recém-nascido, incompleto inclusive fisicamente, deve completar o complicado ser que é o homem. Ele não tem um "despertar de instintos" como têm os recém-nascidos animais tão logo entram em contato com o ambiente externo. No entanto, já nascido para o mundo, leva adiante uma função construtiva embrionária e constrói aquilo que depois parecerá um "conjunto de instintos humanos".

E, já que nada é fixo no homem, ele deve construir toda a vida psíquica do homem e todos os mecanismos motores que serão a expressão dela.

O recém-nascido é um ser inerte que não pode sequer sustentar a cabeça: fará como aquele rapaz ressuscitado por Cristo que se senta e depois se levanta e Cristo o devolve à mãe. O recém-nascido será devolvido ao gênero humano que age sobre a terra. Aquela inércia de movimentos recorda as descobertas de Coghill: que os órgãos se formam depois dos centros, para se prepararem para a ação.

Também na criança devem se formar *desenhos psíquicos* antes do movimento. Assim, o início da atividade infantil é psíquico, e não motor.

A parte mais importante do desenvolvimento do homem está na vida psíquica, não nos movimentos, porque os movimentos têm de ser criados segundo a orientação e os ditames da vida psíquica. A inteligência distingue o homem dos animais: o primeiro ato do homem nesta vida deve ser, por isso, a construção da inteligência.

O resto espera.

Nem mesmo os órgãos estão completos: o esqueleto não terminou de se ossificar; os nervos do movimento não se completaram ainda com seu revestimento de mielina que os isola um do outro, permitindo transmitir o comando dos centros. E assim o corpo permanece inerte, como se estivesse apenas esboçado.

O ser humano, portanto, cresce, antes de mais nada, em inteligência, enquanto o resto do desenvolvimento ocorre em função justamente dessa vida psíquica cujas características ele desenvolve.

Nada melhor que essa observação para demonstrar a importância do primeiro ano de vida e como o desenvolvimento proeminente da inteligência é característico do filho do homem.

Ora, o desenvolvimento da criança consiste em muitas partes, todas determinadas no tempo de sucessão por leis especiais que são comuns a todos. Um estudo pormenorizado do desenvolvimento embrionário pós-natal indica quando o crânio vai se completando e vão se fechando pouco a pouco as fontanelas, graças ao encontro de partes cartilaginosas, e quando se realizam algumas suturas, como a frontal, e como depois a forma total do corpo se modifica mudando de modo característico as proporções relativas e quando se alcança a ossificação definitiva nas articulações e em suas extremidades. E também se sabe quando se mielinizam os nervos da coluna vertebral, e quando o cerebelo, que é muito reduzido no nascimento, empreende um súbito e rápido crescimento até alcançar as proporções normais com os hemisférios cerebrais. Enfim, como se modificam as glândulas endócrinas e as fisiológicas da digestão.

Esses estudos são bem conhecidos há muito tempo e mostram sucessivos graus de "amadurecimento" no desenvolvimento físico com relação ao fisiológico do sistema nervoso. Assim, por exemplo, o corpo não poderia sustentar-se em equilíbrio, e por isso a criança não conseguiria ficar sentada ou em posição ereta se o cerebelo e os nervos não tivessem realizado aquele grau de amadurecimento.

Não seria jamais a educação ou o exercício que poderia deslocar os limites daquelas possibilidades. Os órgãos motores se oferecem, pouco a pouco, com seu amadurecimento, aos comandos psíquicos, os quais depois os farão mover-se no empreendimento, não determinado, das experiências sobre o ambiente.

Através dessas experiências e desses exercícios, desenvolvem-se as coordenações dos movimentos, e a vontade enfim se apropria deles para seus fins.

O homem, diferentemente dos animais, não tem movimentos coordenados fixos; ele tem que construir tudo por si: e não tem fins, deve buscá-los. Ao contrário, os filhotes dos mamíferos – em grande parte – já ao nascerem caminham, correm e saltam, segundo suas espécies. Logo eles realizarão exercícios difíceis se tiverem, por hereditariedade, que trepar, saltar obstáculos ou fugir rapidamente. O homem, por seu lado, não traz nenhuma habilidade em si, no entanto é o ser vivo capaz de conseguir executar os movimentos mais variados e mais difíceis, como os do artesão manual, dos acrobatas, dos bailarinos, dos corredores ou campeões do esporte.

Nesses casos, porém, não é o amadurecimento dos órgãos que age como causa, mas as experiências sobre o ambiente, os exercícios, isto é, a educação. Cada indivíduo se torna o criador das próprias habilidades, ainda que dispondo de uma condição fisiológica que em si mesma não muda. O homem é, portanto, o criador do próprio aperfeiçoamento.

Agora é preciso distinguir, com relação à criança, esses diferentes pormenores.

Para nos orientarmos no estudo da criança, é preciso, antes de tudo, aceitar o fato de que, embora ela se mova quando o corpo oferece condições de amadurecimento, não é que suas condições psíquicas sejam dependentes destas. Mas no homem, como observamos, a psique é a primeira a desenvolver-se, e os órgãos aguardam pelo tempo necessário para se prepararem e servirem ao homem. E, quando os órgãos entram em ação, então o desenvolvimento psíquico ulterior se dá sempre com o auxílio de movimentos através de experiências ativas sobre o ambiente. Assim, a criança que não puder se servir de seus órgãos tão logo prontos encontrará obstáculos em seu desenvolvimento mental. Uma vez que o desenvolvimento psíquico não tem limites, ela em grande parte depende das possibilidades de usar seus instrumentos de execução, de superar os vínculos da impotência: mas é em si mesma que se desenvolve.

O desenvolvimento psíquico está ligado a um único mistério: ao segredo de suas potencialidades latentes, que são diferentes em cada indivíduo e que ainda podemos investigar quando a criança se encontra na fase psicoembrionária.

Nessa fase, podemos somente notar a uniformidade em todas as crianças do mundo. Bem se pode dizer: as crianças, desde o nascimento, são todas iguais, realizam o mesmo modo de se desenvolverem e as mesmas leis. Ocorre no campo psíquico aquilo que ocorre no embrião físico: a segmentação das células passa através dos mesmíssimos estágios, a ponto de não permitir, quase, reconhecer a diferença entre os embriões, mesmo quando as células, em sua multiplicação, preparam seres vivos muito diferentes, das espécies mais longínquas como um vaga-lume, um pássaro ou um coelho. Mas logo, nos animais que se formaram do mesmo modo, ocorre e se manifesta uma diferenciação profunda.

Do embrião espiritual poderá derivar tanto um gênio artístico como um dirigente político, um santo ou um homem medíocre. E os homens medíocres poderão ter tendências variadas que os conduzam a escolher um lugar diferente na sociedade. Porque, precisamente, eles não estão destinados a fazer "a mesma coisa", a ter "o mesmo comportamento", como se passa nos seres limitados pela hereditariedade de sua espécie.

Mas esse desenvolvimento, esses diferentes pontos de chegada, nós não podemos prevê-los, nem podemos levá-los em conta durante o período formativo embrionário, aquele período pós-natal em que se dá a formação do homem.

Nesse período, os cuidados consistem em auxiliar a vida a se desenvolver, e a vida se desenvolve em todos do mesmo modo. Em todos há primeiro o período de "adaptação", em todos o desenvolvimento psíquico inicia as aventuras da vida. E, se esse período for auxiliado segundo as finalidades humanas, a todos será concedida a vantagem de melhor desenvolver as potencialidades próprias a cada indivíduo.

Portanto, só pode haver um único meio de tratar ou educar as crianças na primeira idade, e, se a educação deve começar do nascimento, só pode haver um único modo. Assim, não se pode falar de métodos particulares para tratar crianças indianas, chinesas ou europeias, nem crianças pertencentes a diferentes classes sociais – mas de um método que segue "a natureza humana que se desenvolve", já que todas têm as mesmas necessidades psíquicas e seguem o mesmo procedimento para alcançar a construção do homem: cada uma tem que atravessar as mesmas fases de crescimento.

E, dado que esta não é uma opinião, não poderá ser um filósofo, nem um pensador, nem um pesquisador de laboratório quem ditará ou sugerirá este ou aquele método de educação.

Só a natureza, que estabeleceu algumas leis e determinou algumas necessidades no homem em via de desenvolvimento, pode ditar o método educacional determinado pelo fim, que é o de satisfazer as necessidades e as leis da vida.

Essas leis e essas necessidades, a própria criança deve indicá-las em suas manifestações espontâneas e em seu progresso: na manifestação de sua paz e de sua felicidade, na intensidade de seus esforços e na constância de suas livres escolhas.

Temos de aprender com ela e servir a ela como melhor pudermos.

Desse modo, os psicólogos distinguiram um período breve, mas decisivo, o nascimento, do desenvolvimento posterior, e, embora suas interpretações sejam ilustradas segundo conceitos freudianos, eles trazem dados reais e distinguem os "traços de regressão", que são postos em correspondência direta com o "trauma do nascimento", dos traços de repressão que estão ligados às circunstâncias da vida, as quais podem se apresentar durante o desenvolvimento. As regressões não são as repressões. Estas significam uma espécie de decisão inconsciente do ser recém-nascido: andar para trás, isto é, regredir, em vez de progredir no desenvolvimento.

Esse "trauma do nascimento", como se observa hoje, conduziria a algo bastante mais terrível do que aos protestos e ao choro da criança, conduziria a caracteres errôneos que a criança assume em seu desenvolvimento. Disso resultaria uma transformação psíquica, ou melhor, um desvio. Em vez de tomar o caminho que consideramos normal, a criança se desviaria rumo a um caminho errado.

Em vez de progredirem, os indivíduos que sofrem de uma reação negativa ao "trauma do nascimento" permanecem, parece, agarrados a alguma coisa que existia antes do nascimento. Esses traços de regressão são muitos, porém todos apresentam a mesma manifestação. Se diria que a criança julga este mundo e diz para si: "Eu volto para lá de onde vim". As longas horas de sono do recém-nascido são consideradas normais, mas um sono demasiado longo não é normal, nem sequer no recém-nascido, e é considerado por Freud uma espécie de refúgio no qual a criança encontra uma defesa e exprime a sensação de repulsa psíquica que tem diante do mundo e da vida.

Aliás, não será talvez o sono o reino da subconsciência? Se há alguma coisa que perturbe dolorosamente nossa mente, buscamos no sono a paz, uma vez que no sono há sonhos, e não realidade; no sono há a vida sem a necessidade da luta. O sono é um refúgio, um afastamento do mundo. Outro fato a considerar é a posição do corpo no sono. No recém-nascido, a posição natural é ter as mãos perto do rosto e as pernas dobradas. Essa posição, porém, continua em alguns casos também em pessoas adultas e significa, poderíamos dizer, refugiar-se numa posição fetal. Há também outro fato que exprime claramente um traço de regressão: é o choro da criança ao despertar, como se estivesse assustada, como tivesse de reviver o terrível momento do nascimento que conduz a um mundo difícil. Com frequência, os bebês sofrem de pesadelos que fazem parte do terror da vida.

Outra expressão dessa tendência que se manifesta mais tarde é o agarrar-se a alguém, quase como pelo medo de ser deixada sozinha. Esse apego não é sugerido pelo afeto, mas é também a expressão do medo. A criança é tímida e deseja permanecer sempre junto de alguém, de preferência a mãe. Não deseja sair, gostaria de ficar sempre em casa, isolada do mundo. Cada coisa no mundo que deveria torná-la feliz a atormenta e lhe sugere uma sensação de repugnância diante de novas experiências. O ambiente, em vez de se mostrar atraente como deveria ser para uma criatura em curso de desenvolvimento, parece repeli-la, e, se a criança, desde a primeira infância, experimenta repulsa pelo ambiente que deveria ser o meio de seu desenvolvimento, ela não se desenvolve normalmente. Essa jamais será a criança que quer conquistar, que está destinada a absorver por inteiro seu ambiente e incorporá-lo em si mesma. Essa absorção se tornará difícil para ela e nunca se completará. Se poderia dizer que é a expressão do pensamento: "Viver é sofrer". Tudo será extenuante para ela, até a respiração lhe parece difícil. Todo ato é, para ela, ir contra sua própria natureza. Indivíduos dessa espécie têm maior necessidade de sono e de repouso que os outros. Até sua digestão parece difícil. É fácil imaginar que tipo de vida se prepara no futuro para esse tipo de criança, pois tais traços não são apenas de sua vida presente. É o tipo de criança que chora facilmente, que tem sempre necessidade da ajuda de alguém, que é indolente, triste e deprimida. Não são características efêmeras: são as que a acompanharão por toda a vida. Adulto, sempre terá repulsa pelo mundo, medo de se encontrar com outras pessoas, e será sempre tímido. Temos nesses indivíduos seres inferiores aos outros na luta pela existência, na vida social, e a eles faltarão alegria, coragem e felicidade.

Essa é a terrível resposta da psique subconsciente. Com nossa memória consciente nós esquecemos, mas o subconsciente, que parece não sentir e não recordar, opera algo de pior que não recordar, já que as impressões do subconsciente vêm a se exprimir na *mneme* e se esculpem como características do indivíduo. Este é o grande perigo da humanidade: a criança não cuidada no fim de uma formação normal se vingará depois da sociedade por intermédio do indivíduo adulto que ela mesma forma. Nossa negligência não fomenta rebeldes, como se daria entre adultos, mas forma indivíduos que são mais fracos do que deveriam ser; forma caracteres que se tornarão um obstáculo para a vida do indivíduo e indivíduos que serão obstáculos para o progresso da sociedade.

"Nébulas"

Gostaria de acentuar aqui as observações já iniciadas que tendem a dar importância ao momento do nascimento para a vida psíquica do homem. Até agora nos detivemos somente nas primeiras observações, nos traços regressivos. Agora é importante pôr esses traços em relação com os fatos da natureza, que revelam evidentemente nos mamíferos instintos protetores para com os recém-nascidos. As conclusões dos primeiros naturalistas – de que nos primeiros dias depois do nascimento os cuidados maternos, tão característicos e peculiares, estão em relação com algo parecido com o despertar dos instintos gerais da espécie no ser recém-nascido – dão uma contribuição útil para aprofundarmos a psicologia da criança recém-nascida.

Esses conceitos põem em evidência o quanto é necessário dar importância à adaptação da criança ao ambiente externo e considerar a comoção ocorrida no nascimento, que exige um tratamento, assim como se exige um cuidado especial para a mãe. Mãe e bebê não correm os mesmos perigos, mas enfrentam juntos graves dificuldades. Enfim, não está tanto nesse risco a importância da vida material da criança, embora muito grande, quanto de sua vida psíquica. Se a causa dos traços regressivos fosse somente o trauma do nascimento, todas as crianças apresentariam esses traços. Eis por que recorremos a uma hipótese que conecta a observação do homem e dos animais. É evidente que algum fato de suma importância ocorre nos primeiros dias de vida. Ao despertar, nos mamíferos, características hereditárias da raça, que são conexas a seu comportamento, deve corresponder, como disse acima, algo semelhante também na criança, que não tem um modelo hereditário de comportamento a seguir, mas que tem "potencialidades" adaptadas a desenvolvê-lo graças ao ambiente externo.

Nesse plano, formulamos o conceito de "nébula", comparando as energias criativas que guiarão a criança a "absorver o ambiente" às "nébulas", das quais se formam, através de sucessivos processos, os corpos celestes. Na nébula astral, as partículas estão de tal modo separadas uma da outra que não ganham consistência, mesmo assim formam alguma coisa que, a grande distância, é visível como um corpo celeste. Podemos agora imaginar um despertar da "nébula" assim como poderíamos imaginar um despertar dos instintos hereditários. Por exemplo, da "nébula" da linguagem a criança recebe estímulos e diretrizes para criar em si mesma a língua materna que é particular a seu ambiente e que ela absorve segundo determinadas leis. Graças às energias nebulosas da linguagem, a criança se torna capaz de distinguir os sons da língua falada dos outros sons e ruídos que a alcançam misturados no ambiente, e é graças a essas energias que a criança adquire a propriedade de incorporar a língua como uma característica racial. Coisa igual se pode dizer das características sociais que farão da criança um homem da sua raça.

A nébula da língua não contém as formas particulares da língua que se desenvolverá na criança, mas dessa nébula cada língua que a criança encontrar no ambiente ao nascer poderá ser construída e se desenvolverá ao mesmo tempo e com o mesmo procedimento em todas as crianças do mundo.

Vejamos aqui uma diferença essencial entre o homem e o animal. Enquanto o animal recém-nascido, quase imediatamente, produz os sons particulares à sua raça e para os quais tem um modelo hereditário, a criança permanece muda por um período bastante longo, depois do qual fala a língua que encontrou em seu ambiente. Desse modo é que uma criança holandesa crescida entre italianos falará italiano, e não holandês, apesar da longa hereditariedade holandesa de seus progenitores.

É claro, portanto, que a criança não herda um modelo de língua preestabelecido, mas a possibilidade de construir um através de uma inconsciente atividade de absorção. Essa potencialidade, que pode ser comparada ao *gene* da célula germinativa, cujo poder é o de dirigir os tecidos de modo que formem e criem órgãos precisos e complexos, é a que nós chamamos "nébula da linguagem".

Assim, as nébulas que dizem respeito às funções de adaptação ao ambiente e de reprodução do comportamento social, que a criança encontra em seu entorno ao nascer, não produzem por hereditariedade aqueles modelos de comportamento que se desenvolveram na raça durante sua evolução específica e com os quais se atingiu um nível específico de civilização, mas essas nébulas dão à criança, após o nascimento, a capacidade de absorver do ambiente aqueles modelos. E o mesmo vale para todas as funções mentais, como escreve justamente Carrel, ao falar de atividade mental: "O filho de um cientista não herdará nenhum elemento do saber de seu pai. Deixado sozinho numa ilha deserta, não será superior a nossos ancestrais de Cro-Magnon".[5]

Antes de prosseguir nesta matéria, gostaria de deixar claro um ponto. O leitor pode ter a impressão de que, falando de nébulas, nós imaginamos potencialidades de instintos existentes por si mesmos, que obscureceriam a unidade essencial da mente. O organismo mental é, para nós, uma unidade dinâmica que transforma sua estrutura por meio de experiências ativas conduzidas sobre o ambiente e guiadas por uma energia (*horme*)[6] da qual as nébulas são modos ou graus diferenciados e especializados.

Consideremos a possibilidade de que, por um motivo desconhecido, a nébula da linguagem não funcionasse ou permanecesse latente por uma razão ignorada: com isso, o desenvolvimento da linguagem não ocorreria. Essa anormalidade, que não é rara, constitui uma forma de mutismo em crianças que são perfeitamente normais nos órgãos da audição e da fala e cujo cerebelo também é normal. São frequentemente crianças inteligentes e têm o mesmo comportamento social das outras. Tenho encontrado alguns desses casos diante dos quais os especialistas da audição e do sistema nervoso confessavam sentir-se diante de um mistério da natureza. Seria interessante examinar esses casos e investigar o que aconteceu nos primeiros dias de vida dessas crianças.

Essa ideia explicará muitos fatos que ainda são obscuros em outros campos, por exemplo os que dizem respeito à adaptação ao ambiente social – ideia que pode parecer cientificamente mais prática do que as supostas consequências do "trauma do nascimento". Eu considero que esses fatos de regressão psíquica se devem à falta daquele *estímulo vital* que guia a adaptação social. Nesses casos, a criança, por falta de uma sensibilidade particular, não absorve nada de seu ambiente ou absorve de modo imperfeito: em vez de encantos e atrações, ela sente repulsa por esse ambiente, e não se produz

[5] Carrel, Alexis, op. cit., p. 177.

[6] A palavra *horme* deriva do grego ὁρμάω ("excitar") e tem o significado de força ou estímulo vital. Para uma descrição mais detalhada, ver também a primeira nota do capítulo seguinte.

então o desenvolvimento daquilo que se chama "amor ao ambiente", graças ao qual o indivíduo é levado a realizar sua independência através de sucessivas aquisições.

Então, os caracteres da raça, os costumes, a religião e assim por diante não são normalmente absorvidos, e disso resulta de fato um anormal moral, um deslocado, um antissocial, que apresenta muitas das já citadas características regressivas. Se essas *sensibilidades* criativas existem no homem ao invés dos modelos hereditários de comportamento e se, graças a elas, devem criar-se as funções de adaptação ao ambiente, é evidente que essas *sensibilidades* formam a base da inteira vida psíquica. Base que se estabelece nos primeiros anos de vida. Mas agora podemos perguntar: existem causas às quais possamos atribuir um despertar desviado ou mesmo falho dessas sensibilidades criativas? Para essa pergunta ainda não há resposta, e cada um deveria investigá-la na vida daqueles diante dos quais a ciência se declara ainda incompetente e fala de mistério.

Por ora, só conheci um caso que pode representar um princípio de pesquisa. Tratava-se de um jovem incapaz de disciplina e aplicação a qualquer estudo, um rapaz difícil, com um caráter ruim que o tornava intratável e o condenava ao isolamento. Era belo, de boa constituição e também inteligente. No entanto, tinha sofrido nos primeiros quinze dias depois do nascimento de uma grave desnutrição, causa de uma notável perda de peso, a ponto de tê-lo reduzido a um esqueletinho, especialmente no rosto. A ama de leite, que foi chamada depois para amamentá-lo, achava-o repugnante e o chamava de "descarnado". Por todo o resto da vida, das duas primeiras semanas do nascimento adiante, tinha se desenvolvido normalmente. Era, aliás, uma criança forte, do contrário teria morrido, mas o jovem que sobreviveu era um predestinado à criminalidade.

Não percamos tempo em torno dessas hipóteses que ainda têm de ser confirmadas, mas consideremos um fato de extrema importância. As nébulas da sensibilidade dirigem o desenvolvimento psíquico da criança recém-nascida, como o gene condiciona o óvulo fecundado na formação do corpo.

Vamos dar, então, ao recém-nascido aqueles mesmos cuidados particulares dos quais os animais superiores dão exemplo durante o breve período de despertar das características psíquicas da espécie. Não falamos somente de cuidados para as crianças nos primeiros anos ou nos primeiros meses de vida e, menos ainda, reduzimos esses cuidados ao campo da saúde física; ao contrário, estabelecemos a importância de um princípio particularmente necessário para as mães inteligentes e a família em geral: tem de existir uma "norma especial de tratamento" exato e zeloso para o nascimento e os primeiros dias depois do nascimento.

A CONQUISTA DA INDEPENDÊNCIA

Onde não se verificarem os traços de regressão, a criança apresenta tendências que visam clara e energicamente à independência funcional. O desenvolvimento, então, é um impulso rumo a uma independência cada vez maior, é como a flecha que, disparada pelo arco, vai reta, segura e forte. A conquista da independência começa com a fase inicial da vida; enquanto o ser se desenvolve, aperfeiçoa a si mesmo e ultrapassa todo obstáculo que encontra no caminho, uma força vital está ativa no indivíduo e o orienta para sua evolução. Essa força foi chamada *horme* por Percy Nunn.[1]

Se fosse preciso encontrar alguma coisa comparável a esse *horme* no campo psíquico-consciente, seria possível compará-lo à força de vontade, muito embora haja pouquíssima analogia entre os dois. A força de vontade é coisa muito pequena, é demasiado ligada à consciência individual, enquanto o *horme* é algo que pertence à vida em geral, àquilo que poderíamos chamar de uma força divina, promovedora de toda evolução.

[1] O *horme* pode ser comparado ao "impulso vital" das teorias de Bergson e à "libido" das teorias freudianas. O primeiro a propor esse termo foi Numi; mais tarde, quem o fez também foi William McDougall, que o adotou em seu livro *Psychology*. Para detalhes ulteriores, ver o livro: McDougall, William. *An Outline of Psychology*. Londres: Methuen, 1948, pp. 71 ss.

Essa força vital de evolução estimula a criança a atos diversos, e, quando a criança ficar normalmente crescida, sua atividade não obstaculizada se manifestará naquilo que chamamos "alegria de viver". A criança estará sempre entusiasmada, estará sempre feliz.

Essas conquistas de independência são em princípio os passos daquele que é chamado "desenvolvimento natural". Em outras palavras, se examinarmos de perto o desenvolvimento natural, poderemos defini-lo como a conquista de sucessivos graus de independência, não só no campo psíquico mas também no físico, já que também o corpo tende a crescer e a desenvolver-se, impulso e ímpeto tão fortes que só a morte pode interromper.

Examinemos, portanto, esse desenvolvimento. Ao nascer, a criança se liberta de uma prisão, representada pelo útero materno, e se torna independente das funções da mãe. O recém-nascido é dotado do estímulo, da necessidade de enfrentar o ambiente e absorvê-lo. Poderíamos dizer que ele nasceu com a "psicologia da conquista do mundo". Ele o absorve em si e, absorvendo-o, forma o próprio corpo psíquico.

É essa a característica do primeiro período da vida. Se a criança sente o impulso de conquista do ambiente, é claro que o ambiente deve exercer uma atração sobre ela. Dizemos então, usando palavras não de todo apropriadas ao nosso caso, que a criança sente "amor" pelo ambiente. Podemos também dizer, com Katz, que "o mundo se apresenta à criança rico de aspectos e expressões e de estímulos emotivos".[2]

Os primeiros órgãos que começam a funcionar na criança são os órgãos sensoriais. Ora, que coisa são esses órgãos senão órgãos de captura, instrumentos por meio dos quais agarramos as impressões que, no caso da criança, devem ser incorporadas?

Quando olhamos, que coisa vemos? Vemos tudo o que está no ambiente, do mesmo modo como, quando começamos a ouvir, ouvimos cada som que se produz no ambiente. Poderíamos dizer que o campo de captura é muito

[2] Katz, David. *La psicologia della forma*. Turim: Einaudi, 1950, p. 88.

amplo, quase universal, e é esse o caminho da natureza. Não se absorve som por som, ruído por ruído, objeto por objeto: começamos absorvendo cada coisa, uma totalidade. As distinções entre objeto e objeto, entre som e ruído, entre som e som são feitas a seguir, como evolução dessa primeira absorção global, o que foi claramente demonstrado pela psicologia da Gestalt.

Esse é o quadro da psique da criança normal: primeiro ela absorve o mundo, depois o analisa.

Suponhamos agora outro tipo de criança que não sinta essa irresistível atração pelo ambiente, um tipo no qual essa simpatia tenha sido ferida e minimizada pelo medo, pelo terror.

É evidente que o desenvolvimento do primeiro tipo deve ser diferente do desenvolvimento do segundo. No exame do desenvolvimento infantil, observando-o aos 6 meses de idade, se apresentam fenômenos que são considerados indícios de crescimento normal. Aos 6 meses de idade, a criança está sujeita a algumas transformações físicas. Algumas, invisíveis, foram descobertas somente por meio de experimentos: por exemplo, o estômago começa então a secretar o ácido clorídrico necessário para a digestão. Aos 6 meses também aparece o primeiro dente. Temos assim um aperfeiçoamento ulterior do corpo que se desenvolve segundo um certo processo de crescimento. Esse desenvolvimento faz com que, aos 6 meses, a criança possa viver sem o leite materno ou, pelo menos, integrando ao leite outros alimentos. Se observarmos que a criança até aquela idade é absolutamente dependente do leite materno porque intolerante a qualquer outro alimento e incapaz de digeri-lo, nos daremos conta do notável grau de independência que ela conquista naquele período. É como se o bebê de 6 meses dissesse: "Não quero viver às custas de minha mãe, sou um ser vivo e posso agora alimentar-me de tudo". Um fenômeno análogo ocorre nos adolescentes que começam a sentir-se humilhados por dependerem de sua família e não querem viver às custas dela.

É por volta desse período (que é por isso considerado um momento crítico da vida infantil) que a criança começa a pronunciar as primeiras sílabas. É a primeira pedra do grande edifício que ela construirá com a linguagem, outro grande passo e outra grande conquista da independência. Quando adquire a língua, a criança pode expressar-se a si mesma e não precisa mais depender de outros que adivinham suas necessidades; ela se põe então em comunicação com a humanidade, porque não existe outro meio senão a linguagem para os homens se comunicarem entre si. A conquista da linguagem e a possibilidade de comunicação inteligente com os outros representam um passo impressionante no caminho da independência. A criança que, antes, podia ser comparada a um surdo-mudo, por não poder expressar-se nem compreender o que diziam os outros, com a conquista da linguagem parece adquirir também a audição e a possibilidade nova de usar a palavra.

Algum tempo depois, com 1 ano de idade, a criança começa a andar, e isso equivale a libertar-se de uma segunda prisão. Agora a criança pode correr com suas pernas e, se você a alcança, ela pode sair correndo e fugir de você, confiante em suas pernas que a levam aonde quiser. Assim, gradualmente, o homem se desenvolve e, graças a esses passos sucessivos rumo à independência, se torna livre. Não se trata de vontade, mas de um fenômeno de independência. Na realidade, é a natureza que oferece à criança a oportunidade de crescer, que lhe dá a independência e a orienta para a liberdade.

A "conquista do andar" é importantíssima, sobretudo se consideramos que, apesar de ser particularmente complexa, ela se cumpre no primeiro ano de vida e simultaneamente às outras conquistas da linguagem, da orientação etc. Andar é, para a criança, uma conquista fisiológica de grande importância. Os outros mamíferos não precisam realizá-la: somente o homem alcança a possibilidade de andar graças a um prolongado e refinado tipo de desenvolvimento. Enquanto cresce, ele tem de passar por três diferentes conquistas antes de conseguir ser fisicamente capaz de andar ou também de manter-se de pé sobre as pernas. De fato, os bezerros e os outros animais, diferentemente do homem, começam a caminhar tão logo nascem, mesmo sendo animais tão inferiores a nós, embora de constituição gigantesca. Nós somos aparentemente impotentes porque nossa construção é muito mais refinada e exige por isso um tempo muito maior. O poder de andar e ficar ereto sobre as próprias pernas implica um profundo desenvolvimento, resultante de diversos elementos, um dos quais concerne ao cérebro, e precisamente uma parte do cérebro chamada cerebelo, situado na base do cérebro mesmo (figura 6).

Justamente na idade de 6 meses o cerebelo se desenvolve rapidamente e continua nesse rápido desenvolvimento até que a criança tenha 14-15 meses; em seguida o crescimento do cerebelo se torna mais lento, mas ainda assim continua até que a criança tenha alcançado os 4 anos e meio. Do desenvolvimento dessa parte do encéfalo depende a possibilidade de ficar de pé e de andar. Na criança é muito fácil acompanhar esse desenvolvimento: trata-se de dois desenvolvimentos que se seguem um ao outro. A criança começa a ficar sentada aos 6 meses, aos 9 começa a engatinhar quase se arrastando, põe-se em posição ereta aos 10 meses e anda perto dos 12-13 meses, enquanto aos 15 já anda com segurança.

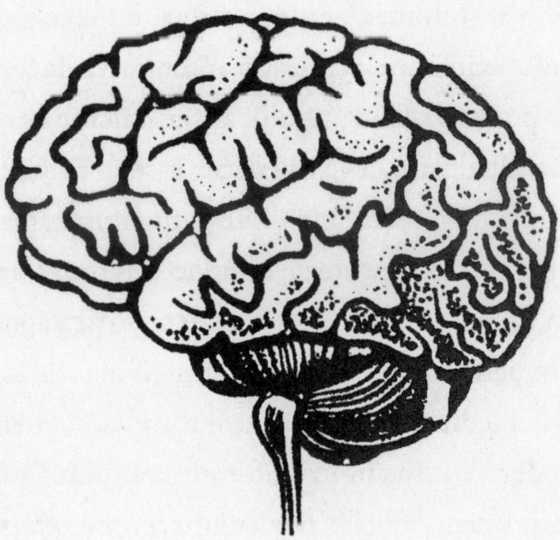

Figura 6. O cerebelo.

O segundo elemento desse complexo desenvolvimento é a completação de alguns nervos. Se não estivessem completos os nervos espinhais por meio dos quais deve passar o comando direto aos músculos, esse comando não poderia passar; somente a completação dos nervos durante esse período permite o movimento dos músculos. Devem coordenar-se assim harmoniosamente muitos elementos de um complexo desenvolvimento para que possa ocorrer a "conquista do andar". Um terceiro elemento deve concorrer para isso: o desenvolvimento do esqueleto, outra conquista desse período da vida da criança. Ao nascer, as pernas da criança, como se viu, não estão completamente ossificadas. Elas são em parte cartilaginosas e, portanto, ainda tenras. Como poderiam sustentar o peso do corpo em tais condições? O esqueleto, portanto, tem de estar completo antes que a criança possa começar a andar. Há também outro detalhe a observar: os ossos do crânio, que não estavam soldados ao nascer, somente agora se completam, de modo que, se a criança cai, não corre mais o grave risco de danificar o cérebro.

Se quiséssemos ensinar a criança a andar antes desse período, não conseguiríamos, porque o andar depende de uma série de desenvolvimentos físicos que ocorrem simultaneamente, ou seja, é preciso que se estabeleça um estado de amadurecimento localizado. A tentativa de forçar o desenvolvimento natural não poderia senão prejudicar seriamente a criança. A natureza conduz, tudo depende dela e deve obedecer a seus comandos precisos. De igual modo, se tentássemos refrear a criança quando começou a andar, não conseguiríamos, porque, na natureza, quando um órgão está desenvolvido, ele deve entrar em uso. Na natureza, criar não significa apenas fazer alguma coisa, mas também permitir que essa coisa funcione. Tão logo o órgão esteja completo, ele deve imediatamente entrar em funcionamento no ambiente. Em linguagem moderna, essas funções foram chamadas "experiências sobre o ambiente". Se essas experiências não acontecerem, o órgão não se desenvolve normalmente, porque o órgão que é inicialmente incompleto tem que ser usado para atingir sua completação.

A criança, portanto, só pode se desenvolver por meio de experiências sobre o ambiente: a essa experimentação chamamos "trabalho". Tão logo aparece a linguagem, a criança começa a tagarelar, e ninguém pode obrigá-la ao silêncio, e uma das coisas mais difíceis é fazer uma criança se calar. Se a criança não falasse nem andasse, não poderia se desenvolver normalmente e teria uma interrupção em seu desenvolvimento. A criança, porém, anda, corre, salta e, assim fazendo, desenvolve as pernas. A natureza primeiro cria os instrumentos e depois os desenvolve por meio das funções deles e graças às experiências no ambiente. Desse modo, a criança que aumentou sua independência com a aquisição de novas capacidades pode se desenvolver normalmente apenas se for deixada livre para trabalhar. A criança se desenvolverá com o exercício da independência que ela conquistou; de fato, o desenvolvimento, como se exprimem os psicólogos modernos, não se dá por si mesmo: "o comportamento se afirma em cada indivíduo com as experiências que ele faz sobre o ambiente". Assim, se entendermos a educação como auxílio ao desenvolvimento da vida infantil, só poderemos nos alegrar quando a criança der sinal de ter alcançado certo grau de independência e não poderemos deixar de expressar nosso contentamento quando a criança disser sua primeira palavra, tanto mais por sabermos que nada poderíamos ter feito para provocar esse advento. O problema da educação surge, porém, quando refletimos que, embora o desenvolvimento infantil não possa ser destruído, ele pode ser mantido incompleto ou retardado se não for permitido à criança fazer as próprias experiências no ambiente.

O primeiro problema da educação é oferecer à criança um ambiente que lhe permita desenvolver as funções a ela atribuídas pela natureza, o que não significa simplesmente contentar a criança e permitir-lhe fazer o que lhe agrada, mas nos dispormos a colaborar com um mandamento da natureza, com uma de suas leis, a qual decreta que o desenvolvimento se realize por meio de experiências sobre o ambiente.

Com seu primeiro passo, a criança atinge um nível mais alto de experiências. Se observarmos a criança nesse momento de seu desenvolvimento, veremos que ela tende a conquistar uma independência ulterior. Deseja agir segundo a própria vontade, isto é, ela quer carregar coisas, vestir-se, despir-se sozinha, comer por conta própria etc., e o que a estimula não são as nossas sugestões. Ela tem em si um tal impulso vital que nossos esforços são geralmente gastos, ao contrário, para refreá-la na ação. Ora, opondo essa resistência, o adulto não se opõe à criança, mas à própria natureza, porque a criança com sua vontade colabora com a natureza e obedece, passo a passo, às suas leis. Primeiro seguindo uma diretriz, logo outra, ela adquire uma independência cada vez maior com relação àqueles que a rodeiam, até chegar o momento em que vai querer também conquistar a própria independência mental. Então, ela mostrará a tendência a desenvolver sua mente através de experiências próprias, e não de experiências alheias; começará a buscar a razão das coisas. Nessa linha de desenvolvimento, constrói-se a individualidade humana durante o período da infância. Não se trata de uma teoria ou de uma opinião, mas de fatos evidentes e naturais confirmados pela observação. Quando dizemos que temos de tornar completa a liberdade da criança, que sua independência e seu normal funcionamento devem ser assegurados pela sociedade, não falamos de um vago ideal, mas nos referimos a observações diretas sobre a vida, sobre a natureza, reveladoras dessa verdade. Somente por meio da liberdade e das experiências sobre o ambiente pode o homem se desenvolver.

Ao falar de independência e liberdade da criança, não transferimos para esse campo as ideias de independência e de liberdade que consideramos ideais no mundo dos adultos. Se os adultos tivessem que examinar-se a si mesmos e dar uma definição da independência e da liberdade, não poderiam fazê-lo com exatidão, porque têm uma ideia muito indigente do que é a liberdade. Eles não têm a amplidão do infinito horizonte da natureza. Só a criança oferece em si mesma a imagem da majestade da natureza, a qual dá a vida dando liberdade e independência, e a dá seguindo determinadas leis acerca do tempo e das necessidades do ser; a natureza faz da liberdade uma lei de vida: ser livre ou morrer. Creio que a natureza nos oferece um auxílio e um apoio para a interpretação da vida social. É como se a criança nos oferecesse uma imagem do todo e nós, na nossa vida social, alcançássemos somente pequenos fragmentos. A criança está do lado certo, na medida em que nos revela um guia para a realidade, para a verdade. Quando existe uma verdade natural, não pode haver dúvidas sobre ela, e, portanto, a liberdade da criança, que vem a ser alcançada com o desenvolvimento e o crescimento, se presta a interessantes considerações.

Qual é o objetivo dessa sempre crescente conquista da independência? Qual a sua origem? Ela surge na individualidade que se forma e se torna capaz de funcionar por si mesma. Mas na natureza os seres vivos miram esse fim, cada um funciona por si e eis então que, também nisso, a criança obedece ao plano da natureza. Ela alcança a liberdade, que é a primeira regra de vida em todo ser. Como a criança adquire liberdade? Ela a adquire por meio de uma contínua atividade. Como a criança realiza sua liberdade? Com um esforço contínuo; só uma coisa a vida não consegue fazer: parar e estacionar. A independência não é estática, é uma contínua conquista, e por meio de um contínuo trabalho se alcança não só a liberdade, mas a força e a autoperfeição.

O primeiro instinto da criança é agir sozinha, sem o auxílio de outrem, e seu primeiro ato consciente de independência é defender-se daqueles que tentam auxiliá-la. Para agir sozinha, ela busca sempre fazer um esforço maior. Se, como muitos de nós pensamos, o ideal do bem-estar é ficar sentado sem fazer nada, deixando que os outros trabalhem por nós, o estado ideal seria o da criança antes de nascer. Seria o mesmo que a criança retornar ao corpo da mãe, para que a mãe fornecesse tudo a ela. O mesmo se poderia dizer quanto à difícil conquista da linguagem, destinada a permitir ao ser humano pôr-se em comunicação com seus semelhantes. Se adotássemos como ideal de vida o repouso, a criança poderia renunciar ao esforço de falar, ao de iniciar uma nutrição normal, à dura tarefa de andar, ao trabalho árduo da inteligência que lhe sugere um irresistível interesse por conhecer as coisas que estão a seu redor.

No entanto, a realidade da qual a criança dá prova não é essa. A criança revela que os ensinamentos da natureza são muito diferentes dos ideais que a sociedade vai forjando para si mesma; a criança busca a independência mediante o trabalho: a independência do corpo e da mente. Pouco lhe importa o que são os outros: ela quer aprender por si mesma, quer ter experiência do mundo e percebê-lo com o próprio esforço pessoal. Temos de entender com clareza que, quando damos liberdade e independência a uma criança, damos liberdade a um trabalhador estimulado a agir que não pode viver senão do próprio trabalho e da própria atividade. Essa é a forma de existência dos seres vivos; o ser humano também tem essa tendência, e se tentássemos interrompê-la causaríamos uma degeneração no indivíduo.

Cada coisa na criação é atividade, a suma atividade é a vida, e somente através da atividade é que a perfeição da vida pode ser buscada e alcançada. As aspirações sociais que chegaram até nós por meio das experiências de gerações passadas – o ideal de vida de menos horas de trabalho, de gente que trabalhe para nós, de ócio cada vez maior – são o que a natureza mostra e indica como características da criança degenerada. Essas aspirações são sinais de regressão na criança que não foi auxiliada nos primeiros dias de vida a adaptar-se ao ambiente e que adquiriu uma aversão pelo ambiente e pela atividade. E esse tipo de criança se mostrará desejosa de ser servida e ajudada, levada nos braços ou no carrinho, se esquivará da companhia dos outros e estará disposta a dormir longamente; apresentará as características que a natureza demonstra pertencerem à degeneração, e que foram reconhecidas, analisadas e descritas como indicadores de uma tendência ao retorno à vida embrionária. Quem nasceu e cresce normalmente se dirige à independência; quem a evita é um degenerado.

Um problema educacional totalmente diferente se apresenta a nós diante dessas crianças degeneradas. Como tratar a regressão que atrasa e desvia o desenvolvimento normal? A criança desviada não tem amor pelo ambiente porque o ambiente apresenta demasiadas dificuldades e resistência. Hoje a criança desviada está no centro do campo científico da psicologia, a qual pode ser chamada mais apropriadamente "psicopatologia". Um número cada vez maior de clínicas para a orientação da criança (*Child Guidance Clinics*) tem sido instituído, e novas técnicas como a da "ludoterapia" (*play-therapy*) têm sido criadas para enfrentar o crescente número de crianças desviadas. A pedagogia ensina que o ambiente deve oferecer menor resistência, e, assim, busca-se diminuir os obstáculos evitáveis apresentados pelo ambiente, eliminando-os todos se possível. Hoje se procura tornar atraente tudo o que circunda a criança e, em particular, no caso da criança que experimenta repulsa pelo próprio ambiente, de modo a promover o surgimento de sentimentos de simpatia e benevolência para vencer desconfianças e aversões. Também se cria para a criança uma atividade aprazível, porque sabemos que o desenvolvimento se faz por meio da atividade. O ambiente deve ser rico de motivos que estimulem a atividade e convidem a criança a conduzir nele suas experiências. São princípios claros, ditados pela vida e pela natureza, que orientam a criança desviada, a qual adquiriu características regressivas, da inclinação ao ócio ao desejo de trabalhar, da letargia e da inércia à atividade, daquele estado de medo, que se exprime às vezes num apego excessivo a pessoas de quem a criança não quer se afastar, a uma liberdade alegre, liberdade de mover-se rumo à conquista da vida.

Da inércia ao trabalho! Essa é a linha de tratamento, assim como da inércia ao trabalho é a linha de desenvolvimento da criança normal. Para uma nova educação, essa deve ser a base; a própria natureza a indica e estabelece.

O conceito de amadurecimento

Apesar de não ser minha intenção aprofundar-me numa longa discussão teórica, eu gostaria, antes de passar a outro tema, de esclarecer alguma coisa em torno do conceito de amadurecimento, porque considero importante, para uma justa compreensão dos próximos capítulos, tanto quanto para outras partes deste livro, que fiquem claros meus pontos de vista sobre essa matéria. O termo "amadurecimento" era originalmente aplicado na ciência dos geneticistas e embriologistas para designar aquele período de desenvolvimento anterior à fecundação que transforma uma célula germinal imatura em uma madura.[3] No campo da psicologia infantil, porém, tem-se dado a esse termo

[3] Para uma clara exposição desse processo, ver: Jennings, Herbert S. *Genetics*. Nova York: W. W. Norton Inc., 1935.

um significado mais amplo, designando-se com ele uma espécie de mecanismo regulador do crescimento que garante o equilíbrio do modelo em seu conjunto e a direção do impulso do crescimento. Arnold Gesell, em particular, fixou esse conceito, embora não tenha formulado uma definição muito concisa dele. Mas, se o compreendemos bem, ele entende que o crescimento do indivíduo está sujeito a determinadas leis que devem ser respeitadas porque uma criança "tem traços constitutivos e tendências em grande parte inatas, as quais determinam como, o quê e em quais limites de tempo ela aprenderá".[4]

Em outras palavras, Gesell diz que existem funções na criança que não podem ser influenciadas pelo ensino.[5]

Isso é verdade no que diz respeito às funções fisiológicas. De fato, como eu já disse acima,[6] não podemos ensinar uma criança a andar antes que se tenha estabelecido um estado de amadurecimento localizado, nem uma criança poderá começar a falar antes de certa idade (assim como não se poderá interrompê-la nessa atividade, uma vez iniciada). Qualquer um que tenha acompanhado meu trabalho saberá que sempre estive entre as primeiras a defender as leis naturais do crescimento da criança, colocando aliás essas leis como fundamento da educação. Mas o ponto de vista de Gesell nos parece demasiado biológico para ser aplicado com justeza ao crescimento mental da criança. Segundo sua concepção monística, ele afirma que "a criança provém de sua *mente* do mesmo modo como provém de seu corpo, o que se opera através do processo do desenvolvimento".[7] No entanto, não é exato. Se criássemos uma criança num lugar isolado, longe do contato humano, dando-lhe nada mais que uma nutrição material, seu desenvolvimento fisiológico seria

---

[4] Gesell, Arnold. *Infant and Child in the Culture of Today*. Londres: Hamish Hamilton, 1943, p. 40.

[5] Idem, "Stair-Climbing Experiment", em *Studies in Child Development*. Nova York: Harper, 1948, p. 58.

[6] Ibid., p. 129.

[7] Veja-se o prefácio de Gesell a seu livro *The Embryology of Behaviour*. Nova York: Harper, 1945.

normal, mas seu desenvolvimento mental ficaria seriamente comprometido. Um exemplo convincente nos é dado pelo doutor Itard quando descreve seus pacientes ensinamentos ao menino selvagem de Aveyron.[8] É verdade, como eu já disse antes, que não podemos formar um gênio, porém somente auxiliar o indivíduo a realizar suas potencialidades, mas, se concebemos um "amadurecimento biológico", também devemos tomar em consideração um amadurecimento "psíquico", o qual, como tentamos deixar claro nos capítulos anteriores, corre paralelo aos fenômenos que vimos na embriologia.

No processo vital da formação de organismos, não se verifica um todo, uma totalidade que cresce, nem se produz um crescimento gradual: o desenvolvimento de cada órgão ocorre separadamente em torno dos pontos de atividade que agem por breve tempo, isto é, até que os órgãos apareçam, e depois se extinguem. A ação desses pontos, ou centros de atividade, tem a finalidade criadora de determinar a formação de um órgão, e, além desses centros, há períodos sensitivos que concernem a importantes atividades, como pôs em evidência o biólogo holandês Hugo de Vries. No campo da psicologia, temos encontrado um processo semelhante, o que nos persuade de como a natureza é fiel a seus métodos. O conceito de amadurecimento é, portanto, mais complexo do que Gesell afirma ser.

"Amadurecimento" é bem mais do que "a soma exata dos efeitos do *gene* que opera num ciclo de tempo em si mesmo limitado"[9] porque, além dos efeitos do *gene*, há também o ambiente sobre o qual eles agem e que tem um papel dominante na determinação do "amadurecimento". No que diz respeito às funções psíquicas, o amadurecimento pode efetuar-se somente através de experiências sobre o ambiente, as quais variam segundo as diferentes fases do desenvolvimento, com o *horme* mudando sua estrutura durante o processo de crescimento e manifestando-se no indivíduo com um interesse intenso pelas ações particulares repetidas longamente sem

[8] Itard, Jean-Marc G. *Rapports et mémoires sur le sauvage de l'Aveyron, l'idiotie et la surdi-mutité*. Paris: Hachette, 2012 (1. ed. 1891).

[9] Gesell, Arnold, op. cit., p. 23.

aparente utilidade até que, desses atos repetidos, repentinamente se revela uma função nova de modo explosivo. Assim, o modelo particular para essa função foi construído a partir de um amadurecimento que não é visível do exterior, porque aquelas ações repetidas não parecem ter nenhuma relação direta com a função que nascerá delas, mas são abandonadas tão logo a função se inicia, com o interesse consciente da criança passando a ser outra coisa que preparará outro mecanismo. Se a criança for mantida distante das possibilidades dessas experiências, no momento em que a natureza as destina, a sensibilidade especial que as estimula se esvairá, e o desenvolvimento e também o amadurecimento ficarão perturbados.

Se levarmos em consideração a definição mais ampla de amadurecimento dada num recente texto de psicologia – "O amadurecimento consiste em mudanças estruturais que são precipuamente hereditárias, isto é, que têm sua origem nos cromossomos do óvulo fecundado, mas que são também em parte produto de uma recíproca atividade do organismo com seu ambiente"[10] –, e interpretarmos a partir disso nossas constatações pessoais, podemos dizer que nascemos com um estímulo vital (*horme*) já organizado na estrutura geral da *mente absorvente*, e sua especialização e diferenciação anunciadas nas nébulas.

Essa estrutura muda durante a infância segundo a direção do que temos chamado, segundo o termo de De Vries, períodos sensitivos.[11] Ora, essas estruturas, que orientam o crescimento e o desenvolvimento psíquico, isto é, a *mente absorvente*, as nébulas e os períodos sensitivos com seus mecanismos, são hereditários e característicos da espécie humana. Mas sua ativação só se realiza através de uma livre ação sobre o ambiente.

---

[10] Boring, Edwin G.; Langfeld, Herbert S.; Weld, Harry P. *Introduction to Psychology*. Nova York: John Wiley & Sons Inc., 1939.

[11] Montessori, Maria. *Il segreto dell'infanzia*. Milão: Garzanti, 2022.

CUIDADOS A TOMAR NO INÍCIO DA VIDA

Quem se propuser a ajudar o desenvolvimento psíquico humano deve partir do fato de que a *mente absorvente* da criança se orienta para o ambiente e que, sobretudo no início da vida, deve tomar precauções especiais a fim de que o ambiente ofereça interesses e atrações a essa mente, que deve nutrir-se deles para a própria construção.

Como se viu, há diferentes períodos de desenvolvimento psíquico e em cada um deles o ambiente tem um papel importante, mas em nenhum desses períodos o desenvolvimento assume a importância que tem imediatamente após o nascimento. Poucos ainda hoje consideram essa importância porque, até há poucos anos, não se suspeitava sequer de que nos primeiros dois anos a criança tivesse necessidades psíquicas tão imperiosas a ponto de não poderem ser ignoradas sem consequências dolorosas para o resto da vida.

A atenção da ciência se fixou no lado físico. Especialmente neste século, a medicina e a higiene têm elaborado um tratamento infantil meticuloso para combater a imensa mortalidade antes predominante. Mas, justamente porque se tratava de debelar a mortalidade, esse tratamento se limitou apenas à saúde física. O campo da saúde psíquica ainda está quase inexplorado, e quem se preocupa com ela pode encontrar diretrizes somente na consideração de que o objetivo principal da idade infantil é a formação de um indivíduo adaptado a seu tempo e a seu ambiente e no estudo da natureza.

Ora, a natureza, como se viu, indica um período de isolamento e de reação psíquica ao ambiente, necessário também para aqueles mamíferos que têm um comportamento preestabelecido.

Se se considerar que o homem não tem um comportamento preestabelecido e que para a criança a questão não é de despertar, mas de criação psíquica, se compreenderá facilmente o quanto é maior para o filho do homem o papel do ambiente. Seu valor e sua importância se agigantaram, assim como também são grandes os perigos que o ambiente pode apresentar. Daí o grande cuidado que se deveria ter com o ambiente que circunda o recém-nascido para facilitar-lhe a absorção desse ambiente, a fim de que a criança não desenvolva atitudes de regressão e se sinta atraída em vez de repelida pelo mundo em que entrou. Disso dependem o progresso, o crescimento e o desenvolvimento do bebê, que estão em relação direta com as atrações que o ambiente pode oferecer.

Durante o primeiro ano de vida é possível distinguir vários períodos que exigem cuidados especiais.[1] O primeiro período, breve, é a entrada no mundo, com suas dramáticas circunstâncias. Sem entrar em detalhes, podemos enunciar alguns princípios. A criança deveria permanecer, nos primeiros dias depois do nascimento, tanto quanto possível, em contato com a mãe e num ambiente que não contraste, com diferenças excessivas – de temperatura, por exemplo –, com aquele em que a criança se formou antes de nascer: sem demasiada luz, sem demasiado ruído, já que a criança vem de um lugar de tepidez, de perfeito silêncio, de escuridão. Nas modernas clínicas pediátricas, a mãe e o filho são colocados hoje num quarto com paredes de vidro com uma temperatura facilmente controlável, de modo a ser gradualmente equilibrada à da temperatura externa normal. O vidro é azul, para que a luz

[1] Para um estudo exaustivo do cuidado com a criança, ver: Sherbon, Florence Brown. *The Child*. Whitefish (Montana): Kessinger Publishing, 2007.

que entra no quarto seja atenuada. São necessários também cuidados com o modo como a criança é manipulada e deslocada. Em contraste com os usos passados de mergulhar a criança numa banheira posta embaixo de modo a causar uma sacudida, a ciência considera hoje que, em vez de vesti-la rapidamente sem nenhuma preocupação com sua sensibilidade, quase como se fosse um objeto privado de sentidos, o recém-nascido deve ser tocado o mínimo possível e tampouco deveria ser vestido, mas mantido num quarto com temperatura suficiente para o bebê permanecer calmo e livre de correntes de ar frio. Mudou o modo de transportar a criança, usando-se agora um macio colchãozinho, semelhante a uma maca, sobre o qual ela é acomodada. Evita-se levantar e abaixar rapidamente o recém-nascido e deseja-se que ele seja manipulado com as mesmas precauções com que são removidos os feridos. Não é apenas pura higiene. As enfermeiras usam uma faixa de gaze diante do nariz para que seus micróbios não entrem no ambiente do recém-nascido, e mãe e filho são considerados, nos cuidados modernos, como órgãos de um só corpo em comunicação entre si. A adaptação ao ambiente é assim favorecida segundo a natureza, já que uma conexão particular existe entre mãe e filho, quase uma atração magnética.

Nas mães existem forças às quais a criança está habituada, e essas forças constituem para ela um auxílio necessário nos primeiros difíceis dias de adaptação.

Podemos dizer que a criança mudou sua posição no que tange à mãe: ela agora está fora do corpo materno, mas tudo permanece o mesmo, e uma comunicação existe sempre entre elas. Assim se considera hoje a relação mãe e filho, enquanto ainda há poucos anos se usava, até nas melhores clínicas pediátricas, separar a mãe do recém-nascido.

Descrevi os cuidados que podem ser considerados "a última palavra" no tratamento científico da criança. A natureza nos mostra em seguida que esses cuidados particulares não são necessários para todo o período da infância: após breve tempo, a mãe e a criança podem sair de seu isolamento e entrar no mundo social.

Os problemas sociais da criança não são os mesmos do adulto. Se poderia dizer que até agora a condição social pesa sobre a criança de modo inverso que sobre o adulto, porque não é totalmente paradoxal dizer que, entre os adultos, é o pobre que sofre, entre as crianças é o rico que sofre mais. Além dos impedimentos do vestuário, das convenções sociais, da azáfama de parentes e amigos em torno do recém-nascido, ocorre que nas classes abastadas a mãe confia frequentemente o bebê aos cuidados de uma babá, ou recorre a outros meios de criação, enquanto a mãe pobre segue o método natural de manter a criança consigo. Muitas outras pequenas considerações nos levariam a dizer que, no mundo das crianças, coisas e valores criam relações diferentes das do mundo dos adultos.

Uma vez passado esse primeiro período, a criança se adapta serenamente ao ambiente, sem nenhuma relutância. Ela começa a palmilhar o caminho da independência que descrevemos, e poderíamos dizer que ela abre os braços ao ambiente que a recebe, absorve-o até tornar seus os hábitos do mundo em que vive. A primeira atividade nesse desenvolvimento, que poderíamos chamar de conquista, é a atividade dos sentidos. Por causa da incompletude de seus tecidos ósseos, a criança é inerte, seus membros não têm movimento, de modo que sua atividade não pode ser a do movimento. Sua atividade é unicamente a psíquica, que absorve as impressões dos sentidos. Os olhos da criança são muito ativos, porém devemos ter em mente, como a ciência há pouco nos mostrou, que os olhos da criança não são atingidos apenas pela luz. A criança não é passiva. Ela sem dúvida sofre impressões, mas é também uma ativa exploradora do ambiente: é a criança mesma que *busca essas impressões*.

Ora, se observarmos as espécies animais, veremos que as feras têm nos olhos um tipo de aparato visual semelhante ao nosso, uma espécie de máquina fotográfica. No entanto, esses animais são levados por sua sensibilidade a fazer dos olhos um uso especial: são atraídos por algumas coisas mais do que por outras, de modo que não são afetados pelo conjunto do ambiente. Eles têm em si uma orientação que os induz a seguir certas direções e seguem, por meio dos olhos, a orientação de seu comportamento.

Desde o início, existe nos animais uma orientação; os sentidos depois se aperfeiçoam e se formam de modo a seguir essa orientação. Os olhos do gato se aperfeiçoarão à luz atenuada da noite (como ocorre com os predadores noturnos), mas o gato, embora tenha interesse no escuro, é atraído pelas coisas que se movem, e não pelas coisas fixas. Tão logo alguma coisa se move no escuro, o gato se precipita sobre ela, sem prestar nenhuma atenção ao resto do ambiente. Não existe no gato um interesse geral pelo ambiente, mas um impulso instintivo sobre coisas especiais que estão nele. Do mesmo modo, há insetos atraídos por flores de cores específicas, porque nas flores dessas cores eles encontram seu alimento. Ora, um inseto recém-saído da crisálida não poderia ter nenhuma experiência para seguir essa diretriz, contudo um instinto-guia o dirige e o olho serve para segui-lo. Por meio dessa orientação se realiza o comportamento da espécie. Por isso o indivíduo não é vítima de seus sentidos, mas é arrastado por eles. Os sentidos existem e trabalham a serviço de seu mestre segundo uma orientação.

A criança tem uma faculdade especial. Seus sentidos, igualmente a serviço de uma orientação, não são limitados como os dos animais. O gato se limita às coisas que se movem no ambiente e é atraído apenas por elas. A criança não tem semelhantes limitações: ela observa o que a circunda, e a experiência nos tem demonstrado que ela é levada a absorver cada coisa. Além disso, não absorve somente por meio da máquina fotográfica do olho, mas se produz nela uma espécie de reação psicoquímica, de modo que essas impressões se tornam partes integrantes de sua psique. Poderíamos fazer a observação – que não quer ser uma constatação científica – de que a pessoa que é arrastada apenas pelos sentidos, que é vítima deles, tem em si algo de errado. Sua orientação pode existir, mas, em vez de agir sobre a pessoa, ela enfraqueceu e o ser fica abandonado, vítima dos sentidos.

Por isso, é da máxima importância que a orientação existente em cada criança seja objeto de cuidado e seja mantida desperta.

Para esclarecer o que ocorre nessa absorção do ambiente, gostaria de fazer uma comparação. Existem insetos que se assemelham a folhas e outros que se assemelham a gravetos. Esses insetos podem ser citados por analogia àquilo que ocorre na psique da criança: eles vivem sobre gravetos e folhas, aos quais se assemelham tão perfeitamente que se tornam uma coisa só com seu ambiente. Com a criança se dá algo de semelhante. Ela absorve o ambiente e se transforma em harmonia com ele tal como fazem os insetos com os vegetais que os sustentam. As impressões que a criança recebe do ambiente são tão profundas que, por certa transformação biológica ou psicoquímica, ela acaba por se assemelhar ao próprio ambiente. As crianças se tornam como as coisas que amam. Descobriu-se que existe em cada tipo de vida esse poder de absorver o ambiente e de se transformar em harmonia com ele, fisicamente como nos insetos citados e em outros animais e *psiquicamente* na criança. E isso deve ser considerado uma das maiores atividades da vida. A criança não olha para as coisas como nós olhamos. Nós podemos, olhando para uma coisa, exclamar "Que lindo!", e depois passamos a ver outras coisas, conservando daquela apenas uma vaga lembrança. No entanto, a criança constrói a si mesma por meio das profundas impressões das coisas que recebe, especialmente no primeiro período de vida. Na infância, em virtude somente das forças infantis, a criança adquire as características que a distinguem, como a linguagem, a religião, o caráter da raça etc. Assim ela constrói a adaptação ao ambiente. Nesse ambiente ela é feliz e se desenvolve absorvendo dele os hábitos, a linguagem.

Não só: a criança constrói uma adaptação para cada novo ambiente. O que significa construir uma adaptação? Significa transformar-se de maneira a se tornar adaptada ao próprio ambiente, de modo que esse ambiente faça parte dela mesma. Devemos nos perguntar, portanto, o que fazer e qual ambiente preparar para a criança para auxiliá-la. Se tivéssemos de lidar com uma criança de 3 anos, ela mesma talvez saberia dizer. Deveríamos colocar no ambiente flores e coisas bonitas, deveríamos cuidar de fornecer aqueles motivos de atividade que pertencem a sua linha de desenvolvimento. Poderíamos facilmente descobrir que certos motivos de atividade deveriam estar no ambiente para oferecer à criança uma oportunidade de exercício funcional. No entanto, se o "recém-nascido" deve absorver o ambiente para construir uma adaptação, que espécie de ambiente podemos preparar-lhe? Não há uma resposta para essa pergunta: o ambiente do bebê deve ser o mundo, tudo o que está no mundo que o circunda. Uma vez que terá de adquirir a língua, terá de viver entre pessoas que falam, do contrário não se tornaria capaz de falar. Se tem de adquirir especiais funções psíquicas, terá de viver entre pessoas que habitualmente as exercem. Se a criança tem de adquirir costumes e hábitos, ela tem de viver entre pessoas que os seguem.

Essa é na realidade uma constatação excepcionalmente revolucionária, em contradição com tudo o que se pensou e se fez nos últimos anos, já que, em consequência de um raciocínio higienista, tinha-se chegado à conclusão – ou à não conclusão – de que a criança deveria ficar isolada.

Assim, a criança era posta num quarto reservado aos bebês, e, quando se descobriu que o quarto das crianças, higienicamente falando, não era adaptado o suficiente, o hospital foi tomado como modelo e se deixou a criança sozinha, colocada para dormir o máximo possível como se fosse um doente. É preciso dar-se conta de que, se isso representa um progresso no campo da higiene física, é também um perigo social. Se a criança é mantida num quarto separado, isolada, com a única companhia de uma babá, sem que uma expressão de sentimento realmente materno lhe chegue, o crescimento normal da criança e seu desenvolvimento ficam impedidos: um atraso, uma insatisfação – poderíamos dizer: uma fome psíquica – suscitam efeitos deletérios na criança. Em lugar de viver com a mãe, que a criança quer e com a qual existe uma corrente particular de comunicação, ela fica em contato com a babá, que pouco lhe fala. Com frequência, fica fechada num carrinho de onde não pode ver nada do que está a seu redor no ambiente. Essas condições desfavoráveis eram tanto mais graves quanto melhores eram as condições financeiras da família em que a criança tinha nascido. Felizmente, depois da guerra, esse estado de coisas mudou muito: a necessidade e novas condições sociais devolveram os pais à criança, com uma proximidade amorosa e assídua.

O tratamento da criança deve ser considerado uma questão social. Hoje as observações e os estudos sobre a criança levam à convicção de que, tão logo ela possa sair de casa, alguém deve levá-la consigo e permitir a ela ver o máximo possível. Assim, recorreu-se ao carrinho mais alto, o quarto das crianças sofreu uma transformação: mesmo correspondendo rigorosamente aos requisitos higiênicos, suas paredes agora estão cheias de quadros, e a criança fica deitada num estrado ligeiramente inclinado, de modo que possa dominar o conjunto do ambiente e não seja obrigada a fixar os olhos no teto.

A absorção da linguagem apresenta um problema mais difícil, especialmente referindo-nos ao recurso às babás, que, frequentemente, pertencem a um ambiente diferente do da criança. Apresenta-se também outro lado da questão: a criança deve ficar com os pais quando estes conversam com os amigos? Apesar das muitas objeções feitas, devemos dizer que, se quisermos ajudar a criança, temos que mantê-la no meio de nós para que possa ver o que fazemos e ouvir nossa fala. Ainda que não apreenda conscientemente o que está a seu redor, ela guardará disso uma impressão subconsciente, o absorverá e isso a ajudará no crescimento. Quando a criança é levada para fora de casa, a que se dirigem suas preferências? Não podemos dizer com segurança, mas temos de observar a criança. Mamães e babás experientes, quando percebem que a criança se interessa particularmente por alguma coisa, permitem que ela examine atentamente o que lhe agrada. Elas se deterão lá onde se fixa o olhar da criança e verão seu rostinho se acender com interesse e amor pelo que a atrai. Como de fato podemos nós julgar o que tem a virtude de interessar à criança? Temos de nos pôr a serviço dela. Toda a concepção do passado se inverte, portanto, e a consciência dessa revolução deve se difundir entre os adultos. É necessário que estes se convençam de que a criança constrói uma adaptação vital ao ambiente e deve, portanto, ter pleno e completo contato com ele, porque, se a criança não conseguir construir essa sua adaptação, nós nos encontraremos diante de um grave problema social. Muitos dos problemas sociais de hoje decorrem da falta de adaptação do indivíduo, seja no campo moral, seja em outros campos. É um problema de base, que põe em relevo o fato de que a educação dos pequenos se tornará no futuro a mais justificada e importante preocupação da sociedade. Como é possível, pode-se perguntar, que tanta verdade nos tenha ficado escondida? É consideração habitual, para quem ouve falar de algo novo, que a humanidade também crescia no passado, mesmo ignorando os novos conceitos. Chegaremos a ouvir dizer: "A humanidade é velha, milhares de homens viveram, eu mesmo cresci, meus filhos cresceram, e no entanto não existiam semelhantes teorias. As crianças adquiriam igualmente a própria língua, adquiriam hábitos tão tenazes que se tornavam preconceitos".

Ora, consideremos um pouco o comportamento dos grupos humanos em diferentes níveis de civilização. Cada um desses grupos nos parece, de fato, ter uma criação infantil mais inteligente que nós, ocidentais, com nossas ideias ultramodernas. Em muitos países, vemos que as crianças não são tratadas em tamanho contraste com as exigências da natureza como entre os ocidentais. Na maior parte dos países, a criança acompanha a mãe aonde ela for, e mãe e filho são como um só corpo. Ao longo do caminho, a mãe fala e a criança escuta. A mãe discute com um vendedor sobre os preços e a criança está presente; a criança vê e ouve qualquer coisa que a mãe faça, e isso dura por todo o período da amamentação, que é a razão dessa estreita convivência, já que a mãe deve alimentar o filho e por isso não pode deixá-lo sozinho quando sai de casa para se dirigir ao trabalho. À razão da amamentação se acrescenta a ternura e a atração natural entre mãe e filho. Assim é que a alimentação da criança e o amor que ligam as duas criaturas resolvem de modo natural o problema da adaptação ao ambiente. Mãe e filho são, portanto, uma só pessoa. Lá onde a civilização não destruiu esse costume, a mãe não confia o filho a outra pessoa: a criança participa da vida da mãe e a escuta. Diz-se que as mães são faladeiras: isso também vale para auxiliar o desenvolvimento da criança e a adaptação ao ambiente. No entanto, se a criança tivesse de ouvir somente as palavras que a mãe lhe dirige, pouco aprenderia. Quando, porém, ela escuta o diálogo complexo de pessoas adultas, pouco a pouco também captura a construção; não são apenas palavras soltas que a mãe pronuncia, é a palavra viva no pensamento e tornada clara pelos atos.

Os diferentes grupos humanos, raças e nações nos apresentam outras características; por exemplo, o modo diferente como se usa carregar a criança. Essa é uma particularidade entre as mais interessantes, posta em relevo pelos estudos etnológicos. Em geral, as mães depositam a criança no berço ou em um saco, mas não a levam nos braços. Em alguns países, a criança é amarrada com laços a um pedaço de madeira, posto em seguida sobre os ombros da mãe quando ela vai trabalhar. Algumas prendem a criança ao pescoço, outras à coluna e outras ainda a depositam numa cesta, mas em cada povo a mãe encontrou o modo de levar consigo o próprio rebento. Em geral, para resolver o problema da respiração e o perigo do sufocamento quando se leva, como é usual, o rosto da criança contra o dorso da mãe, recorre-se a precauções particulares. Os japoneses, por exemplo, carregam a criança de modo a fazer seu pescoço ficar acima do ombro do adulto que a carrega; por isso, os primeiros viajantes desembarcados no Japão chamaram os japoneses de "o povo de duas cabeças". Na Índia, a criança é apoiada sobre a anca; e os indianos cor de bronze a amarram com cintos à coluna, apoiada numa espécie de berço que a mantém dorso a dorso com a mãe, mas lhe permite ver tudo o que está atrás dela. É tão distante da mãe a ideia de deixar sozinho o filho que, como ocorre numa tribo africana, na cerimônia de coroação da rainha, com grande surpresa dos missionários que presenciavam o rito, a rainha comparece levando consigo a criança.

Também se nota em muitos povos o hábito de estender muito o aleitamento: em alguns países por um ano, em alguns outros por um ano e meio ou dois e até três. Ora, não se trata de uma exigência da criança, porque há tempo ela já alcançou a possibilidade de nutrir-se de outros alimentos, mas o aleitamento estendido é motivo para a mãe não se separar da criança e é também uma necessidade subconsciente da mãe de dar ao filho o auxílio de um completo ambiente social que determine seu desenvolvimento. De modo que, mesmo que a mãe não dirija a palavra ao filho, junto dela ele vê o mundo, vê e escuta as pessoas que se movem pela rua ou no mercado, carros, animais, e cada coisa se fixa em sua mente mesmo que não conheça ainda seus nomes. Veremos de fato, quando uma mãe discute no mercado o preço da fruta, os olhos da criança se iluminarem na intensidade do interesse que a palavra e os gestos suscitam nela. Também se observa que o bebê, carregado pela mãe, nunca chora, a menos que esteja doente ou ferido; adormece de vez em quando, mas não conhece o choro. Observou-se nas fotografias, feitas a fim de documentar os hábitos sociais de um país, que em nenhuma delas a criança, fotografada junto à mãe, chora, enquanto se pode dizer que o choro das crianças é um problema dos países ocidentais. É frequentíssima entre nós a queixa dos pais porque a criança chora e a pergunta sobre como ela pode se acalmar, como fazer cessar o choro de uma criança. Hoje a resposta de alguns psicólogos é esta: a criança chora e fica agitada, tem crise de choro e de mau humor porque sofre de inédia mental, e têm razão – a criança está mentalmente desnutrida, mantida prisioneira num campo limitado e cheio de obstáculos ao exercício de suas faculdades. O único remédio é fazer a criança sair de sua solidão e permitir que ela ingresse na sociedade. A natureza nos mostra esse tratamento da criança, inconscientemente seguido por muitos povos. Entre nós, ele deve ser compreendido e aplicado conscientemente conforme reflexão e inteligência.

SOBRE A LINGUAGEM

Consideremos o desenvolvimento da linguagem na criança. É necessário refletir para bem compreender que a linguagem é de tal importância para a vida social que poderíamos considerá-la como base dela. É a linguagem que permite aos homens unir-se em grupos, em nações. A linguagem determina aquela transformação do ambiente que chamamos civilização.

Consideremos qual é o ponto central que distingue o ser humano das outras espécies.

O ser humano não é guiado por instintos como os animais. Não se pode prever, quando um homem nasce, a tarefa que ele realizará no mundo; a única certeza é a de que os homens devem pôr-se em harmonia mútua, do contrário não poderão fazer nada. Para pôr-se de acordo e deliberar, não é suficiente pensar, mesmo que todos os homens tivessem mentes elevadíssimas; é necessário e indispensável, de fato, que nos compreendamos uns aos outros. Ora, o instrumento que torna possível nossa compreensão recíproca é a linguagem, o meio de pensar em comum. A linguagem não existia sobre a terra antes que o homem surgisse nela. Que é a linguagem? Um puro hálito, uma série de sons postos juntos.

Os sons, de fato, não têm lógica; o conjunto de sons que formam a palavra "prato" não tem lógica; o que dá sentido a tais sons é o fato de que os homens se puseram de acordo para dar a esses sons específicos um significado específico. E assim é para todas as palavras. A língua é, portanto, a expressão do acordo existente dentro de um grupo humano, e somente o grupo que se pôs de acordo sobre tais sons pode compreendê-los. Outros grupos se puseram de acordo sobre outros sons para exprimir a mesma ideia.

A língua se torna assim uma espécie de muralha que encerra uma comunidade humana e a separa de outras comunidades. Por isso, a língua veio adquirindo um valor místico, é algo que une grupos e homens ainda mais do que a ideia de nacionalidade. Os homens são unidos pela língua, e esta se tornou complicada à medida que o pensamento humano ia se complicando; ela cresceu, por assim dizer, com o pensamento humano.[1]

O curioso é que os sons usados para compor as palavras são poucos e, no entanto, podem unir-se de muitos modos para formar muitas palavras. São infinitas as combinações de tais sons: às vezes um deles é colocado diante de outro, às vezes após outro, às vezes em tom suave, às vezes com força, com os lábios fechados, com os lábios abertos etc. É notável o trabalho da memória para recordar todas as combinações e as ideias que elas representam. Mas além da palavra há também o pensamento em si mesmo, que, para ser expresso, deve servir-se de palavras agrupadas na frase. As palavras devem ser colocadas na frase numa ordem específica conforme o pensamento humano, e não como se amontoássemos objetos espalhados no ambiente. Existem, portanto, algumas regras para orientar quem escuta o pensamento e para quem fala. Se o homem deseja exprimir um pensamento, deve pôr numa dada posição o nome do objeto e junto a ele o adjetivo, o sujeito, o verbo e o complemento; não basta considerar o número das palavras usadas, é preciso considerar sua posição. Se quisermos dar uma prova dessas várias necessidades, vamos pegar uma frase com um significado claro e escrevê-la numa tira de papel. Cortamos as várias palavras e as misturamos. Mesmo sendo composta das mesmas palavras, mas em outra ordem de sucessão, a frase não terá mais sentido. Também sobre essa ordem os homens têm de se pôr de acordo.

[1] Révész, Geza. *Ursprung und Vorgeschichte der Sprache*. Berna: Verlag, 1946.

A linguagem, portanto, poderia ser chamada de expressão de uma superinteligência. Existiram línguas que se tornaram tão complexas que, com a desintegração da civilização da qual tinham sido o instrumento, caíram em desuso e assim foi difícil recordá-las; desapareceram. À primeira vista, parece que a linguagem é uma função de que nos dotou a natureza, mas, refletindo, nos damos conta de que ela está acima da natureza. É uma criação supranatural produzida por uma inteligência coletiva consciente. Em torno da linguagem cresce uma espécie de rede que se estende sem limites. Não existem limites para sua expressão. Assim, o estudo do sânscrito e do latim, estendido por anos, não serviria para permitir a alguém falar essas línguas à perfeição. Não há, portanto, nada de mais misterioso do que esta realidade: os homens, para exprimir qualquer de suas atividades, têm de se pôr de acordo e, para fazê-lo, têm de se servir da linguagem, um dos instrumentos mais abstratos que existem.

A atenção prestada a esse problema – de que modo essa abstração é apreendida pelo homem – tem conduzido a considerar que a criança "absorve" a linguagem. A realidade dessa absorção é algo de grande e misterioso sobre o qual os homens não refletiram suficientemente. Costuma-se dizer: "As crianças vivem em meio a pessoas que falam e por isso falam". Constatação esta superficial, se consideramos as inúmeras complicações que apresenta a linguagem; e, no entanto, por milhares de anos, não se avançou para além dessa concepção.

O estudo do problema da linguagem tem suscitado outra observação: é que uma língua, por mais difícil, complicada, foi falada um tempo por gente inculta, no país em que essa língua tinha nascido. Assim, o latim, difícil mesmo para os que falam as modernas línguas neolatinas, era falado pelas pessoas escravizadas da Roma imperial, difícil e complexo como se apresenta hoje para nós. E não era aquela a mesma língua também dos homens incultos que lavravam então os campos e a língua das crianças de 3 anos da Roma imperial? Não ocorre o mesmo na Índia, onde, muito tempo atrás, quem trabalhava nos campos ou vagava pelas selvas se exprimia naturalmente na língua sânscrita?

A curiosidade levantada em torno dessas misteriosas questões chamou a atenção para o desenvolvimento da linguagem nas crianças: sobre o desenvolvimento, não o ensino. A mãe não ensina a língua ao bebê, mas a língua se desenvolve naturalmente como criação espontânea. E se desenvolve seguindo leis determinadas, iguais para todas as crianças. Períodos específicos da vida da criança assinalam as mesmas etapas no nível alcançado, coisa que se verifica para todas as crianças, independentemente de sua língua ser simples ou complicada. Até hoje existem línguas simplíssimas faladas por povos primitivos;[2] aquelas crianças alcançam o mesmo desenvolvimento, em sua língua, daquelas que falam uma língua muito mais difícil. Todas as crianças atravessam um período em que só pronunciam sílabas, depois pronunciam palavras inteiras e finalmente usam à perfeição toda a sintaxe e a gramática.[3]

As diferenças entre masculino e feminino, singular e plural, entre os tempos e os verbos, entre prefixos e sufixos, são aplicadas na língua das crianças. A língua pode ser complexa, ter muitas exceções às regras, mas a criança a absorve e a aprende integralmente e pode usá-la na mesma idade em que a criança africana usa as poucas palavras de sua língua primitiva.[4]

Se observarmos a produção dos diferentes sons, veremos que ela também segue leis. Todos os sons que compõem as palavras são produzidos com o uso de certos mecanismos: às vezes o nariz age junto com a garganta, outras vezes é necessário o controle dos músculos da língua e das bochechas. Diferentes partes do corpo concorrem para construir esse mecanismo, que funciona perfeitamente para a língua materna, a língua aprendida pela

---

[2] A ideia de que existem línguas simples e línguas complexas não é referendada pela ciência linguística moderna. A concepção de línguas "primitivas" e línguas "desenvolvidas" decorre de meros preconceitos de caráter colonialista. (N.T.)

[3] Para um quadro conciso das diferentes fases de desenvolvimento da linguagem na criança: Stern, William, op. cit.

[4] De novo, convém chamar a atenção para o conceito, equivocado, de que existem línguas "primitivas" africanas (ou de qualquer outro lugar), com poucas palavras. De fato, a maioria das línguas africanas, ameríndias e oceânicas é estruturalmente muito mais complexa que as línguas europeias. (N.T.)

criança, enquanto nós, adultos, não sabemos sequer apreender os sons de uma língua estrangeira e menos ainda os reproduzir. Podemos apenas usar o mecanismo de nossa língua, enquanto só a criança pode construir o mecanismo mesmo da língua e pode falar perfeitamente quantas línguas forem usadas em seu ambiente.

Essa construção não é o resultado de um trabalho consciente, mas se realiza no mais profundo do inconsciente. A criança começa na sombra do inconsciente esse trabalho e ali a língua se desenvolve e se fixa como aquisição permanente. Nós adultos podemos apenas conceber o desejo consciente de aprender uma língua e nos dispormos a aprendê-la conscientemente. Devemos, porém, adquirir outro conceito, o de mecanismos naturais, ou melhor, supranaturais, que agem fora da consciência, e esses surpreendentes mecanismos ou séries de mecanismos se constroem em profundidades não diretamente acessíveis a nós, observadores. Visíveis são apenas as manifestações externas, mas estas são claras em si mesmas, já que se mostram igualmente em toda a humanidade.

Embora todo o processo seja imponente, há fatos especialmente muito interessantes: o de que em todas as línguas os sons que as compõem conservam sua pureza de uma idade à outra, e, outro, o de que as complexidades são absorvidas com a mesma facilidade da língua mais simples. Nenhuma criança "encontra dificuldades" em aprender a língua materna; seu "mecanismo" a elabora em sua totalidade.

A absorção da língua por parte da criança me sugere a comparação que não tem nada a ver com os vários elementos do fenômeno, nem com a realidade, mas oferece uma imagem, que podemos tentar, de algo semelhante ao que acontece na psique da criança.

Se, por exemplo, quisermos retratar um objeto, pegamos lápis e tintas, mas também podemos fazer uma imagem fotográfica do objeto, e então o mecanismo é diferente. A fotografia de uma pessoa é impressa no filme, que está pronto para receber a imagem tanto de uma pessoa quanto de dez pessoas, sem maior esforço. O mecanismo trabalha instantaneamente.

Igualmente fácil seria fazer uma fotografia se fossem mil pessoas a retratar, porque o filme não está sujeito a um esforço maior se fotografar um livro ou uma página do livro com caracteres miúdos ou estrangeiros. O filme tem, portanto, a possibilidade de retratar qualquer coisa, simples ou complexa, numa fração de segundo. Se, porém, quiséssemos desenhar a figura de um homem, precisaríamos de certo tempo, e se as figuras forem em número maior será preciso mais tempo. Se copiarmos o título de um livro, empregaremos nisso uma dada unidade de tempo; se copiarmos uma página em caracteres miúdos, então o tempo necessário se multiplicará.

A imagem fotográfica imprime o filme no escuro e ainda no escuro se desenvolve o procedimento de revelação; no escuro se dá a fixação e finalmente então ela pode vir à luz e é *inalterável*. Assim ocorre com o mecanismo psíquico da linguagem da criança: começa a agir na profunda escuridão do inconsciente, lá se revela e se fixa e depois se expõe abertamente. O certo é que algum mecanismo existe para que se verifique a realização da linguagem.

Uma vez reconhecida a existência dessa misteriosa atividade, deseja-se descobrir como ela se dá. Daí se manifestar hoje um profundo interesse pela investigação desse caráter misterioso do inconsciente profundo.

No entanto, outra parte da atividade de observação que podemos explicar consiste em vigiar as manifestações externas, já que somente delas podemos ter a prova. Tal observação deve ser exata. Hoje ela é conduzida com toda a atenção dia a dia, da data de nascimento aos 2 anos e além; anota-se o que ocorre a cada dia e também os períodos em que o desenvolvimento permanece estacionário. Dessas anotações, alguns dados se tornaram marcos miliários: revelou-se o fato de que, enquanto o misterioso desenvolvimento interior é notável, a correspondência externa é mínima. Há evidentemente, pois, uma grande desproporção entre a atividade da vida interior e as possibilidades de expressão exterior. Resulta ainda que não existe um desenvolvimento regular, linear, mas um desenvolvimento aos saltos. Verifica-se, por exemplo, em certo período a conquista das sílabas, depois do qual, por meses, a criança só emite sílabas; externamente não se nota nenhum progresso.

Depois, repentinamente, a criança pronuncia uma palavra, mas em seguida só usa por muito tempo uma ou mais palavras. De novo, não se manifesta nenhum progresso e nos sentimos quase desencorajados ao constatar um desenvolvimento externo tão lento. Parece extremamente lento, mas outras expressões nos revelam que na vida interior o progresso se dá de forma constante e notável. Aliás, o mesmo fenômeno não se produz na vida social? Se olhamos para a história, vemos uma humanidade primitiva que vive por séculos no mesmo nível, conservadora, incapaz de progresso, mas isso é somente a manifestação visível na história. Na verdade, tem lugar um contínuo crescimento interior até verificar-se uma repentina explosão de descobertas que levam a uma rápida evolução. Segue-se depois outro período de calma e de progresso lento, seguido de um novo ímpeto exterior.

O mesmo acontece na criança para a linguagem humana. Não há somente um lento e contínuo progresso de palavra a palavra, mas há também fenômenos explosivos – como os chamam os psicólogos – que ocorrem sem serem provocados por ensino de professor e, de fato, sem uma razão aparente.

No mesmo período de vida, para cada criança, tem-se repentinamente uma irrupção de palavras, todas pronunciadas à perfeição. Em três meses, a criança, quase muda, aprende a usar com facilidade todas as complexas formas dos nomes, sufixos, prefixos e verbos, e para toda criança tudo isso acontece no final do segundo ano de vida. Devemos, portanto, ser encorajados pelo exemplo da criança a esperar. Nas épocas estagnantes da história, tivemos de esperar algo de semelhante para a sociedade. Talvez a humanidade não seja tão estulta quanto parece; ocorrerão talvez coisas surpreendentes que serão as explosões de uma vida interior obscura para nós.

Esses fenômenos explosivos e erupções de expressão continuam na criança depois dos 2 anos; o uso das frases simples e compostas, o uso de verbos em todos os tempos e modos, até no subjuntivo, o uso das várias orações subordinadas e coordenadas também aparecem de modo repentino e explosivo. Assim se completam a construção psíquica e o mecanismo de expressão da linguagem do grupo a que a criança pertence (raça, nível social etc.). Esse tesouro, preparado no subconsciente, é confiado à consciência, e a criança, em plena posse desse novo poder, fala e fala, sem parar.

Depois desse limite de dois anos e meio que assinala uma linha de fronteira da inteligência na formação do homem, um novo período se inicia na organização da linguagem, que continua a desenvolver-se sem explosões, mas com grande vivacidade e espontaneidade. Esse segundo período se estende mais ou menos até os 5 ou 6 anos. É o período em que a criança aprende um grande número de palavras e vai aperfeiçoando a composição das frases. Certamente, se a criança vive num ambiente onde ouve poucas palavras ou linguagem dialetal, usará somente essas palavras; mas, se vive num ambiente de linguagem culta e com vocabulário rico, a criança poderá fixá-lo todo em si mesma. O ambiente tem, portanto, uma grande importância, mas não há dúvida de que nesse período a linguagem da criança enriquecerá qualquer que seja o ambiente.

Na Bélgica, alguns psicólogos descobriram que a criança de 2 anos e meio dispõe somente de duzentas a trezentas palavras, enquanto aos 6 anos atinge o conhecimento de milhares de palavras. Tudo isso ocorre sem a intervenção de um professor, mas por aquisição espontânea. E eis que, depois que a criança aprendeu tudo isso sozinha, nós a mandamos para a escola e lhe oferecemos, como grande aquisição, o ensino do alfabeto.

Devemos apreender bem a dupla via que foi seguida: a da atividade inconsciente que prepara a linguagem e, depois, a da consciência que gradativamente desperta e toma do subconsciente o que este pode lhe oferecer. Qual o resultado final? O *homem*: a criança de 6 anos, que sabe falar bem sua língua, conhece e usa suas regras; ela não pode dar-se conta desse labor inconsciente, mas na realidade ela é o *homem* que cria a linguagem. A criança a criou por si mesma. Se a criança não tivesse esse poder e não se apoderasse espontaneamente da linguagem, não haveria trabalho possível no mundo dos homens, nem teria se desenvolvido a civilização.

Este é o verdadeiro aspecto da criança e esta sua importância: ela constrói tudo; constrói, portanto, as bases da civilização. Eis por que à criança deveria ser oferecido o auxílio de que necessita e um guia para que não vá adiante sozinha.

O APELO DA LINGUAGEM

Desejo ilustrar o maravilhoso mecanismo da linguagem.

É sabido que do mecanismo de relação do sistema nervoso participam os órgãos dos sentidos, os nervos e os centros nervosos, e os órgãos motores. O fato de que existe um mecanismo concernente à linguagem ultrapassa, em certo sentido, os fatos materiais. Os centros cerebrais que têm relação com a linguagem foram descobertos perto do final do século XIX. São dois os centros especiais relativos à linguagem: um é o centro da linguagem *ouvida*, centro auditório receptivo, e o outro é o centro para a *produção* da linguagem, que é falar, o motor do discurso. Se considerarmos a questão do ponto de vista dos órgãos externos, há também dois centros orgânicos: um para ouvir a língua (ouvido) e o outro para falá-la (boca, garganta, nariz). Esses dois centros se desenvolvem separadamente, seja no campo psíquico, seja no campo fisiológico. O centro receptivo ou auditivo está em relação com aquela sede misteriosa da psique em que a linguagem se desenvolve no mais profundo do inconsciente, enquanto a atividade do centro motor se manifesta na palavra falada.

É evidente que a segunda parte, que está em relação com os movimentos necessários à emissão da língua, se desenvolve mais lentamente e se manifesta depois da outra. Por qual razão? É que os sons ouvidos pela criança *provocam* os delicados movimentos que *produzem* o som – o que é bastante lógico porque, se a humanidade não possui uma linguagem preestabelecida (a humanidade de fato cria para si mesma uma linguagem própria), torna-se necessário que a criança ouça os sons da língua criada por sua gente antes de poder reproduzi-los. Por isso, o movimento para a reprodução dos sons deve se basear num substrato de impressões, recebidas pela psique, porque o movimento depende dos sons que foram ouvidos e que ficaram impressos na psique. Isso é fácil de entender, mas é preciso considerar que a língua falada é produzida por um mecanismo da natureza, e não por um raciocínio lógico: é a natureza que age logicamente. Na natureza, primeiro se percebem os fatos e depois, quando os fatos foram compreendidos, se diz: "Como são lógicos!". E se acrescenta em seguida: "Deve haver por trás dos fatos uma inteligência que os dirige". Essa misteriosa inteligência, que age na criação das coisas, é frequentemente mais visível nos fenômenos psíquicos do que nos naturais, embora vistosos: pense-se nas flores e na beleza de suas cores e de suas formas. É claro que no nascimento as duas atividades da audição e da fala não existem. O que existe então? Nada existe, embora tudo esteja pronto para a realização.

Existem esses dois centros livres de todo som e de toda hereditariedade, no que diz respeito a uma língua particular, todavia capazes de apreender a língua e de elaborar os movimentos necessários para reproduzi-la. Esses dois pontos são parte do mecanismo que está destinado ao desenvolvimento da língua em seu todo.

Aprofundando ainda mais o tema, vemos que, além dois dos centros, existem uma sensibilidade e uma habilidade prontas para agir, também elas centralizadas. A atividade da criança se segue, portanto, às sensações do ouvido, tudo é estupendamente disposto de tal modo que, quando a criança nasce, pode iniciar de imediato o trabalho de adaptação e preparação da fala.

Observemos, entre o complexo dos elementos preparados, os órgãos. A criação desse mecanismo é surpreendente tanto quanto a do psíquico. O ouvido (o órgão da língua ouvida), que, segundo a natureza, se forma no ambiente misterioso em que o ser se cria, é um tão delicado e complicado instrumento que parece obra de um gênio musical. A parte central do ouvido é como se fosse uma harpa que oferece a possibilidade de vibrações com sons diversos e segundo o comprimento das cordas. A harpa do nosso ouvido tem 64 cordas dispostas em gradação, e, como o espaço é muito pequeno, essas cordas são dispostas como uma espiral. Constrangida em limites de espaço, a natureza construiu sabiamente tudo o que é necessário para capturar sons musicais. Quem fará vibrar essas cordas? Porque, se ninguém as percutir, elas podem permanecer silenciosas por anos, como as de uma harpa abandonada. Mas diante da harpa há um tambor, e, quando algum rumor golpeia esse tambor, as cordas da harpa vibram e nosso ouvido acolhe a música da língua.

O ouvido não acolhe todos os sons do universo, porque não tem cordas suficientes, mas nessas cordas pode ressoar uma música complexa, e toda a língua pode ser transmitida com suas delicadas e refinadas complexidades. O instrumento do ouvido foi criado na misteriosa vida pré-natal: na criança que nasce de sete meses o ouvido já está completo e pronto para cumprir sua tarefa. Como esse instrumento transmite os sons que o alcançam, através das fibras nervosas, até aquele ponto do cérebro onde estão localizados os centros especiais para acolher esses sons? Estamos de novo diante de um dos mistérios da natureza. Mas como é criada, depois do nascimento, a língua falada? Os psicólogos que têm estudado os recém-nascidos dizem que o sentido mais lento a se desenvolver é o da audição: é tão preguiçoso que alguns afirmam que a criança nasce surda. Todo tipo de ruído – que não seja violento – produzido em torno dela não suscita sinais de reação. Para mim, nisso há quase um sentido místico: não me parece uma insensibilidade do recém-nascido, mas um recolhimento profundo, uma concentração de sensibilidade nos centros da linguagem, sobretudo naquele que acolhe as palavras. A razão é que esses centros são destinados a captar a *linguagem*, as *palavras*. Parece que esse poderoso mecanismo da audição responde e age somente em relação a sons específicos: a palavra falada, de modo que, pela palavra, é rapidamente ativado o mecanismo dos movimentos pelos quais será reproduzido o som.

Se não houvesse um isolamento especial da diretiva de sensibilidade e os centros fossem livres para acolher qualquer som, a criança seria levada a reproduzir os sons mais singulares, particulares aos diversos ambientes de sua vida e, portanto, também os ruídos desse ambiente. Justamente porque a natureza construiu e isolou esses centros para a finalidade da linguagem, o homem pode aprender a falar. Houve assim meninos-lobos, abandonados na mata, sobreviventes por milagre, que, mesmo tendo vivido em meio a toda espécie de gritos de pássaros e outros animais, aos ruídos da água e ao farfalhar das folhas, permaneceram completamente mudos. Não emitiam sons de nenhum tipo, porque não tinham ouvido os sons da linguagem humana, os únicos que podem fazer agir o mecanismo da língua falada.[1] Insisto nisso para demonstrar que existe um mecanismo particular para a linguagem. Não a posse da linguagem em si, mas a posse desse mecanismo para a criação da própria linguagem distingue a humanidade. Assim, as palavras são o resultado de uma espécie de elaboração feita pela criança graças ao mecanismo à sua disposição. No misterioso período que segue imediatamente ao nascimento, a criança, ser psíquico dotado de refinada sensibilidade, pode ser definida como um *eu* dormente, o qual de repente desperta e ouve uma música deliciosa: todas as suas fibras começam a vibrar. O recém-nascido poderia dizer que nenhum outro som jamais o atingiu antes, mas que este tocou sua alma, e ele não esteve sensível a outro som que não àquele apelo particular. Se recordarmos as grandes forças propulsoras que criam e conservam a vida, podemos entender como as criações provocadas por essa música permanecem eternas e como o instrumento dessa eternização são os novos seres que vêm ao mundo. Aquilo que se estabelece então na *mneme* do recém-nascido tem tendência à eternidade. Todo grupo humano ama a música, cria a própria música e a própria língua. Todo grupo humano responde à própria música com os movimentos do corpo, e essa música se conecta às palavras. A voz humana é uma música e as palavras são seus sons, que em si não têm significado, mas aos quais cada grupo deu seu sentido especial. Na Índia, centenas de línguas separam os grupos, mas a música une todos eles, sinal de que as impressões do recém-nascido permaneceram. Pensem agora: não existem animais que tenham música e

[1] Um exemplo interessante é o do menino selvagem de Aveyron. Ver. nota 10 do capítulo "A conquista da independência".

dança, enquanto toda a humanidade em toda parte do mundo conhece e cria a música e a dança.

Esses sons da língua se fixam no inconsciente. Não podemos ver o que ocorre internamente no ser, mas as manifestações externas nos oferecem um guia. Primeiro, no subconsciente do bebê se fixam os sons distintos, e é esta a parte integral da língua materna: poderíamos chamá-la de alfabeto.[2] Seguem depois as sílabas, logo as palavras, pronunciadas tal como uma criança lê às vezes no silabário, sem conhecer seu significado. E com que sabedoria se desenvolve esse trabalho da criança! Em seu interior existe um pequeno mestre que age como um daqueles velhos professores que costumavam mandar as crianças recitarem o alfabeto, depois as sílabas e logo as palavras. Só que aqueles professores fazem esse trabalho se desenvolver em tempo errado, isto é, quando a criança o desenvolveu sozinha e já possui sua língua. O mestre interior, porém, faz as coisas no tempo certo, e a criança fixa os sons, logo as sílabas, com uma construção gradual, lógica como a língua. Seguem-se depois as palavras e enfim entramos no campo da gramática. Primeiro vêm os nomes das coisas, os substantivos. Eis por que o ensinamento da natureza serve tanto para iluminar nosso pensamento: a natureza é mestra e ensina à criança a parte que aos adultos parece a mais árida da língua e pela qual, ao contrário, ela mostra um intenso interesse também em seu ulterior desenvolvimento até os 3 a 5 anos. Ensina metodicamente substantivos e adjetivos, conjunções e advérbios, as declinações dos substantivos, os prefixos, os sufixos e todas as exceções da língua. Ocorre como numa escola: temos no final o exame em que a criança demonstra que sabe usar cada parte do discurso. Só então percebemos que bom mestre agiu no íntimo da criança e o quanto ela foi aluna diligente e capaz de aprender tudo corretamente. Mas ninguém se detém nesse trabalho milagroso, e só quando a criança for confiada à escola

[2] O uso de "alfabeto" para designar os sons da língua deve ser entendido como metáfora, não como um dado científico. Não se pode confundir os sons de uma língua com as letras usadas para escrevê-las: toda língua tem muito mais sons do que letras para representá-los. (N.T.)

é que teremos interesse e satisfação pelo que ela vai aprendendo. No entanto, se é verdadeira a profissão de amor dos grandes para com os pequenos, são os milagres que deveriam brilhar aos olhos dos grandes, e não os assim chamados defeitos das crianças.

A criança é verdadeiramente um milagre, e esse milagre deveria ser captado pelo educador. Aos 2 anos, aquele pequeno ser aprendeu tudo. Nesses dois anos, veremos nele uma consciência que desperta gradualmente, em ritmo cada vez mais célere. Logo, de súbito, veremos essa consciência tomar a dianteira e dominar tudo. Aos 4 meses (há quem creia antes e eu sou inclinada a admiti-lo), a criança se apercebe de que a música misteriosa que a rodeia e que a toca profundamente vem da boca humana. A boca e o lábio, ao se moverem, produzem a música. Frequentemente passa despercebida a atenção que o bebê presta ao movimento dos lábios de quem fala: ele olha para esses lábios com grande intensidade e tenta imitar seus movimentos.

Sua consciência intervém para assumir uma parte propulsora no trabalho. Sem dúvida, o movimento foi preparado inconscientemente; nem todas as exatas coordenações das diminutas fibras musculares, necessárias para emitir a língua, foram completadas com perfeição, mas a consciência já ganha interesse, reaviva a atenção e faz uma série de explorações inteligentes e vivazes.

Após ter observado por dois meses a boca de quem fala, a criança produz os sons silábicos, e isso perto dos 6 meses. De repente, incapaz como era de articular um som da língua, ela desperta certa manhã, antes de vocês, que a ouvem silabar: "pa... pa... ma... ma...". A criança criou as duas palavras "papai" e "mamãe". Continuará depois por algum tempo a pronunciar somente essas sílabas, e então dizemos que "o bebê não sabe fazer mais nada". No entanto, tenhamos em mente que esse é um ponto alcançado depois de muitos esforços, que é o ponto de chegada do eu que fez uma descoberta e é consciente de suas capacidades; temos já um pequeno *homem*, não mais um mecanismo, um indivíduo que faz uso dos mecanismos à sua disposição. Chegamos ao final do primeiro ano de vida, mas antes do primeiro ano, aos

10 meses, a criança fez outra descoberta, a de que aquela música produzida pela boca de uma pessoa tem um escopo, não é apenas música: quando lhe dirigimos palavras de ternura, o bebê se dá conta de que essas palavras são endereçadas a ele, que começa a compreender que são pronunciadas com um determinado fim. Por isso, duas coisas aconteceram no final do primeiro ano: na profundidade do inconsciente, a criança compreendeu; no nível da consciência alcançada, ela criou a linguagem, ainda que por enquanto consista apenas em um balbucio, uma simples repetição e combinação de sons.

Com 1 ano de idade, a criança diz suas primeiras palavras *intencionais*. Balbucia como antes, mas seu balbucio tem um objetivo, e essa intenção significa inteligência consciente. O que aconteceu em seu íntimo? O estudo da criança nos deixou cientes de que em seu íntimo há muito mais coisas do que aquilo que é demonstrado pelas modestas manifestações de suas capacidades. Ela se dá conta cada vez mais de que a linguagem se refere ao ambiente que a circunda, e cada vez maior se torna o desejo de chegar ao domínio consciente da língua. E aqui se inicia uma grande luta na criança: a luta da consciência contra o mecanismo. É a primeira luta do homem, a primeira guerra entre as partes. Para demonstrar esse fato, posso me referir à minha experiência pessoal.

Tenho muitas coisas para dizer e gostaria, como frequentemente me aconteceu em país estrangeiro, de exprimi-las numa língua que não a minha para alcançar a alma do auditório, mas numa língua estrangeira minhas palavras seriam um inútil balbucio. Sei que meu auditório é inteligente e gostaria de trocar ideias com ele, mas não me é possível e sou impotente para falar.

O período em que a inteligência tem muitas ideias e está consciente de que poderia comunicá-las, mas não pode exprimir-se por falta de linguagem, é um período dramático da vida da criança e suscita as primeiras desilusões da vida. Em seu subconsciente, ela se esforça totalmente para aprender e se exprimir, e esse esforço torna a conquista da linguagem expedita e estupenda.

Um ser desejoso de se exprimir precisa de um mestre que lhe ensine claramente as palavras. Podem os familiares agir como mestres? É costume que nós não ajudemos a criança; só fazemos repetir seu balbucio, e se ela não tivesse um mestre interior não aprenderia nada. Esse mestre a impele na direção dos adultos *que falam entre si* e não se dirigem a ela. Impele-a a apoderar-se da linguagem com a exatidão que nós não lhe oferecemos. No entanto, com 1 ano de idade, a criança poderia encontrar, como em nossas escolas, pessoas inteligentes que lhe falem de maneira inteligente. Não foram compreendidas o suficiente as dificuldades que a criança encontra entre o primeiro e o segundo ano de idade e a importância de dar a ela a possibilidade de aprender exatamente. Temos de nos aperceber de que a criança alcança sozinha o conhecimento dos nexos gramaticais, de que não há razão para que não se fale com ela gramaticalmente e de que nós não a ajudamos na análise da frase. Os novos assistentes à infância[3] para crianças de 1 a 2 anos deverão ter noções científicas sobre o desenvolvimento da linguagem. Ajudando a criança, nós nos colocamos a serviço e à colaboração da natureza que cria, da natureza que ensina, e encontraremos todo um método já traçado para nós.

Retornando à comparação que fiz mais acima, o que poderia eu fazer balbuciando uma língua estrangeira, se quisesse comunicar alguma coisa particularmente interessante? Eu não conseguiria me dominar e ficaria inquieta e talvez até elevaria minha voz.

O mesmo se dá com a criança de 1 ou 2 anos, quando quer se fazer compreender em uma palavra aquilo que deseja exprimir e não consegue. Por isso, então, suas birras, a agitação violenta que nos parece sem motivo. De fato, haverá quem diga: "Vejam a perversidade inata da natureza humana!". Mas a criança, esse pequeno homem, luta, incompreendida, para alcançar sua independência: ela não tem a linguagem e sua única expressão é a irritação, e no entanto tem a capacidade de construir a linguagem – a raiva é a expressão do esforço impedido em sua busca da palavra que ela tem de formar a seu modo. Todavia, nem a desilusão nem os mal-entendidos a fazem desistir de

[3] A pessoa jurídica Opera Montessori de Roma tem ministrado, anualmente, numerosos cursos para formar assistentes da infância a auxiliarem crianças muito pequenas (de 1 ou 2 anos).

sua tarefa; começam gradualmente a aparecer palavras que de algum modo se assemelham àquelas usadas.

Com aproximadamente 1 ano e meio, a criança descobre outro fato, o de que cada objeto tem um nome próprio. Isso significa que, entre todas as palavras que ouviu, ela pôde distinguir os nomes e sobretudo os nomes concretos: é um passo notável do desenvolvimento. Para ela existia um mundo de objetos, e agora esses objetos são definidos por palavras. Infelizmente, só com nomes não se pode exprimir tudo, e ela tem de usar uma só palavra para exprimir um pensamento inteiro. Os psicólogos dedicam uma atenção especial a essas palavras que gostariam de exprimir frases e as chamam de "palavras difusivas" ou "frases de uma só palavra". Assim, quando a criança vê diante de si a sopa, gritará: "*Ma pa*", querendo dizer: "quero um pouco de papa", e exprimindo assim toda uma frase numa palavra incompleta: *pa*...

Uma característica dessa linguagem difusiva, dessa linguagem forçada da criança, é a alteração da palavra. Nessa linguagem, as palavras alteradas e frequentemente abreviadas se unem com algumas imitativas (*bu, bu* para carne) e outras inventadas. O conjunto constitui a assim chamada linguagem infantil, que poucos se dão ao trabalho de estudar e que deveria, porém, ser examinada profundamente por quem cuida da infância.

Nessa idade, a criança está construindo muitas coisas além da linguagem, e entre elas está o sentido da ordem. Não é uma tendência temporária, como muitos creem, é uma necessidade real: ela reflete a necessidade intensa sentida pelas crianças quando atravessam um período de atividade psíquica construtiva, que nesse caso se exprime em colocar ordem lá onde, segundo sua lógica, há desordem.

Também nesse campo, a inutilidade dos esforços é causa de muita angústia para a criança, e a compreensão de sua linguagem permitiria levar calma a seu ânimo atormentado.

Embora casos semelhantes se repitam todos os dias, recordo um episódio já referido por mim porque ilumina de modo particular esse tema. Diz respeito a uma criança espanhola que dizia *go* em vez de *abrigo*, e *palda* em vez de *espalda* ("costas"): as duas palavras, *go* e *palda*, eram manifestações de um conflito mental da criança que a faziam irromper em berros e atos descompostos. A mãe da criança trazia seu abrigo nos braços e a criança continuava a berrar. Por fim, me veio a ideia de sugerir à mãe que vestisse o abrigo: imediatamente os gritos da criança cessaram e ela balbuciou feliz "*to palda*", querendo com isso dizer: agora sim, um abrigo é feito para ser usado sobre os ombros. Esse episódio vale também ocasionalmente para insistir no desejo de ordem e na aversão à desordem que são próprios da criança.[4]

Reafirmo de novo a necessidade de uma "escola" específica para as crianças de 1 ano a 1 ano e meio e considero dever das mães e da sociedade em geral fazer com que as crianças, em lugar de viverem isoladas, vivam junto aos adultos e tenham frequentes experiências da melhor linguagem numa dicção clara.

[4] Esse e outros exemplos do tipo, que revelam também a possibilidade de a criança entender uma conversa inteira antes de poder se expressar por si, podem ser encontrados em meu livro *Il segreto dell'infanzia*, já citado aqui.

OBSTÁCULOS E SUAS CONSEQUÊNCIAS

Eu gostaria agora, para que se compreendam melhor as tendências ocultas da criança, de tratar de algumas íntimas sensibilidades. Poderíamos dizer que queremos chegar quase a uma psicanálise da mente da criança.

Algo de oculto, de secreto, não uma hipótese, porque os resultados indicam os esforços que a criança teve de fazer para exprimir seu pensamento! Uma vez que os adultos nem sempre compreendem o que a criança quer dizer, são dessa fase de preparação as birras e a agitação que mencionei acima. Nesse período, a agitação faz parte da vida infantil. Todos os esforços da criança não coroados de sucesso produzirão nela um estado de agitação. É sabido que os surdos-mudos são frequentemente belicosos, o que se explica precisamente com a incapacidade de se exprimir. Há uma riqueza interior que quer encontrar um modo de se externar, e a criança normal a encontra, mas somente através de grandes dificuldades.

É um período difícil em que os obstáculos são criados pelo ambiente e pelas limitações mesmas da criança. É esse o segundo período difícil de adaptação; o primeiro é aquele depois do nascimento, quando a criança é subitamente chamada a funcionar por si mesma, enquanto até então a mãe tinha feito tudo por ela. Vimos então que, se vierem a faltar cuidados e compreensão, o terror do nascimento age sobre a criança e é causa de regressões.

Algumas crianças são mais fortes do que outras, outras encontram ambientes favoráveis e procedem então diretamente rumo à independência, que é a base do desenvolvimento normal sem regressão. Uma situação paralela se nota nesse período. A conquista da linguagem é um caminho trabalhoso rumo à maior independência que dá o poder de falar, mas apresenta também paralelamente o perigo da regressão.

Recorde-se outra característica desse período criativo: tanto as impressões quanto os resultados delas tendem a ficar permanentemente registrados – isso se verifica também para os sons e para a gramática. As crianças conservam para toda a vida as aquisições desse período, e assim também os efeitos negativos dos obstáculos encontrados perduram por toda a vida. E essa é a característica de toda fase da criação. Uma luta, um medo, ou outros obstáculos podem produzir consequências indeléveis, já que as reações a esses obstáculos são absorvidas tanto quanto os elementos positivos do desenvolvimento. (De igual modo, se houver uma mancha de luz sobre o filme fotográfico, ela aparecerá em todas as suas reproduções.) Nesse período temos, portanto, não só o desenvolvimento do caráter, mas também o desenvolvimento de algumas características psíquicas desviadas que se revelarão na criança enquanto cresce. O conhecimento da língua materna e a função de andar são adquiridos nesse período eminentemente criativo, que vai além da idade de 2 anos e meio, porém que se torna então menos intenso e fecundo. E tal como a conquista dessas funções se dá agora, mas elas também continuam em seguida a crescer e a se desenvolver, os defeitos e as dificuldades adquiridas nesse período igualmente permanecem fixados e aumentam. Muitos defeitos que se apresentam nos adultos são, de fato, atribuídos pela psicanálise a esse longínquo período da vida.

As dificuldades que obstruem o desenvolvimento normal estão compreendidas no termo *repressão* (termo particularmente usado na psicanálise, e também na psicologia geral). Essas repressões, agora conhecidas de todos, se referem à idade infantil. Exemplos delas podem ser dados com relação à própria língua, embora existam com relação a muitas outras atividades humanas. A massa de palavras que explode deve ter *liberdade de emissão*. Assim também, deve haver *liberdade de expressão* quando ocorre a explosão de frases e a criança dá forma regular a seus pensamentos. Grande importância é dada à liberdade de expressão porque se considera ser conectada não só ao imediato presente do mecanismo em via de desenvolvimento, mas também à vida futura do indivíduo. Há alguns casos nos quais não ocorre nada, na idade em que, como eu disse acima, a explosão deveria ocorrer. A criança tem mais de 3 anos, 3 anos e meio, e ainda usa apenas as poucas palavras próprias de uma idade muito inferior ou parece muda, ainda que seus órgãos da fala sejam perfeitamente normais. Esse fenômeno se chama "mutismo psíquico", tem uma causa psicológica e é uma doença psíquica.

Esse é o período em que têm origem algumas doenças psíquicas, objeto de estudo da psicanálise (que é na realidade um ramo da medicina). Às vezes o mutismo psíquico desaparece repentinamente, como por milagre: a criança começa de súbito a falar bem e organizadamente, com pleno conhecimento da gramática. É evidente que tudo já estava preparado antes em seu íntimo e a expressão tinha apenas sido impedida por algum obstáculo.

Tivemos em nossas escolas crianças de 3 ou 4 anos que não tinham jamais falado e que de repente, no novo ambiente, começaram a falar; jamais tinham pronunciado as palavras usadas pelas crianças de 2 anos. Graças à livre atividade concedida a elas e ao ambiente estimulante, manifestaram subitamente essa capacidade de expressão. Qual o motivo? Um grave choque psíquico ou uma persistente oposição tinham até então impedido a criança de dar livre vazão à riqueza de sua linguagem.

Também alguns adultos acham dificuldades no falar, têm de fazer um grande esforço e parecem inseguros quanto ao que devem dizer, mostram uma espécie de hesitação que se manifesta de vários modos:

1. não têm coragem de falar;
2. não têm coragem de pronunciar as palavras;

3. têm dificuldades no uso das frases;

4. falam mais devagar que uma pessoa normal, intercalando com *ahn, hum, mas, é* etc.

Encontram em si mesmos uma dificuldade agora invencível que os acompanha por toda a vida, e que representa para eles um estado de permanente inferioridade.

Existem também impedimentos psíquicos que tolhem ao adulto a possibilidade de articular claramente as palavras, casos de gagueira e de pronúncia defeituosa. Esses problemas têm sua origem naquele período em que os mecanismos da fala vão se formando. Assim se verificam períodos diversos de aquisição e correspondentes períodos de regressão:

Primeiro período:

- adquire-se o mecanismo da fala. Regressão correspondente: sigmatismo, gagueira.

Segundo período:

- adquire-se o mecanismo da frase (expressão do pensamento). Regressão correspondente: hesitação na formulação.

Essas regressões estão em relação com a sensibilidade da criança. Da mesma forma como ela é sensível ao que recebe com o fim de criar e aumentar suas possibilidades, também é sensível aos obstáculos demasiado fortes que lhe são impostos. Os resultados dessa sensibilidade obstruída se fixam depois como um defeito para o resto da vida, já que se deve sempre lembrar que a sensibilidade da criança é bem maior do que possamos imaginar.

Esses obstáculos que nós frequentemente impomos à criança nos tornam responsáveis pelas anomalias que a acompanharão por toda a vida. O tratamento da criança deve ser o máximo possível meigo e desprovido de toda violência, porque com frequência não nos damos conta da nossa aspereza e violência. Temos de nos vigiar. A preparação para a educação é um estudo de si mesmo, e a preparação de um educador que deve auxiliar a vida implica bem mais do que uma simples preparação intelectual: é uma preparação do caráter, uma preparação espiritual.

A sensibilidade da criança apresenta vários aspectos, mas nesse período a sensibilidade aos traumas é comum a todas. Outra característica comum é a sensibilidade ao esforço calmo, mas frio e determinado do adulto em impedir as manifestações exteriores da criança: "Não pode fazer isso! Isso não se faz!". Aqueles que ainda costumam confiar os pequenos à assim chamada babá deveriam opor-se em particular à tendência friamente autoritária que as babás demonstram com frequência. A esse tratamento se deve o embaraço tão frequente entre os indivíduos que provêm de classes abastadas, os quais não carecem de coragem física, mas quando falam revelam comumente um estado de timidez que se traduz em hesitações e gaguejos.

Também a mim ocorreu usar maneiras demasiado ásperas com algumas crianças e dei um exemplo num dos meus livros.[1] Uma criancinha tinha colocado seus sapatos de passeio sobre a bela colcha de seda de sua cama: eu os retirei de lá com rispidez, coloquei-os no chão e limpei energicamente a colcha com a mão para demonstrar a ela que aquele não era o lugar certo para pôr os sapatos. Por dois ou três meses, toda vez que a criança via um par de sapatos, ela os mudava de lugar e olhava ao seu redor em busca de uma colcha ou de um travesseiro para limpar. A resposta da criança à minha lição demasiado vigorosa não foi, portanto, a de um espírito ressentido e rebelde, ela não disse: "Não fale comigo assim, eu ponho meus sapatos aonde quiser!", mas respondeu a mim e ao meu comportamento errado com uma manifestação anormal. Ocorre frequentemente que a criança não seja violenta em suas reações, e melhor seria que fosse, porque a criança, com as birras, encontra um modo de se defender e pode atingir um desenvolvimento normal, mas, quando responde mudando o caráter ou tomando o caminho da

[1] Montessori, Maria, op. cit.

anormalidade, toda a sua vida será afetada por isso. Os adultos não se preocupam com isso e se incomodam apenas com as birras de seus filhos.

Outro complexo de anomalias é representado por alguns medos irracionais e por tiques nervosos dos quais sofrem certos adultos. A maioria deles pode ser retraçada na violência usada contra a sensibilidade da criança. Alguns desses medos irracionais refletem episódios desagradáveis com animais, gatos ou galinhas; outros têm origem na angústia de uma criança que permaneceu fechada num quarto. Não é possível socorrer quem é vítima desses medos com a razão e com a persuasão. Essas espécies de medos irracionais são definidas com o nome de fobias. Algumas delas são tão comuns que receberam uma denominação própria, como a claustrofobia (medo das portas fechadas, de um espaço circunscrito).

Poderíamos citar um número maior de exemplos se entrássemos no campo da medicina, mas faço menção a eles só para ilustrar a forma mental das crianças dessa idade e para insistir no fato de que toda atitude nossa ao tratar da criança não se reflete apenas nela, mas no adulto que daí resultará.

É preciso realmente empreender o caminho da observação e das descobertas a fim de penetrar a mente da criança, tal como o psicólogo penetra o subconsciente do adulto. Coisa difícil, porque frequentemente não compreendemos a linguagem infantil ou, se a compreendemos, não apreendemos o significado que as crianças pretendem dar a suas palavras. Às vezes é preciso conhecer toda a vida da criança, isto é, investigar seu período anterior, para conseguir dar paz a essa criatura nas dificuldades que ela encontra. Com frequência, precisamos de um intérprete para a criança e sua linguagem que nos revele o estado mental da criança.

Tenho trabalhado longamente nesse sentido, tentando me tornar intérprete da criança, e tenho observado com surpresa como as crianças correm para aquele que é seu intérprete, porque compreende que ali há alguém que pode ajudá-las.

O ardor da criança é algo de absolutamente diferente do afeto que ela dedica a quem a acalenta e a acaricia. O intérprete é para a criança a “grande esperança", é alguém que lhe abrirá o caminho das descobertas, quando o mundo lhe tiver fechado as portas. Esse indivíduo que a auxilia entra em íntima relação com ela, uma relação que supera o afeto porque oferece ajuda, e não apenas consolação.

Numa casa onde eu morava e trabalhava, tinha o hábito de me pôr a trabalhar muito cedo de manhã. Um dia, um menino, que não tinha mais de 1 ano e meio, entrou no meu quarto àquela hora matutina. Eu o interroguei afetuosamente, pensando que ele queria comer. Ele me respondeu: "Quero as minhocas!". Surpresa, repeti: "Minhocas?". O menino percebeu que eu não tinha entendido e veio em meu auxílio acrescentando: "Ovo". Então, pensei: *Não pode se tratar de refeição. O que será que ele quer?* O menino acrescentou outras palavras: "Nene, ovo, minhocas!". Então compreendi tudo e me lembrei (e eis por que afirmo que é preciso conhecer as circunstâncias da vida da criança) de que, na véspera, a irmãzinha Nene tinha preenchido o contorno de um molde oval com pontos de lápis de cor. O pequeno tinha querido os lápis. A irmãzinha tinha se rebelado e o tinha repelido. E vejam como trabalha a mente de uma criança: ele não tinha se oposto à irmã, mas tinha esperado a ocasião – e com quanta paciência e firmeza – para ir à forra. Eu dei a ele o lápis e o molde oval: o rostinho do menino se iluminou, mas não foi capaz de fazer o contorno do ovo e eu tive de traçá-lo para ele. Depois que eu tinha desenhado, ele encheu o ovo com linhas onduladas. A irmãzinha tinha usado as habituais linhas retas, contudo ele pensou em fazer coisa melhor e traçou linhas ondejantes ao modo de "minhocas". O menino tinha esperado que todos estivessem dormindo, menos sua intérprete, e tinha ido até ela porque sentia que ela o ajudaria.

Não são as birras e as reações violentas os traços distintivos dessa idade infantil, mas a paciência: a paciência de esperar o momento oportuno. As reações violentas ou as birras traduzem o estado de exasperação da criança que não sabe se exprimir. O caso citado revela também que a criança pequena busca desenvolver atividades próprias a crianças maiores. Se encaminharmos uma criança de 3 anos a uma forma de trabalho, veremos o pequeno de 1 ano e meio ansioso para se aplicar também à tarefa. Encontrará obstáculos na execução, mas tentará. Uma pequenina desejava imitar a irmãzinha de 3 anos que estava aprendendo os primeiros passos de dança. A professora nos perguntava como poderia ensinar a uma aluna tão pequena os movimentos de um balé. Insistimos, pedindo a ela que não se importasse se a menina pudesse aprender ou não, que tentasse ensinar do mesmo modo. Sabendo que nosso objetivo era ajudar a menina em seu desenvolvimento, a professora aquiesceu e tentou ensinar; imediatamente, o pequeno de 1 ano e meio se adiantou com as palavras: "Eu também". A professora replicou que era absolutamente impossível e que ensinar um bebê de 1 ano e meio feria sua dignidade de educador. Nós a persuadimos a pôr de lado sua dignidade e a nos contentar. Começou a soar uma marcha: o pequeno imediatamente entrou em fúria e não quis se mexer. A professora via na relutância do pequeno a justificativa para sua atitude e sua recusa. No entanto, o menino não estava agitado por causa da dança: debatia-se furibundo com o chapéu da professora colocado sobre o sofá. Não pronunciava nem a palavra "chapéu" nem "professora". Repetia duas palavras com raiva concentrada: "cabide" e "entrada", querendo dizer: "O chapéu não pode ficar no sofá, mas no cabide da entrada". Tinha esquecido a dança e sua alegria como se sentisse antes de tudo o dever de transformar a desordem em ordem. Tão logo o chapéu foi pendurado no cabide, a cólera do menino cessou e ele se dispôs a dançar. É claro que a fundamental necessidade de ordem supera na criança qualquer outro estímulo.

O estudo da palavra e da sensibilidade da criança permitem penetrar em seu ânimo numa profundidade à qual os psicólogos geralmente não chegam. A paciência da criança no primeiro exemplo e a paixão pela ordem no segundo oferecem matéria para observações de grande interesse. Se junto a esses exemplos recordarmos a criança que compreendia toda uma conversa, mas não aprovava a opinião final sobre a conclusão feliz de uma história narrada,[2] veremos que não existem apenas os fatos, mas toda uma vida mental, todo um quadro psíquico, oculto para nós.

[2] Montessori, Maria, op. cit.

Toda descoberta sobre a mente da criança nessa idade deve ser divulgada porque assim se ajudará a criança a adaptar-se melhor ao ambiente que a circunda. Qualquer labuta que nos seja imposta, quando for voltada para dar ajuda à vida, assume um valor humano altíssimo. A tarefa do educador na primeira infância é muito nobre. Prenuncia e colabora para o desenvolvimento de uma ciência que será no futuro fundamental para o desenvolvimento mental e a formação do caráter. Cabe a nós, enquanto isso, realizar a tarefa de educadores de modo a evitar que se imprimam nas crianças aqueles desvios e aqueles defeitos que as tornam indivíduos inferiores, e por isso devemos recordar que:

1. a educação dos dois primeiros anos tem importância para toda a vida;
2. a criança é dotada de grandes poderes psíquicos, dos quais ainda não nos demos conta;
3. ela tem uma extrema sensibilidade que, por efeito de qualquer violência, determina não só uma reação, mas defeitos que podem permanecer na personalidade.

MOVIMENTO E DESENVOLVIMENTO TOTAL

O movimento deve ser considerado de um novo ponto de vista. Devido a erros e mal-entendidos, foi sempre tido como algo menos nobre do que é, sobretudo o movimento da criança, que foi tristemente negligenciado no campo educacional, onde toda a importância é dada à aprendizagem intelectual. Apenas a educação física tem levado em consideração o movimento, mas sem reconhecê-lo como conectado à inteligência. Examinemos a organização do sistema nervoso em toda a sua complexidade. Temos, antes de tudo, um cérebro; depois, os sentidos, que recolhem as impressões para transmiti-las ao cérebro; em terceiro lugar, os músculos. Mas qual é a finalidade dos nervos? Eles comunicam energia e movimento aos músculos (a carne). Esse complexo organismo consiste, portanto, em três partes:

1. o cérebro (o centro);
2. os sentidos;
3. os músculos.

O movimento é o ponto de chegada do sistema nervoso: sem movimento não se pode falar de indivíduo (mesmo um grande filósofo, falando ou escrevendo, usa seus músculos; se não der expressão a suas meditações, que finalidade estas teriam? Ora, sem músculos a expressão de seus pensamentos, falada ou escrita, seria impossível).

Se examinarmos os animais, veremos que seu comportamento se exprime somente através dos movimentos. Não devemos, portanto, justamente para o homem, descuidar dessa particular expressão de sua vitalidade.

Os músculos são considerados parte do sistema nervoso, que em todas as suas partes põe o homem em relação com seu ambiente. Por isso é que se chama *sistema de relação*: põe o homem em relação com o mundo inanimado e animado e, portanto, com os outros indivíduos, a ponto de sem esse sistema não haver relações entre indivíduo e ambiente e sociedade.

Os outros sistemas organizados do corpo humano, em comparação, têm uma finalidade egoísta porque exclusivamente a serviço do corpo do indivíduo: só nos permitem viver ou, como se diz, "vegetar", por isso são chamados "sistemas e órgãos da vida vegetativa".

O sistema vegetativo só serve para ajudar o indivíduo a crescer e a vegetar. O sistema nervoso serve para pôr o indivíduo em relação com o ambiente.

O sistema vegetativo ajuda o homem a gozar do máximo bem-estar, da pureza do corpo e da saúde. O sistema nervoso é agora considerado de outro ponto de vista: ele nos dá as impressões mais belas, a pureza do pensamento, uma contínua aspiração a nos elevarmos, mas não se deve rebaixar o sistema nervoso ao nível da pura vida vegetativa. Se se sustenta o critério da simples pureza e da elevação do indivíduo, leva-se o homem para as esferas de um egoísmo espiritual, o que é erro gravíssimo, talvez o maior que se possa cometer. O comportamento dos animais não tende somente à beleza e à graça dos movimentos, mas a finalidades mais profundas. De igual modo, o homem tem um objetivo que não é somente o de alcançar maior pureza e beleza espiritual. Naturalmente, ele pode e deveria sempre visar à perfeição da beleza física e espiritual, mas sua vida seria inútil se a isso se limitasse seu corpo. A que serviriam de fato cérebro e músculos? Nada existe no mundo que não faça parte de uma economia universal, e, se nós temos uma riqueza espiritual, uma refinada consciência estética, não a temos para nós mesmos, mas para que esses nossos dons se tornem parte da espiritual economia universal e sejam usados em favor de todos e de tudo. As funções espirituais são uma riqueza, mas não uma riqueza pessoal: devem ser postas em circulação para que os outros usufruam dela; devem ser expressas, usadas para completar o ciclo de relação. Também a elevação espiritual, buscada por si mesma, não vale nada; e visando somente a ela se deixaria de lado a maior parte da vida e de seu objetivo. Se acreditássemos na reencarnação e disséssemos: "Se vivo bem agora, terei uma vida melhor na próxima encarnação", só falaria em nós o egoísmo. Reduziríamos o nível espiritual ao vegetativo. Se pensamos sempre em nós mesmos, em nós mesmos também na eternidade, somos egoístas pela eternidade. É preciso levar em consideração o outro ponto de vista, não somente na prática da vida, mas também na educação. A natureza nos dotou de funções; estas devem alcançar a completude, e é preciso que todas sejam exercidas.

Façamos uma comparação: para podermos gozar de boa saúde, pulmões, estômago e coração devem funcionar. Por que não aplicar a mesma regra ao sistema nervoso de relação? Se temos cérebro, sentidos e órgãos do movimento, eles devem funcionar, devem ser exercitados em *toda* parte para que nenhuma seja excluída. Mesmo que desejemos, por exemplo, nos elevar e refinar nosso cérebro, não atingiremos nosso objetivo se não fizermos funcionar todas as partes. O movimento poderá ser talvez a última que completa o ciclo. Em outras palavras, podemos alcançar uma elevação espiritual através da ação. Desse ponto de vista é que se considera o movimento: ele é parte do sistema nervoso e não pode ser descuidado. O sistema nervoso é um todo único, ainda que seja constituído de três partes. Sendo unidade, deve ser exercitado em sua totalidade para se tornar perfeito.

Um dos erros dos tempos modernos é considerar o movimento em si, como distinto das funções mais elevadas: pensa-se que os músculos existem e devem ser usados somente para manter o corpo nas melhores condições de saúde. Assim, são cultivados os exercícios e a ginástica para nos mantermos em eficiência, para respirar profundamente, ou para nos assegurar um melhor funcionamento da digestão e do sono.

É um erro acolhido no campo educacional. Seria como se, fisiologicamente falando, um grande príncipe fosse obrigado a servir a um pastor. Esse grande príncipe – o sistema muscular – é usado e reduzido a ser apenas um instrumento para o sistema vegetativo. Esse grave erro leva a uma fratura: a vida física de um lado e a mental do outro. Disso resulta que, devendo a criança desenvolver-se tanto física quanto mentalmente, temos de incluir em sua educação exercícios físicos, jogos etc., para que não possamos separar duas coisas que a natureza dispôs unidas. Se considerarmos a vida física de um lado e a mental do outro, rompemos o ciclo de relações, e as ações do homem permanecem destacadas do cérebro. O verdadeiro objetivo do movimento não é, portanto, favorecer a melhor nutrição e respiração, mas servir a toda a vida e à economia espiritual e universal do mundo.

Os atos de movimento do homem devem ser coordenados no centro – o cérebro – e postos em seu lugar certo. Mente e atividade são duas partes do mesmo ciclo, e por conseguinte o movimento é a expressão da parte superior. Agindo de outro modo, fazemos do homem um amontoado de músculos sem cérebro. A parte vegetativa se desenvolve, não ocorre a relação entre a parte motora e o cérebro; a autodecisão do cérebro fica separada do movimento dos músculos. Isso *não* é independência, é a divisão de uma coisa que a natureza, em sua sabedoria, reuniu. Se se fala de desenvolvimento mental, haverá quem diga: "Movimento? Mas o movimento não tem nada a ver, estamos falando de desenvolvimento mental". E quando pensamos no exercício da inteligência imaginamos todos sentados, imóveis. O desenvolvimento mental, porém, *deve* ser vinculado ao movimento e depender dele. É necessário que essa nova ideia entre na teoria e na prática educacional.

Até hoje, a maior parte dos educadores tem considerado movimento e músculos como auxílio à respiração, à circulação, ou como uma prática para adquirir maior força física. Nossa nova concepção defende, em vez disso, a importância do movimento como auxílio ao desenvolvimento mental, quando o movimento seja posto em relação com o centro. O desenvolvimento mental e o espiritual podem e devem ser auxiliados pelo movimento, sem o qual não existe progresso, nem saúde, mentalmente falando.

A demonstração de tudo o que eu disse nos é dada pela observação da natureza, e a justeza dessa observação deriva de acompanhar com atenção o desenvolvimento da criança. Quando se observa uma criança, resulta evidente que o desenvolvimento de sua mente se dá com o uso do movimento. O desenvolvimento da linguagem demonstra, por exemplo, um aperfeiçoamento da faculdade de compreender, acompanhado de um cada vez mais extenso uso dos músculos que produzem o som e a fala. Observações feitas sobre crianças de todo o mundo provam que a criança desenvolve a própria inteligência por meio do movimento: o movimento auxilia o desenvolvimento psíquico, e esse desenvolvimento se exprime por sua vez com ulterior movimento e ação. Trata-se assim de um ciclo, porque psique e movimento pertencem à mesma unidade. Vêm em ajuda também os sentidos, pois a criança que não tem oportunidade de exercitar uma atividade sensorial tem um desenvolvimento menor da mente. Ora, os músculos (a carne), cuja atividade é dirigida pelo cérebro, são chamados músculos voluntários, o que significa que são movidos pela vontade do indivíduo, e a vontade é uma das maiores expressões da psique. Sem aquela energia volitiva, a vida psíquica não existe. Resulta, portanto, que, sendo os músculos voluntários os músculos que dependem da vontade, eles são um órgão psíquico.

Os músculos constituem a parte precípua do corpo. Esqueleto e ossos têm como finalidade sustentar os músculos, os quais, portanto, pertencem a esse conjunto. A forma que contemplamos no homem ou no animal é constituída pelos músculos apegados aos ossos. São esses músculos voluntários que dão ao ser aquela forma que atinge nosso olhar. Os músculos que são de um número quase infinito apresentam o maior interesse por sua forma: um é delicado, outro é maciço, um é curto, outro se apresenta em forma alongada e todos têm funções diferentes. Se há um músculo que funciona em uma direção, existe sempre outro músculo funcionando em direção oposta, e quanto mais vigoroso e refinado for esse jogo de forças opostas mais refinado é o movimento que disso resulta. O exercício que se faz para alcançar um movimento o mais harmonioso possível é um exercício capaz de criar maior harmonia no contraste. O que importa, pois, não é o acordo, mas o contraste harmonizado, a oposição em acordo.

Não se tem consciência desse jogo de oposições, mas, ainda assim, graças a ele se cria o movimento. Nos animais, a perfeição do movimento é dada pela natureza: a graça do salto do tigre ou o pulo do esquilo se devem a uma riqueza de oposições postas em jogo para alcançar aquela harmonia de movimento, como um complicado maquinário que trabalhe para a perfeição, como um relógio com rodas que giram em direções opostas: quando todo o mecanismo funciona bem, temos a indicação exata da hora. O mecanismo do movimento é, portanto, muito complicado e refinado. No homem, ele não é preestabelecido antes do nascimento e deve ser criado e aperfeiçoado através de experiências práticas sobre o ambiente. O número dos músculos no homem é tão grande que lhe permite realizar qualquer movimento. Não falamos, portanto, de exercícios de movimento, mas de coordenação de movimento. Essa coordenação não é concedida, tem de ser criada e cumprida pela psique. Em outras palavras, a criança cria os próprios movimentos, e, uma vez criados, ela os aperfeiçoa. Ela tem, portanto, uma parte criativa nesse trabalho e efetua em seguida, mediante uma série de exercícios, o desenvolvimento do que criou.

O homem não tem movimentos limitados e fixos, mas pode dirigi-los e tem seu controle. Alguns animais têm uma habilidade característica de trepar, de correr ou de nadar etc.: não são esses movimentos característicos do homem, mas são realizáveis pelo homem, cuja característica é saber executar todos os movimentos e exercê-los para além da possibilidade dos animais.

Para alcançar tal versatilidade, o homem deve trabalhar e criar com sua vontade e, com a repetição dos exercícios, a capacidade de coordenar subconscientemente os movimentos segundo seu objetivo e voluntariamente à sua iniciativa. Na realidade, nenhum indivíduo conquista o uso de todos os seus músculos, mas estes existem. O homem é como alguém que fosse muito rico, tão rico que pode usar somente uma parte de sua riqueza e escolhe a parte que quer. Se um homem é ginasta de profissão, não significa que lhe foi concedida uma particular habilidade muscular, assim como quem dança profissionalmente não nasceu com músculos sofisticados para a dança. Ginasta e bailarino se desenvolvem por força de vontade. Toda pessoa, não importa o que queira fazer, é dotada pela natureza de tamanha riqueza de músculos que pode escolher entre eles aquilo de que precisa, e sua psique pode criar e dirigir todo desenvolvimento. Nada é estabelecido, mas cada coisa é possível, desde que a psique individual imprima a direção certa.

Não é próprio do homem fazer a mesma coisa em série como é próprio dos animais de uma mesma espécie. Ainda que a mesma coisa seja feita por diversos indivíduos, cada indivíduo-homem operará de um modo diferente, assim como todos nós escrevemos, mas cada um tem a própria caligrafia. Cada ser humano tem um caminho próprio.

No movimento vemos como se desenvolve o trabalho do indivíduo, e o trabalho do indivíduo é expressão de sua psique e *é* a própria vida psíquica. Esta tem a sua disposição um grande tesouro de movimentos, e eles se desenvolvem a serviço da parte central e diretora, isto é, da vida psíquica. Se o homem não desenvolver todos os seus músculos, e se mesmo daqueles que desenvolve ele faz uso às vezes só para um trabalho grosseiro, ocorre então que a vida psíquica do homem fica limitada por efeito da ação elementar à qual se limita a atividade de seus músculos. A vida psíquica é limitada também pelo tipo de trabalho acessível ao indivíduo ou escolhido por ele. Em grave perigo está a vida psíquica de quem não trabalha, porque, se é verdade que nem todos os músculos podem ser usados e postos em movimento, é perigoso para a vida psíquica que sejam usados em número inferior a certo limite. Nesse caso, determina-se um enfraquecimento de toda a vida do indivíduo. Eis por que a ginástica e os jogos foram introduzidos na educação para impedir que demasiados músculos fossem deixados à parte.

A vida psíquica deve pôr em uso mais músculos ou deveríamos também nós seguir o caminho da educação comum e alternar as atividades físicas com as mentais. O objetivo de usar esses músculos não está limitado ao de aprender determinadas coisas. Em algumas formas de educação "moderna", o movimento é desenvolvido para que sirva a certos fins precisos da vida social: uma criança deve escrever bem para quem deve se tornar professor, outra deve aprender a trabalhar bem com a pá porque se tornará carvoeiro. Esse aprendizado, limitado e direto, não serve ao verdadeiro objetivo do movimento. Nossa concepção é a de que a criança desenvolva a coordenação dos movimentos necessários à sua vida psíquica, para enriquecer a parte prática e executora desta, do contrário o cérebro se desenvolve por contra própria, quase estranho à realização ativada só pelo movimento. Então o movimento trabalha por conta própria, não dirigido pela psique, e causa dano. O movimento é tão necessário à vida humana de relação com o ambiente e com os outros homens que deve ser desenvolvido *nesse* nível, a serviço do todo e para a vida de realização.[1]

O princípio e a ideia de hoje são excessivamente dirigidos para a *auto*perfeição e a *auto*rrealização. Se compreendermos o verdadeiro objetivo do movimento, essa autocentralização não deve existir, deve estender-se para todas as possibilidades realizáveis. Em suma, devemos ter em mente o que poderíamos chamar de "filosofia do movimento". O movimento é aquilo que distingue a vida das coisas inanimadas. Entretanto, a vida não se move ao acaso, se move segundo objetivos e segundo leis. Imaginemos, para nos darmos conta do que foi dito, o que seria o mundo se tudo fosse tranquilo e imóvel, se nas plantas cessasse todo movimento. Não haveria mais frutos nem flores. O percentual de gases venenosos no ar aumentaria com grave dano. Se

[1] Para uma exposição convincente e clara dessa necessidade, ver: Buytendijk, J. J.; Frederik, J. J. *Erziehung durch lebendiges Tun* (tradução italiana: Giorgi, Amedeo. *L'educazione attiva*).

todo o movimento se detivesse, se os pássaros permanecessem imóveis sobre as árvores e os insetos desabassem sobre a terra, se os predadores não agissem mais na solidão e os peixes não nadassem mais nos oceanos, que mundo terrível seria o nosso!

A imobilidade é impossível. O mundo se tornaria um caos se o movimento cessasse ou se os seres vivos se movessem sem objetivo, sem aquele fim útil atribuído a cada ser. Cada indivíduo tem movimentos próprios característicos e finalidades próprias preestabelecidas, e na criação há uma coordenação harmoniosa de todas essas atividades segundo um objetivo.

Trabalho e movimento são uma coisa só. A vida do homem, como a da sociedade, está estreitamente ligada ao movimento. Se todos os seres humanos deixassem de se mover por um único mês, a humanidade deixaria de existir. Pode-se dizer também que a questão do movimento é uma questão social, não uma questão concernente à ginástica individual. Se com os exercícios físicos se exaurisse a operosidade humana, todas as energias da humanidade seriam consumidas para nada. É fundamento da sociedade o movimento dirigido segundo uma finalidade útil: o indivíduo no seio da sociedade se move para alcançar esse objetivo individual e social conjunto. Quando falamos de "comportamento", comportamento dos homens e animais, nos referimos a seus movimentos dirigidos para um fim. Tal comportamento é o centro de sua vida prática, não se limita às atividades que servem para a vida individual, para realizar, por exemplo, trabalhos de limpeza e de utilidade doméstica, mas deve realizar-se com um objetivo mais amplo. Movimento e trabalho estão a serviço dos outros. Se não fosse assim, o movimento do homem não teria nada mais do que o significado de um exercício ginástico. Entre os movimentos, a dança, sem dúvida, é o mais individual, mas também a dança não teria finalidade se não houvesse um público e, portanto, um objetivo social ou transcendental.

Se tivermos uma visão do plano cósmico, no qual cada forma de vida se apoia em movimentos intencionais que têm um objetivo não apenas em si mesmo, poderemos compreender e dirigir melhor o trabalho da criança.

A INTELIGÊNCIA E A MÃO

O desenvolvimento mecânico do movimento, por sua complexidade e pelo valor de cada parte sua, e para estar totalmente visível em suas fases sucessivas, se presta a ser estudado na criança com sumo interesse.

Em todos os animais, o movimento dos quatro membros se desenvolve uniformemente, enquanto no homem um par de membros se desenvolve de modo diferente do outro, e isso mostra claramente sua função diferente: uma, a função das pernas; a outra, a dos braços. É evidente que o desenvolvimento do andar e do equilíbrio é de tal modo fixo em todos os homens que pode ser considerado um fato biológico. Podemos dizer que, uma vez nascido, o homem caminhará e que todos os homens usaram exatamente do mesmo modo seus pés, enquanto, por outro lado, não sabemos o que fará cada homem com as próprias mãos. Ignoramos qual atividade específica das mãos realizarão os recém-nascidos de hoje, e o mesmo se dava no passado. A função das mãos não é fixa. Por conseguinte, os tipos de movimento têm um significado diferente conforme sejam consideradas as mãos ou os pés.

É certo que a função dos pés é biológica, e ela também está conectada a um desenvolvimento ulterior do cérebro. Por outro lado, só o homem caminha com duas pernas, enquanto todos os outros mamíferos caminham com quatro. Uma vez que o homem tiver conseguido andar só com dois membros, ele continuará no mesmo modo e manterá o difícil estado de equilíbrio vertical. Esse equilíbrio não é fácil de conseguir, é aliás uma verdadeira conquista: obriga o homem a apoiar todo o pé no solo, enquanto a maioria dos animais caminha na ponta dos pés, porque o uso de quatro pernas torna suficiente um pequeno ponto de apoio. O pé usado para andar pode ser estudado de um ponto de vista fisiológico, biológico e anatômico, e todos esses três aspectos são de interesse.

Se a mão não tem essa orientação biológica, já que seus movimentos não são preestabelecidos, o que a orienta? Se não tem relação com a biologia e a fisiologia, deverá ter uma dependência psíquica. A mão depende, portanto, para seu desenvolvimento, da psique, e não só da psique do eu individual, mas também da vida psíquica de diferentes épocas. O desenvolvimento da habilidade da mão está ligado no homem ao desenvolvimento da inteligência, e, se considerarmos a história, ao desenvolvimento da civilização. Poderíamos dizer que, quando o homem pensa, ele pensa e age com as mãos, e deixou traços do trabalho feito com as mãos quase logo depois de seu aparecimento na terra. Nas grandes civilizações de épocas passadas, sempre houve exemplos do trabalho manual. Na Índia, podemos encontrar trabalhos manuais tão sutis que é quase impossível imitá-los, e no antigo Egito existem provas de trabalhos admiráveis, enquanto as civilizações de um nível menos refinado deixaram exemplos mais grosseiros.

O desenvolvimento da habilidade da mão vai, por isso, *pari passu* com o desenvolvimento da inteligência. Certamente, o trabalho manual de tipo sofisticado exigiu, para ser realizado, a orientação e a atenção do intelecto. Na Idade Média, na Europa, houve uma época de grande despertar intelectual, e naquele período se fizeram iluminuras para os textos que estampavam os pensamentos novos. Também a vida do espírito, que parece tão distante da terra e das coisas da terra, teve seu esplendor manual, e podemos admirar os milagres do trabalho nos templos, que reuniam os homens em adoração e que surgiram onde quer que existisse vida espiritual.

São Francisco de Assis, cujo espírito foi talvez o mais simples e puro que jamais existiu, disse certa vez: “Veem estas montanhas? Estes são os nossos templos, e neles devemos nos inspirar". Assim, no dia em que foram convidados para construir uma igreja, tanto ele quanto seus irmãos de espírito, sendo pobres, se serviram das pedras toscas de que dispunham, e todos carregaram pedras para construir a capela. E por quê? Porque, se existe um espírito livre, é necessário materializá-lo em algum trabalho, e as mãos devem se pôr à obra. Por toda parte se encontram os traços da mão do homem e, por meio desses traços podemos reconhecer o espírito do homem e o pensamento de seu tempo.

Se nos transportarmos mentalmente à escuridão dos tempos mais remotos, que não nos transmitiram sequer os ossos dos homens, que coisa pode nos ajudar a conhecer e imaginar os povos de então? As obras de arte. Observando essas épocas pré-históricas, nos aparece um tipo primitivo de civilização, baseado na força: os monumentos e as obras dos homens daquele tempo são constituídos de enormes blocos de pedra, e nos perguntamos espantados como fizeram para construí-los. Em outros lugares, obras de arte mais sofisticadas nos revelam o trabalho de homens num nível indubitavelmente superior de civilização. Podemos dizer assim que a mão acompanhou a inteligência, a espiritualidade e o sentimento, e a marca de seu trabalho transmitiu as provas da presença do homem. Mesmo sem considerar as coisas de um ponto de vista psicológico, constatamos que todas as mudanças sobrevindas no ambiente do homem se deveram à sua mão. Na realidade, se poderia dizer que o objetivo da inteligência é o trabalho das mãos, porque, se o homem tivesse idealizado somente a linguagem falada para comunicar coisas com seus semelhantes, e se a sabedoria deles tivesse se expressado somente em palavras, nenhum vestígio teria permanecido das estirpes humanas que nos precederam. Graças às mãos, que acompanharam a inteligência, se criou a civilização: a mão é o órgão desse imenso tesouro dado ao homem.

As mãos estão vinculadas à vida psíquica. De fato, aqueles que estudam a mão mostram que a história do homem está estampada nela, e que ela é um órgão psíquico. O estudo do desenvolvimento psíquico da criança está intimamente conectado ao estudo do desenvolvimento do movimento da mão. Fica demonstrado que o desenvolvimento infantil está ligado à mão, que revela o estímulo psíquico da criança. Podemos nos expressar deste modo: a inteligência da criança atinge certo nível sem fazer uso da mão; com a atividade manual, ela alcança um nível mais alto, e a criança que se serviu das próprias mãos tem um caráter mais forte. Assim, também o desenvolvimento do caráter, que poderia parecer um fato tipicamente psíquico, permanece rudimentar se a criança não tiver a possibilidade de se exercitar sobre o ambiente (ao qual a mão serve). Minha experiência tem me demonstrado que, se por condições particulares do ambiente, a criança não puder fazer uso da mão, seu caráter permanecerá num nível muito baixo, ela se tornará incapaz de obedecer, de ter iniciativa, preguiçosa e triste, enquanto a criança que pôde trabalhar com as mãos revela um desenvolvimento avançado e força de caráter. Esse fato nos recorda um momento interessante da civilização egípcia, quando o trabalho manual estava presente em toda parte, no campo da arte, da arquitetura e da religião. Se lermos as inscrições nas tumbas daquela época, constatamos que o maior louvor feito a um homem era declará-lo uma pessoa de caráter. O desenvolvimento do caráter era muito importante para aquele povo, que tinha executado com as mãos trabalhos colossais. É um exemplo que prova, uma vez mais, que o movimento da mão acompanha, através da história, o desenvolvimento do caráter e da civilização, e que a mão está ligada à individualidade. Se, por outro lado, observarmos como andavam todos esses diferentes povos, vemos sempre, naturalmente, que todos andavam com as duas pernas, eretos e em equilíbrio – é provável que dançassem e corressem de modo um pouco diferente de nós, mas faziam sempre uso das duas pernas para a locomoção ordinária.

O desenvolvimento do movimento, portanto, é duplo: em parte ligado a leis biológicas, em parte vinculado à vida ulterior, embora sempre ligado ao uso dos músculos. Estudando a criança, acompanhamos, por conseguinte, dois desenvolvimentos: o da mão e o do equilíbrio e do andar. Somente com 1 ano e meio se estabelece uma relação entre os dois, isto é, quando a criança deseja carregar objetos pesados e suas pernas têm de ajudá-la. Os pés, que podem caminhar e carregar o homem pelas diferentes partes da terra, o conduzem aonde ele possa trabalhar com as próprias mãos. O homem caminha longamente e vai ocupar pouco a pouco a superfície da terra, e, procedendo nessa conquista do espaço, vive e morre, mas deixa atrás de si, como vestígio de sua passagem, o trabalho de suas mãos.

Estudando a linguagem, vimos que a fala está ligada especialmente à audição, enquanto o desenvolvimento do movimento está ligado à visão, já que os olhos são necessários para vermos onde metemos os pés, e, quando trabalhamos com as mãos, temos de ver o que fazemos. Estes são os dois sentidos particularmente ligados ao desenvolvimento: audição e visão. No desenvolvimento da criança, acende-se, antes de tudo, a observação daquilo que está a seu redor, porque ela tem de conhecer o ambiente em que vai se mover. A observação precede o movimento, e, quando a criança começa a se mover, ela se orientará por esta observação: orientação no ambiente e movimento estão ambos ligados ao desenvolvimento psíquico. Essa é a razão pela qual o recém-nascido, num primeiro momento, fica imóvel; quando se mover, ele seguirá a orientação da própria psique.

A primeira manifestação do movimento é a de agarrar ou apanhar. Tão logo a criança agarra algum objeto, sua consciência é dirigida para a mão que foi capaz de fazê-lo.

A preensão, que era num primeiro momento inconsciente, se torna consciente. E como se vê, no campo do movimento, é a mão, e não o pé, que atrai a atenção da consciência. Quando isso acontece, a preensão se desenvolve rapidamente e, de instintiva que era, se torna, aos 6 meses de idade, intencional. Aos 10 meses, a observação do ambiente despertou e atraiu para si o interesse da criança, que deseja se apoderar dele. A preensão intencional, impelida pelo desejo, deixa assim de ser simples preensão. É então que se inicia o verdadeiro exercício da mão, expresso especialmente no deslocar e mover objetos.

Possuidora de uma clara visão do ambiente e permeada de desejos, a criança começa a agir. Antes de completar 1 ano, sua mão se ocupa em variadas atividades que representam – poderíamos dizer – outros tantos tipos de trabalho: abrir e fechar portas, gavetas e similares; pôr a tampa em garrafas; tirar objetos de um recipiente e colocá-los de volta etc. Com esses exercícios, desenvolve-se uma habilidade cada vez maior.

E o que aconteceu enquanto isso com o outro par de membros?

Aqui nem a inteligência nem a consciência intervieram: ocorreu, em vez disso, algo de anatômico no rápido desenvolvimento do cerebelo, o diretor do equilíbrio.

É como se uma campainha soasse chamando um corpo inerte para se levantar e se pôr em equilíbrio. O ambiente aqui não tem nada a fazer, é o cérebro quem manda, e a criança, com esforço e ajuda, se senta e depois se põe de pé.

Os psicólogos dizem que o homem se ergue em quatro tempos: primeiro, se levanta para se sentar; depois, vira de barriga para baixo e caminha de quatro – e se, durante essa fase, alguém o ajuda oferecendo-lhe dois dedos para se sustentar, ele move os pés, um diante do outro, mas apoiando no chão só as pontas. Enfim, sustenta-se sozinho, mas então é com todo o pé que ele se apoia no chão – e assim alcançou a posição ereta normal do homem e pode andar agarrando-se em alguma coisa (por exemplo, o vestido da mãe). Pouco depois, ali está ele, andando sozinho.

Todo esse processo se deve somente a um amadurecimento interno. A tendência seria dizer: "Adeus, tenho minhas pernas e me vou". Outro estágio da independência foi alcançado, porque a aquisição da independência consiste, no princípio, em poder fazer por si. A filosofia desses passos sucessivos nos diz que a independência do homem foi alcançada com esforço. Ser capaz de fazer por si, sem ajuda de outros, isso é independência. Se ela existe, a criança progride rapidamente; se não existe, o progresso é muito lento. Tendo em mente esse fato, sabemos como nos comportar com a criança e temos uma orientação útil: enquanto teríamos a tendência de lhe oferecer uma ajuda, ela nos ensina a não a ajudar quando não for necessário. A criança que é capaz de caminhar sozinha deve caminhar sozinha, para que todo o desenvolvimento seja fortalecido, e cada aquisição seja fixada pelo exercício. Se uma criança, até os 3 anos, ainda for levada nos braços, como vejo frequentemente, seu desenvolvimento não é ajudado, é impedido. Tão logo a criança adquiriu a independência das funções, o adulto que quiser continuar a ajudá-la se torna para ela um obstáculo.

Por isso, é óbvio que não devemos levar a criança nos braços, mas permitir-lhe caminhar, e, se sua mão deseja trabalhar, devemos fornecer-lhe a possibilidade de realizar uma atividade inteligente. As próprias ações levam a criança pelo caminho da independência.

Tem-se observado que, na idade de 1 ano e meio, há um fator muito importante e evidente, seja no desenvolvimento das mãos, seja no dos pés: esse fator é a força. A criança que adquiriu agilidade e habilidade se sente um homem forte. Seu primeiro impulso a fazer qualquer coisa não é simplesmente o de se exercitar, mas, ao fazê-lo, de realizar o máximo esforço (muito diferente do impulso do adulto). A natureza aqui parece advertir: "Vocês têm a possibilidade e a agilidade do movimento; tornem-se fortes então, do contrário tudo é inútil". E é nesse ponto que se estabelece a relação entre mãos e equilíbrio. Então, a criança, em vez de andar simplesmente, adora fazer longos passeios e carregar coisas pesadas. O homem, de fato, não é destinado só a caminhar, mas também a transportar a própria carga. A mão que aprendeu a agarrar deve se exercitar para segurar e transportar pesos. Assim, vemos a criança de 1 ano e meio que, abraçando um jarro de água, segura-o e regula o próprio equilíbrio caminhando devagar. Há também a tendência a infringir as leis da gravidade e a superá-las: a criança adora escalar e, para fazer isso, tem de se agarrar a alguma coisa com a mão e puxar-se para cima. Não é mais um agarrar para possuir, mas agarrar com o desejo de subir. É um exercício de força, e há todo um período dedicado a esse gênero de exercício. Aqui também aparece a lógica da natureza, já que o homem deve exercitar a própria força. Em seguida, a criança, capaz de caminhar e segura da própria força, observa as ações dos homens a seu redor e tende a imitá-las. Nesse período, a criança imita as ações de quem a rodeia, não porque alguém lhe diga que faça isso, mas por uma sua necessidade íntima. Essa imitação se observa apenas se a criança for livre para agir. Esta é, portanto, a lógica da natureza:

1. fazer a criança adquirir a estação ereta;
2. fazê-la caminhar e adquirir força;
3. fazê-la participar das ações das pessoas que a circundam.

A preparação no tempo precede a ação. Primeiro, a criança deve se preparar ela mesma e os próprios instrumentos; depois, tem de fortalecê-los, ou seja, observar os outros e, por fim, começar a fazer alguma coisa. A natureza a impele e lhe sugere também exercitar-se com ginástica, escalar as cadeiras e as grades. Só então começa a fase em que ela deseja fazer as coisas por si. "Eu me preparei e agora desejo ser livre". Nenhum psicólogo se apercebeu suficientemente do fato de que a criança se torna uma grande caminhadora e precisa de longos passeios. Em geral, nós a carregamos ou a colocamos num carrinho.

Nós achamos que ela não consegue andar, por isso a levamos nos braços; que ela não pode trabalhar, por isso trabalhamos por ela – no limiar da vida, nós damos a ela um complexo de inferioridade.

DESENVOLVIMENTO E IMITAÇÃO

No capítulo anterior, deixamos a criança na idade de 1 ano e meio. Essa idade se tornou um centro de interesse e é considerada da maior importância na educação. Pode parecer estranho, mas devemos recordar que se trata do momento em que a preparação dos membros superiores e a dos membros inferiores coincidem. Nessa época a personalidade da criança está para eclodir, porque aos 2 anos ela alcança um grau de verdadeira completude com a "explosão" da linguagem. No limiar desse advento, com 1 ano e meio ela já realiza esforços para expressar o que tem dentro de si: é uma época de labuta e de construtividade.

Diante dessa fase de desenvolvimento, é preciso estar particularmente atento para não destruir as tendências da vida. Se a natureza indicou de modo tão claro que esse é o período do máximo esforço, devemos ajudar esse esforço. Trata-se de uma afirmação genérica, mas aqueles que observam a criança oferecem detalhes mais exatos. Eles afirmam que nessa época a criança começa a mostrar uma tendência à imitação. A imitação, por si só, não é uma descoberta nova, porque em todos os tempos se tem dito que as crianças imitam. No entanto, até hoje se tratava de uma afirmação superficial: agora se percebe que o filho do homem deve *compreender* antes de imitar. A velha ideia era que bastava que nós agíssemos para que a criança nos imitasse: não havia quase nenhuma outra responsabilidade para o adulto. Naturalmente, também se falava da necessidade de dar o bom exemplo, pondo em evidência a importância de todos os adultos, especialmente dos educadores. Estes deviam dar um bom exemplo, se se queria uma boa humanidade. As mães principalmente deviam ser perfeitas. A natureza, porém, raciocinou de outro modo: ela não se ocupa da perfeição dos adultos. O importante é que a criança, para poder imitar, esteja preparada para fazê-lo, e essa preparação depende dos esforços de cada criança individual. O exemplo oferece somente um motivo para imitação, mas não é o essencial: o que conta é o desenvolvimento do esforço de imitação, não a realização do exemplo dado. Na realidade, a criança, uma vez lançada para esse esforço, frequentemente supera em perfeição de exatidão o exemplo que lhe é oferecido como incentivo.

Em alguns casos, o fato é evidente. Se se deseja que a criança se torne um pianista, todo mundo sabe que não basta imitar quem toca: a criança deve preparar as mãos para poder alcançar a agilidade necessária para tocar. E, no entanto, com frequência, seguimos o raciocínio simplista da imitação por questões de nível bem mais elevado. Lemos ou contamos para a criança histórias de heróis e de santos e pensamos que ela pode ser sugestionada com elas, mas isso não é possível se seu espírito não for convenientemente preparado. Ninguém cresce por simples imitação. O exemplo pode suscitar inspiração e interesse, o desejo de imitar pode estimular o esforço, porém, mesmo para poder realizar tudo isso, é necessário estar preparado, já que, no campo educacional, a natureza demonstrou que sem preparação não é possível imitação. O esforço não visa à imitação, mas a *criar na própria criança a possibilidade de imitar*, a transformar-se a si mesma na coisa desejada. Daí a importância da preparação indireta em todas as coisas. A natureza não nos dá somente o poder de imitar, mas também o de nos transformarmos para nos tornarmos o que o exemplo demonstra. E, se nós, como educadores, temos fé na possibilidade de auxiliar a vida a se desenvolver, temos de saber a que coisa se deve dar auxílio.

Observando uma criança dessa idade, vemos que ela tende a atividades determinadas. Elas podem parecer absurdas para nós, porém isso não conta: a criança deve levá-las completamente até o fim. É a força vital que comanda essas atividades: se o ciclo desse estímulo for interrompido, disso resultam extravios e falta de propósito. A possibilidade de levar a cabo esses ciclos de atividade é agora considerada importante, como é considerada importante a preparação indireta: esta é propriamente uma preparação indireta. Toda a nossa vida é preparação indireta para o futuro. Na vida daqueles que fizeram algo de essencial, sempre houve um período que precedeu a realização da obra; pode não ter sido na mesma linha do objetivo preestabelecido, mas, sem dúvida, houve um esforço intenso sobre *qualquer* linha que ofereceu uma preparação ao espírito, e esse esforço teve de se expandir plenamente: o ciclo deve ser concluído. Assim, qualquer atividade de inteligência que nos ocorra observar na criança, ainda que nos pareça absurda ou contrária a nossos desejos (desde que, naturalmente, não prejudicial a ela), não devemos nos intrometer nela, porque a criança deve completar o ciclo da própria atividade. Bebês dessa idade mostram modos interessantes de alcançar seu intento. Vemos crianças abaixo dos 2 anos que parecem carregar pesos superiores a suas forças, sem razão aparente. Em casa de amigos meus, onde havia pesados tamboretes, vi uma criança de 1 ano e meio que se empenhava em carregá-los, com visível esforço, de um lado a outro da sala. As crianças ajudam de bom grado a arrumar a mesa e levam entre os braços pães tão grandes que só vemos seus pezinhos. Elas continuarão nessa sua atividade, carregando objetos para a frente e para trás, até ficarem cansadas. Habitualmente, a reação dos adultos é livrar a criança do peso, mas os psicólogos se convenceram de que tal "ajuda", interrompendo o ciclo de atividades escolhido pela criança, é um dos mais graves atos de repressão que se possa realizar. Os desvios de muitas crianças "difíceis" podem remontar a essas interrupções.

Outro esforço que a criança é levada a realizar é o de subir escadas. Para nós isso tem um objetivo, para ela não tem. Tendo chegado ao alto, ela não estará satisfeita, mas voltará ao ponto de partida para completar seu ciclo, e o repetirá muitas vezes. Os escorregadores de madeira ou de cimento que vemos nas áreas de brincadeira para crianças dão vazão oportuna a essa atividade; não é o escorregar que importa, mas a alegria de subir, a alegria do esforço.

É tão difícil encontrar adultos que não se intrometam na atividade infantil que todos os psicólogos insistem na necessidade de reservar para a criança lugares onde possa trabalhar sem ser perturbada. Por isso as escolas para crianças pequenas são muito importantes, especialmente aquelas reservadas às crianças de 1 ano e meio para a frente. Todo tipo de objeto é criado para essas escolas, como casinhas nas árvores com escadas para subir e descer; a casa não é um lugar para viver ou repousar, mas é um ponto de chegada, o objetivo é o esforço cumprido, enquanto a casa é objeto de interesse. Se a criança deseja carregar alguma coisa, escolherá sempre os objetos mais pesados. Também o instinto de escalar, que é tão patente na criança, não passa de um esforço para subir: ela busca a seu redor algo de "difícil" em que possa trepar, talvez uma cadeira. Mas as escadas oferecem a maior alegria, porque na criança há uma tendência a subir.[1]

Com essa atividade que não tem em si mesma finalidades exteriores, a criança se exercita em coordenar os próprios movimentos e se prepara para imitar certas ações. O objeto desses exercícios não é o verdadeiro objetivo deles: a criança obedece a um estímulo interno. Uma vez preparada, ela pode imitar os adultos tomando inspiração do ambiente. Se ela vê alguém limpando o chão ou amassando o pão, isso lhe servirá de estímulo para fazer o mesmo.

Caminhar e explorar

Consideremos a criança de 2 anos e sua necessidade de caminhar. É natural que ela manifeste a tendência a caminhar; nela se prepara o homem e devem se formar todas as faculdades humanas essenciais. Uma criança de 2 anos pode caminhar por mil metros ou mais e, se lhe agrada, escalar. Os pontos

[1] Em meu livro *Il segreto dell'infanzia* [já citado aqui], o leitor encontrará muitos exemplos que ilustram esse ciclo de atividade.

difíceis ao longo do caminho constituirão para ela os elementos interessantes. Temos de nos dar conta de que caminhar significa, para a criança, algo muito diferente do que significa para nós. A ideia de que ela não pode empreender um percurso longo decorre das nossas pretensões de fazê-la caminhar à nossa velocidade, e isso é tão absurdo quanto seria para nós, por exemplo, tentar seguir o passo de um cavalo até que ele dissesse: "Não adianta, monta na minha garupa e chegaremos lá juntos". No entanto, a criança não quer chegar "lá", quer simplesmente caminhar, e, dado que suas pernas são desproporcionais às nossas, não devemos fazer com que ela nos siga, mas que nós a sigamos. A necessidade de seguir a criança fica clara nesse caso, porém não se deve esquecer que essa é a regra para a educação dos pequenos em qualquer campo. A criança tem suas leis de desenvolvimento, e, se desejamos auxiliá-la a crescer, temos de segui-la, e não nos impormos a ela. Ela caminha não só com as pernas, mas também com os olhos: são as coisas interessantes que a rodeiam que a impelem adiante. Caminha e vê um carneiro pastando, senta-se ao lado dele para observá-lo, depois se levanta e vai um pouco mais longe... vê uma flor e a cheira... depois vê uma árvore, alcança-a, gira em torno dela quatro ou cinco vezes, senta-se e olha para ela. Desse modo, ela pode caminhar por centenas de metros: são passeios interrompidos por períodos de repouso e ao mesmo tempo cheios de descobertas interessantes, e se, ao longo do caminho, a criança encontra algum obstáculo – um pedregulho, por exemplo –, ela chega ao cúmulo da felicidade. A água constitui para ela outra grande atração: ela se sentará ao lado de um regato e dirá, toda contente: "Água!". O adulto que a acompanha, e que deseja chegar o mais rápido possível a um dado lugar, concebe o caminhar de maneira muito diferente.

Os hábitos das crianças são semelhantes aos das primeiras tribos da terra. Então não se dizia: "Vamos a Paris", não havia Paris... nem se dizia: "Vamos tomar um trem para...", não havia trens. O homem andava até encontrar algo que o atraísse e interessasse: uma floresta onde conseguir lenha, um campo de onde extrair forragem, e assim por diante. Do mesmo modo natural procede a criança. O instinto de se mover no ambiente, passando de uma descoberta a outra, faz parte da natureza mesma e da educação: a educação deve considerar a criança que caminha uma *exploradora*. O princípio da exploração (*scouting*), que hoje constitui uma distração e um repouso do estudo, deveria, ao contrário, fazer parte da educação mesma e começar mais cedo no curso da vida. Todas as crianças deveriam caminhar assim, guiadas por aquilo que as atrai, e nesse sentido a educação pode ajudar a criança, dando-lhe na escola uma preparação, isto é, ensinando-lhe as cores, a forma e a nervura das folhas, os hábitos dos insetos e de outros animais etc. Tudo isso suscitará o interesse: quanto mais aprender, mais caminhará. Para explorar, a criança deve ser guiada por um interesse intelectual que cabe a nós dar a ela.

Caminhar é um exercício completo em si mesmo e que não exige outros esforços musculares. O homem caminhando respira e digere melhor, goza de todas as vantagens que buscamos nos esportes. É um exercício que forma a beleza do corpo, e se durante o passeio se encontra algo de interessante a colher e a classificar, ou uma poça para saltar, ou lenha a recolher para o fogo, com essas ações que acompanham o passeio – estender os braços, dobrar o corpo – o exercício se torna perfeito. À medida que o homem progride nos estudos, seu interesse intelectual aumenta, e com ele também a atividade do corpo. A trilha da educação deve seguir a trilha da evolução: caminhar e olhar sempre para mais longe, assim a vida da criança enriquece cada vez mais.

Esse princípio deveria fazer parte da educação, sobretudo hoje, quando as pessoas caminham pouco e se fazem transportar por veículos de todo tipo. Não faz bem dividir a vida em duas, ocupando os membros com o esporte e a cabeça com a leitura de um livro. A vida deve ser uma coisa só, especialmente nos primeiríssimos anos, quando a criança deve construir a si mesma segundo o plano e as leis de seu desenvolvimento.

DA CRIADORA INCONSCIENTE À TRABALHADORA CONSCIENTE

Temos falado até agora de um período do desenvolvimento da criança que comparamos ao do embrião. Esse tipo de desenvolvimento continua até os 3 anos e é rico de acontecimentos porque é um período criativo. Apesar disso, pode ser considerado o período da vida que cai no esquecimento. É como se a natureza tivesse traçado uma linha divisória: de um lado, eventos que é impossível recordar; do outro, o início da memória. O período que se esquece é o período psicoembrionário da vida, que pode ser comparado ao período pré-natal físico-embrionário, de que ninguém consegue lembrar.

Nesse período psicoembrionário há desenvolvimentos que ocorrem separada e independentemente como a linguagem, os movimentos dos braços, os movimentos das pernas etc., e há certos desenvolvimentos sensoriais. Como no embrião físico, no período pré-natal, os órgãos se desenvolvem um a um, cada um separado do outro, de modo que nesse período no embrião psíquico se desenvolvem funções separadas. Nós não conseguimos nos lembrar desse período, porque na personalidade ainda não há unidade. A unidade poderá advir somente quando as partes estiverem completas.

Aos 3 anos de idade, é como se a vida recomeçasse, porque então a consciência se revela plena e clara. Esses dois períodos, o período inconsciente e o período sucessivo de desenvolvimento consciente, parecem separados por uma linha bem marcada. A possibilidade da memória consciente não existe no primeiro período; só quando sobrevém a consciência temos uma unidade na personalidade e, portanto, memória.

Antes dos 3 anos, há criação das funções, e depois dos 3 anos, o desenvolvimento das funções criadas. O limite entre os dois períodos faz pensar no rio Lete da mitologia grega, o rio do esquecimento. É muito difícil recordar o que ocorre antes dos 3 anos e, ainda mais, antes dos dois. A psicanálise vem tentando com todos os meios remontar a consciência individual à sua gênese, mas nenhum indivíduo consegue em geral recuar a lembrança para antes do terceiro ano da própria existência. Situação dramática, já que durante aquele primeiro período de vida cria-se a partir do nada; e nem sequer a memória do adulto, que é o resultado dessa criação, pode recordá-la.

Esse criador inconsciente, essa criança esquecida, parece anulada da memória do homem, e a criança que vem ao nosso encontro aos 3 anos de idade parece quase um ser incompreensível. Há então o perigo de que o adulto destrua o que a natureza queria fazer. Temos de lembrar que durante esse período a criança depende completamente do adulto, já que não pode prover a si mesma, e nós adultos, se não formos iluminados pela natureza ou pela ciência sobre seu desenvolvimento psíquico, podemos representar o maior obstáculo para sua vida.

Depois desse período de tempo, a criança adquiriu certas funções que lhe permitem defender-se se sentir a opressão do adulto, porque pode se explicar com a fala, pode correr para longe ou fazer birra. O objetivo da criança não é se defender, mas conquistar o ambiente para si e, com ele, os meios para o próprio desenvolvimento. No entanto, o que, exatamente, ela deve desenvolver? O que ela criou até agora. Assim, dos 3 aos 6 anos, quando conquista conscientemente seu ambiente, a criança entra num período de verdadeira construção. As coisas que ela criou na época anterior aos 3 anos vêm à tona graças às experiências conscientes que fez em seu ambiente. Tais experiências não são simples jogos, nem ações devidas ao acaso, mas são um trabalho de crescimento. A mão, guiada pela inteligência, cumpre o primeiro trabalho do homem. Assim, se no período anterior a criança era quase um ser contemplativo, que olhava para seu ambiente com aparente passividade, tomando dele o que lhe servia para construir os elementos de seu ser, nesse novo período ela exerce sua vontade. Antes era guiada por uma força oculta nela, agora é guiada por seu eu, enquanto suas mãos se mostram ativas. É como se a criança, que absorvia o mundo através de uma inteligência inconsciente, agora *tomasse* o mundo em suas mãos.

Outra forma de desenvolvimento que se dá nessa época é aperfeiçoar as primeiras aquisições. O mais claro exemplo é dado pelo desenvolvimento espontâneo da linguagem, que se prolonga até perto dos 5 anos. A linguagem já existe desde os 2 anos e meio: é completa não só na construção das palavras como também na construção gramatical do discurso. Todavia, permanece aquela sensibilidade construtiva da linguagem (período sensitivo) que agora a impele a fixar-se nos sons, sobretudo a enriquecê-lo com um grande número de palavras.

Há, portanto, duas tendências: a de desenvolver a consciência através da atividade sobre o ambiente, e a de aperfeiçoar e enriquecer as conquistas já feitas. Estas indicam que o período entre 3 e 6 anos é um período de "aperfeiçoamento construtivo".

O poder da mente de absorver do ambiente sem esforço permanece ainda, mas a absorção é ajudada a enriquecer suas aquisições por meio de uma experiência ativa. Já não são mais apenas os sentidos, mas é a mão que se torna um "órgão de preensão" da inteligência. Enquanto antes a criança absorvia olhando o mundo ao redor, sendo levada para lá e para cá e observava cada coisa com vivo interesse, agora mostra uma irresistível tendência a tocar tudo e a deter-se sobre os objetos. Está continuamente ocupada, feliz, sempre atarefada com suas mãos. Sua inteligência não se desenvolve só vivendo: ela precisa de um ambiente que ofereça motivos para a atividade, porque ulteriores desenvolvimentos psíquicos devem ocorrer nessa época formativa.

Esta foi chamada de "abençoada idade das brincadeiras": os adultos sempre a tinham observado, mas há pouco tempo vem sendo estudada cientificamente.

Na Europa e nos Estados Unidos, onde o dinamismo incessante da civilização tem afastado cada vez mais a humanidade da natureza, a sociedade, para responder à necessidade de atividade da criança, oferece a ela um número infinito de brinquedos, em vez de lhe oferecer meios que estimulem sua inteligência. Naquela idade, ela tende a tocar tudo, enquanto os adultos deixam que toque poucas coisas e lhe proíbem muitas. Por exemplo, a única coisa *real* que a deixam tocar à vontade é a areia: fazer a criança brincar com areia é hábito em todo o mundo. Talvez lhe permitam divertir-se com a água, mas não demais, porque a criança toma banho, e água e areia sujam, e os adultos não gostam de ter de remediar as consequências.

Nos países onde a indústria do brinquedo não progrediu tanto, se encontrarão crianças muito diferentes: são mais calmas, sadias e alegres. Elas se inspiram nas atividades que as rodeiam, são seres normais que tocam e manuseiam os objetos que os adultos manuseiam. Quando a mãe lava ou amassa o pão e as bolachas, a criança a imita. É uma imitação, mas inteligente, seletiva, através da qual a criança se prepara para fazer parte de seu ambiente. Não pode haver dúvida de que a criança deve *fazer coisas para seus próprios fins*. A tendência moderna é dar à criança a possibilidade de imitar as ações dos adultos da própria família ou comunidade, fornecendo-lhe objetos proporcionais à sua força e às suas possibilidades, e um ambiente no qual ela possa se mover, falar e dedicar-se a uma atividade construtiva e inteligente.

Tudo isso parece agora óbvio, mas quando expusemos esse conceito pela primeira vez as pessoas ficaram surpresas. Quando preparamos para as crianças de 3 a 6 anos um ambiente adequado a elas, de modo que pudessem viver ali como donas da casa, isso causou espanto. As pequenas cadeiras e mesinhas, os talheres e acessórios de banho minúsculos; as ações reais de pôr a mesa, lavar a louça, varrer e tirar o pó, além dos exercícios para conseguir vestir-se sozinhas, impressionaram como uma tentativa original para a educação das crianças.

A vida social entre crianças fez nascer nelas gostos e tendências que eram uma surpresa: foram as próprias crianças que preferiram os companheiros às bonecas, e os objetos de uso prático aos brinquedos.

O professor Dewey, famoso educador americano, pensou que em Nova York – o grande centro da vida americana – deviam existir objetos dedicados às crianças pequenas. Ele mesmo se dirigiu a todas as lojas de Nova York para comprar pequenas vassouras, cadeiras, pratos etc. No entanto, não encontrou *nada*: não existia sequer a ideia de fabricá-los. Havia somente inúmeros brinquedos de todos os tipos.

Diante desse estado de coisas, o professor Dewey disse: "A criança foi esquecida". Infelizmente, porém, ela é esquecida de muitos outros modos, é o cidadão esquecido que vive num mundo onde há tudo para todos, menos para ele. A criança vaga sem objetivo, fazendo manha atrás de manha, destruindo brinquedos, buscando em vão satisfações para sua alma, enquanto o adulto não consegue ver seu *verdadeiro* ser.

Uma vez que foi rompida essa barreira e arrancado o véu que escondia a realidade, uma vez que foram dadas coisas reais ao pequeno, esperávamos nos ver diante da alegria e do desejo vivo de usá-las... mas aconteceu bem mais que isso. A criança manifestou *uma personalidade completamente diferente*. O primeiro resultado foi um ato de independência; parecia que ela dizia: "Desejo bastar-me a mim mesma, não me ajudem". Tinha se tornado de repente um homem que buscava a independência, recusava qualquer ajuda. Ninguém jamais teria imaginado que essa seria sua primeira reação, e que o adulto deveria limitar-se a fazer o papel de observador.

Tão logo imersa naquele ambiente adequado a ela, a criança se tornou dona dele. Vida social e desenvolvimento do caráter seguiram espontaneamente. A felicidade da criança não é a única meta a alcançar: também queremos que ela se torne a construtora do homem, independente em suas funções; trabalhadora e senhora daquilo que depende dela. *Essa é a luz que o início da vida consciente do indivíduo revela.*

UMA ULTERIOR ELABORAÇÃO POR MEIO DA CULTURA E DA IMAGINAÇÃO

Atividade espontânea

As leis naturais do desenvolvimento estimulam as crianças dessa idade a experiências sobre o meio ambiente mediante o uso das mãos, e não apenas para fins práticos, mas também para fins culturais.

Deixadas no novo ambiente, nós as vemos manifestar características e capacidades diferentes daquelas que foram comumente observadas. Não só parecem mais contentes, mas cheias de interesse por suas ocupações, que as tornam "trabalhadoras" incansáveis. Graças a essas experiências, sua mente parece dilatar-se e ficar ávida por saber.

Foi assim que aconteceu na "explosão" da escrita, e foi esse o primeiro fenômeno que atraiu a atenção para essa desconhecida vida psíquica da criança.

No entanto, a *explosão* da escrita era só a fumaça que sai do cachimbo: a verdadeira explosão era a da personalidade da criança. Seria possível compará-la a uma montanha, que parece sólida e eternamente igual, mas que contém um fogo escondido: um belo dia se ouve um estrondo e, através daquela massa pesada, o fogo irrompe; dessa explosão de fogo, fumaça e substâncias desconhecidas os especialistas poderão deduzir o que a terra contém.

Ora, as manifestações psíquicas que vinham espontaneamente da criança posta num ambiente de vida real, com objetos adequados a ela, foram tão claras quanto surpreendentes. E foi seguindo-as e tentando ajudá-las e interpretá-las que foi construído nosso método de educação.

A manifestação de novos caracteres não foi obra de um método no sentido comumente entendido, mas resultou de condições de ambiente que afastavam obstáculos e ofereciam meios de atividade de livre escolha. E o método foi construído e elaborado sob a orientação dos fenômenos progressivos das crianças. Tudo, é possível afirmar, começou com uma "descoberta" sobre a psicologia infantil. De fato, Peary, que naquele tempo tinha descoberto o polo Norte, chamou nosso trabalho de "a descoberta da alma humana", em vez de chamá-lo de "novo método de educação".

Dois grupos de fatos importantes se destacam daquelas revelações. Um é que a mente da criança é capaz de adquirir cultura num período da vida em que ninguém teria acreditado ser possível, mas a adquire somente através da própria atividade. A cultura só pode ser recebida através do trabalho e da crescente realização de si mesmo. Hoje, quando conhecemos o poder da mente receptiva no período entre 3 e 6 anos, sabemos que existe essa possibilidade de adquirir cultura em tenra idade. Outro fator importante se refere ao desenvolvimento do caráter, do qual falarei em outro capítulo. Agora só tratarei do primeiro grupo: a aquisição da cultura por meio da atividade espontânea.

A criança se interessa especialmente pelas coisas que já sabe, tendo-as absorvido num período anterior, e se concentra melhor nelas. Assim, por exemplo, a explosão da escrita está em relação especial com aquela sensibilidade particular adquirida no período de desenvolvimento da linguagem. Já que essa sensibilidade cessa entre os 5 anos e meio e os 6, é claro que a escrita pode ser adquirida com alegria e entusiasmo só antes daquela idade, enquanto crianças maiores, de 6 ou 7 anos, não mostram interesse por aquela aprendizagem. Outras observações sobre essa manifestação espontânea da criança nos revelam em seguida que a explosão da escrita não vinha somente do fato de que as crianças estavam no período sensível da linguagem, mas também que já tinham tido uma preparação da mão, por meio de exercícios precedentes (o manejo exato do material para a educação dos sentidos). E assim o princípio das "preparações indiretas" foi aplicado como uma parte integral do nosso método. Tal base é apropriada aos procedimentos da natureza. Ela, de fato, prepara os órgãos no embrião, não dá ordens (impulsos) antes que o indivíduo tenha desenvolvido os órgãos com os quais pode corresponder a elas.

Se, como temos visto, a criança retoma as conquistas do primeiro período para elaborá-las no segundo, o primeiro período pode nos servir de guia para o segundo, que segue o mesmo método de desenvolvimento. Consideremos a linguagem: vimos que no primeiro período a criança segue um método quase gramatical; em seguida, usa sons, sílabas, nomes, adjetivos, advérbios, conjunções, verbos, preposições etc. Sabemos assim que podemos ajudar a criança no segundo período seguindo o mesmo método gramatical. O primeiro ensino é o da gramática: parece absurdo, ao modo de pensar habitual, que o ensino para uma criança deva começar com a gramática e que ela tenha de aprendê-la antes de saber ler e escrever. No entanto, se olharmos bem, qual é a base da língua senão a gramática? Quando nós (e a criança) falamos, falamos gramaticalmente, por isso, se damos a ela um auxílio gramatical quando tem 4 anos, enquanto está se aperfeiçoando a construção de sua linguagem e enriquece seu vocabulário, favorecemos seu trabalho. Ensinando a ela a gramática, lhe permitimos apoderar-se perfeitamente da língua falada a seu redor. A experiência nos mostra que as crianças são vivamente interessadas na gramática e aquele é o momento certo para colocá-la ao alcance delas. No primeiro período (0-3 anos), a aquisição tinha sido quase inconsciente, agora devia ser aperfeiçoada conscientemente com o exercício. Outra coisa que observamos é que a criança naquela idade aprende muitas palavras novas, há uma sensibilidade especial e um interesse pelas palavras, e ela espontaneamente se apropria de um grande número delas. Através de muitos experimentos constatou-se que o enriquecimento do vocabulário é próprio dessa idade. Naturalmente, trata-se de palavras usadas no ambiente da criança: um ambiente culto oferecerá à criança maiores oportunidades, mas em qualquer ambiente o impulso natural é de absorver o maior número possível de palavras: é como se a criança tivesse fome delas. Se não for ajudada, ela as conquistará com esforço e de maneira desordenada; a ajuda a lhe oferecer consistirá em reduzir o esforço e apresentá-las ordenadamente.

Outro aspecto do método foi estabelecido após essa observação. Os educadores não cultos, que tínhamos durante nossos primeiros experimentos, prepararam para as crianças muitas palavras escritas em cartolinas: transcreveram quantas sabiam, porém depois de pouco tempo vieram me dizer que já tinham usado todas as palavras que se referiam às roupas, à casa, à rua, aos nomes das árvores etc., mas que as crianças queriam ainda mais palavras. Pensamos então em ensinar às crianças dessa idade as palavras necessárias à cultura, por exemplo, todos os nomes das figuras geométricas que elas manipulavam como material sensorial: polígonos, trapézios, trapezoides etc. As crianças aprenderam tudo! Então preparamos nomes de instrumentos científicos: termômetros, barômetros; passamos aos termos de botânica: sépalas, pétalas, estames, pistilos etc., e assim por diante. Elas os aprendiam todos com entusiasmo e nos pediam mais. Os educadores quase se ressentiam porque, acompanhando as crianças nos passeios, aprendiam com elas os nomes de todos os tipos de automóveis, surpreendendo sua ignorância. A sede de palavras nas crianças dessa idade é insaciável, e a possibilidade de aprendê-las é inesgotável, ao passo que isso não ocorre no período seguinte: outras faculdades se desenvolvem então e há maiores dificuldades para recordar palavras difíceis. Nós observamos que as crianças que tiveram a oportunidade de aprender cedo aquelas palavras se lembravam delas e as utilizavam facilmente ao reencontrá-las, mais tarde, nas escolas convencionais, aos 8 ou 9 anos, e também nos anos seguintes, enquanto bem outra era a dificuldade que encontravam as crianças que as ouviam pela primeira vez. A conclusão lógica é que os termos científicos podem ser ensinados às crianças entre

3 e 6 anos. Não de modo mecânico, naturalmente, mas com relação aos objetos correspondentes e com a natural exploração do ambiente, de modo que a aprendizagem se baseie na experiência. Por exemplo, nós lhes ensinamos as diferentes partes da folha e da flor, as configurações geográficas, e assim por diante: são coisas facilmente representáveis e visíveis ao redor delas, e por isso adequadas a serem aprendidas. A dificuldade não está aqui, porém, bem mais, nos educadores, que às vezes ignoram tais palavras ou não conseguem recordá-las ou as confundem.

Em Kodaikanal vi adolescentes de 14 anos, alunos de escolas convencionais, ficarem inseguros quanto ao nome de uma parte da flor. Um pequeno de 3 anos se aproximou deles e disse: "Pistilo", depois voltou correndo para suas brincadeiras. Mostramos a crianças de 7, 8 anos a classificação das raízes segundo os livros de botânica e as ilustramos com quadros presos nas paredes. Entrou um dos pequenos e perguntou o que eram aquelas figuras. Dissemos a ele. Pouco depois, encontramos muitas plantas do jardim arrancadas, porque os pequenos tinham se interessado pelo tema e queriam saber quais raízes tinham aquelas plantas. Achamos bom então dar-lhes noções diretas, e a consequência foi que os pais vieram se queixar porque seus filhos arrancavam todas as plantas dos jardins e depois lavavam as raízes para ver como eram feitas.

Pode a mente da criança limitar-se ao que ela vê? Não: a criança tem um tipo de mente que vai além dos limites do concreto, tem o poder de imaginar muitas coisas. Esse poder de ver coisas que não estão presentes a seus olhos revela um tipo superior de mente; se a mente do homem fosse limitada a quanto ele pode ver, seria muito restrita. O homem não vê só com o olho, e a cultura não é feita do que se vê. Um exemplo é a geografia. Se não podemos ver um lago ou a neve, devemos, para imaginá-los, pôr nossa mente em atividade. Até que ponto as crianças podem imaginar? Por não saber, começamos a fazer experimentos com crianças de 6 anos. Em vez de começar por detalhes geográficos, fizemos a tentativa de apresentar um *tudo*, isto é, o globo terrestre, o "mundo".

"Mundo" é uma palavra à qual não corresponde nenhuma imagem sensorial no ambiente da criança; assim, se ela forma uma ideia do mundo, é só por virtude de um poder abstrato da mente, por um poder imaginativo. Preparamos pequenos mapas-múndi, representando a terra com pós brilhantes e os oceanos com azul-escuro. As crianças começaram a dizer: "Essa é a terra", "Essa é a água", "Essa é a América", "Essa é a Índia". Gostavam tanto do globo que ele se tornou o objeto favorito das nossas turmas. A mente da criança entre 3 e 6 anos não só fixa a função da inteligência em relação ao objeto, mas tem também um poder mais alto, o da imaginação, que permite ao indivíduo *ver* coisas que não são visíveis aos olhos. A psicologia sempre tem ensinado que esse período é caracterizado pelo desenvolvimento da imaginação. Mesmo entre os povos mais ignorantes os adultos contam histórias de fadas aos filhos, e eles as amam profundamente, como se estivessem ansiosos por exercitar essa grande força que é a imaginação. Todos se dão conta de que a criança adora imaginar, mas para ajudá-la só oferecem fábulas e brinquedos. Se uma criança pode imaginar uma fada e o país das fadas, não lhe será difícil imaginar a América ou outro lugar. Em vez de ouvir vagamente falar da América, ela poderá concretamente ajudar a própria imaginação observando um globo onde esteja desenhado aquele continente. Esquece-se com frequência que a imaginação é um esforço para a busca da *verdade*. A mente não é uma entidade passiva, mas uma chama devoradora, nunca em repouso, sempre viva.

Quando as crianças de 6 anos receberam o mapa-múndi e começaram a falar dele, um pequeno de 3 anos e meio se adiantou e disse: "Me deixem ver! Isso é o mundo?". "É", responderam os outros, um pouco surpresos. E o pequeno: "Agora eu entendo. Tenho um tio que deu três vezes a volta ao mundo. Agora eu entendo". Ao mesmo tempo, porém, ele se dava conta de que aquele era só um modelo, porque sabia que o mundo é imenso: tinha entendido isso pelas conversas que tinha podido escutar.

Tínhamos outro menino de 4 anos e meio que também pediu para ver o globo. Observou-o com cuidado, escutou as crianças maiores, que falavam entre si da América sem atentar para ele. Em dado momento, ele as interrompeu: "Onde é Nova York?". Os outros, surpresos, apontaram no mapa. Depois perguntou: "Onde é a Holanda?". Maior espanto ainda. Então, tocando no azul, o pequeno disse: "Então isso é o mar". Nesse momento, as outras crianças o interrogaram com grande interesse, e ele contou: "Meu pai vai à América duas vezes por ano, e está em Nova York. Quando ele partiu, minha mãe disse por muitos dias: 'Papai está no mar'. E depois de alguns poucos dias ela disse: 'Papai está de novo no mar', e depois, um belo dia: 'Agora ele está na Holanda e nós vamos encontrá-lo em Amsterdam'". Ele tinha ouvido tanto falar da América que, quando as outras crianças reunidas em torno do globo a apontaram e falaram dela, ele se deteve subitamente, ansioso para ver, e sua expressão parecia dizer: "Descobri a América". A visualização das coisas devia ser um repouso para ele, que tinha buscado em vão criar para si uma orientação em seu ambiente *mental*, semelhante àquela que no passado tinha feito no mundo material, porque até agora tinha devido se contentar com as palavras que ouvia e revesti-las com fantasia. Esse é o fato.

Sempre se afirmou que brincar com os brinquedos e exercitar a imaginação por meio das fábulas são duas necessidades desse período da vida. A primeira atividade é voltada para instaurar uma relação direta com o ambiente, de modo que a criança, por assim dizer, se apodera dele e, desse modo, realiza um grande desenvolvimento mental. A segunda atividade revela a força da imaginação, que a criança despeja sobre seus brinquedos. Se pusermos em suas mãos objetos ligados a coisas *reais* com as quais exercitá-las, é lógico que isso é de grande ajuda para a criança, porque ela é posta assim em condições de melhorar suas relações com o ambiente.

Nessa idade, as crianças frequentemente desejam explicações: sabemos que a criança é curiosa e que pergunta com insistência. As perguntas das crianças são sempre interessantes e devem ser consideradas não um tormento, mas a expressão de uma mente que procura saber. Elas nessa idade não conseguem acompanhar explicações longas, embora habitualmente as pessoas queiram dar explicações demasiado exaustivas. Uma criança perguntou uma vez ao pai por que as folhas são verdes. O pai pensou que seu filho era muito inteligente e lhe falou longamente da clorofila, da função clorofiliana dos raios de sol e assim por diante... Pouco depois, ouviu que o menino murmurava: "Eu quero saber por que as folhas são verdes, não essa coisa sobre clorofila e sol!".

Brincadeira, imaginação e perguntas são três das características dessa idade; todos sabem disso, mas é coisa frequentemente mal entendida. Às vezes as perguntas são difíceis: "Mamãe, de onde eu venho?", mas a criança meditou sobre essa pergunta. Uma senhora inteligente, que esperava mais cedo ou mais tarde ter de responder sobre isso, decidiu dizer a verdade, e tão logo o menino, que tinha 4 anos, fez a pergunta, ela respondeu: "Filhinho, fui eu que te fiz". A resposta foi rápida e breve, e a criança logo se aquietou. Cerca de um ano depois, ela disse: "Agora eu faço outro menino", e quando foi para o hospital anunciou-lhe que na volta traria outro menino. Quando voltou, mostrou o bebê: "Esse é o seu irmãozinho, eu fiz ele como fiz você". A criança, então, tinha 6 anos e, não convencida, protestou: "Por que você não diz de verdade como a gente vem ao mundo? Agora estou grande, por que não me diz a verdade? Quando você me disse que estava fazendo outro menino, eu olhei muito para você, mas você não estava fazendo nada". Dizer a verdade também não é coisa fácil como pode parecer: é necessária uma sabedoria especial da parte dos educadores e dos pais para saber como saciar a imaginação infantil.

O educador precisa de uma formação especial porque não é a nossa lógica que pode resolver esses problemas. Devemos conhecer o desenvolvimento da criança e abandonar nossas ideias preconcebidas. Para acompanhar a mente de uma criança de 3 a 6 anos, são necessários grande tato e delicadeza, e um adulto quase nunca os tem de modo suficiente. Felizmente, a criança adquire mais do ambiente do que do educador; mas devemos conhecer sua psicologia para ajudá-la o quanto pudermos.

Desenvolvimento mental

O modo como a criança age é para nós uma contínua fonte de revelações.

Tudo nos mostra quantos preconceitos tínhamos sobre a criança em lugar do correto "conhecimento" de sua psicologia, e isso é uma prova de que não podemos ser apriorísticos ao guiá-la, porque ela representava uma incógnita: só a criança mesma, com suas manifestações, pode se dar a conhecer e nos ensinar a conhecê-la.

Assim, temos podido constatar em centenas de casos que a criança não precisa somente de um objeto interessante, mas também conhecer o modo exato de proceder nos movimentos quando o manipula. É a exatidão que lhe interessa e a mantém no trabalho, sinal de que ela, manipulando os objetos, também tem seu propósito inconsciente, a necessidade, o instinto de coordenar os próprios movimentos.

Outro fato digno de destaque é que a criança, quando trabalha com interesse, repete e repete várias vezes o mesmo exercício. Nada nos surpreende mais do que vê-la concentrada nos assim chamados exercícios de vida prática, limpando e lustrando um vaso de metal, seguindo exatamente as instruções recebidas, até conseguir deixar o vaso reluzente. Logo em seguida vamos vê-la recomeçar o mesmo trabalho em todos os seus detalhes e limpar de novo várias vezes seguidas o vaso já reluzente. É a prova de que o propósito externo é apenas um estímulo, porque o verdadeiro objetivo vem de impulsos internos. O propósito se torna, assim, formativo, isto é, com a repetição do exercício a criança estabelece a coordenação dos movimentos. Não é diferente do que acontece conosco no esporte e em outros jogos que repetimos com paixão: o tênis, o futebol e similares não têm como objetivo real mover exatamente uma bola, mas preparar em nós uma habilidade de movimento que constitui justamente o prazer do jogo.

Poderíamos dizer que em todos os seus exercícios a criança brinca. Mas essas brincadeiras a levam a adquirir habilidades, poderes necessários à sua formação, ao seu desenvolvimento.

O instinto de adaptação, através da atividade, desperta e toma o caminho de uma construção laboriosa como se alguém dissesse: "O esforço de desenvolver seus movimentos não deve ser feito ao acaso, porque você está destinado a realizar esses movimentos, e não outros". No entanto, os meios para realizá-lo são próprios à natureza da criança. Por isso digo que a imitação é uma espécie de inspiração para um trabalho construtivo.

Vê-se assim uma espécie de dinamismo na construção da psique. As ações que a criança viu serem executadas se tornam um estímulo para atividades conduzidas segundo um método que as fixa no indivíduo. Que coisa se fixa? Como na linguagem, fixa-se somente uma trama, isto é, os sons das palavras com seu ritmo e a cadência da voz e, junto, a ordem das palavras na construção gramatical; assim, mediante esses exercícios, vai se fixando a trama de um comportamento próprio de uma raça especial. O período entre os 3 e os 6 anos é um período de realizações e de aperfeiçoamento. Nele se decide uma construção individual que permanece arraigada na personalidade. Os modos de se mover, de agir, são estabelecidos em caracteres que a partir de agora indicarão se um indivíduo pertence a uma classe inferior da sociedade ou a uma classe superior, estabelecendo assim diferenças entre os grupos sociais, como a linguagem estabelecia diferenças entre as raças.

Assim, se um homem de origem social baixa é levado pelas circunstâncias a tomar parte numa vida superior, ele leva consigo os estigmas de sua origem. E, se um aristocrata quiser se esconder sob as aparências de um operário, alguma coisa em seus hábitos e em seu comportamento o trai. O mesmo se diga da linguagem. Nessa idade se fixam as modificações dialetais, de modo que mesmo num professor universitário que fale numa língua perfeita ou rebuscada, ou carregada de termos científicos, sua maneira de pronunciar denuncia a província em que se formou quando criança. Nenhuma educação ulterior pode apagar o que foi absorvido na época construtiva da infância. Por isso se pode compreender a importância social da educação nessa idade. Nela existe ainda a possibilidade de corrigir os defeitos produzidos por obstáculos que vieram a desviar a construção da psique infantil feita durante os primeiros três anos de vida, porque esse é um período natural de aperfeiçoamento. Ao mesmo tempo, conduzindo a educação com critérios científicos, é possível realmente atenuar e por isso conduzir a uma maior harmonia as diferenças que dividem os homens em sociedades e raças – ou seja, a civilização pode influir sobre os homens como influiu sobre o ambiente externo da natureza, e isso confere um poder mágico.

Exercícios dos sentidos e mente matemática

O lado formativo da personalidade nos aparece em todas as atividades da criança. Assim também ocorre nos exercícios com o material sensorial.

O que se deve pensar da educação dos sentidos?

Os sentidos são pontos de contato com o ambiente, e a mente, exercitando-se em observar o ambiente, adquire o uso mais refinado desses órgãos, como um pianista pode extrair do mesmo teclado sons que podem variar em perfeição infinita. Assim, a mente pode extrair dos sentidos impressões cada vez mais precisas e refinadas. As trabalhadoras da seda, por exemplo, adquirem um tato tão apurado que conseguem sentir se aquele fio finíssimo que passa sob seus dedos é simples ou duplo. Há povos primitivos que ouvem os ruídos mais imperceptíveis das cobras ou de outros animais ferozes.

Essa é a educação dos sentidos que se adquire com a atividade sobre o ambiente, mesmo sendo modificada por diferenças individuais. No entanto, sem um trabalho total, da inteligência e do movimento juntos, não há tampouco educação dos sentidos. E as diferenças individuais dependem daquela atitude interior que estimula o interesse, o qual é mais ou menos desenvolvido nos indivíduos, ou seja, há tendências inatas a crescer e a se desenvolver segundo a própria natureza.

A criança que usou nossos materiais adquiriu, junto com uma modificação e habilidade nos movimentos da mão, também um refinamento na percepção dos estímulos sensoriais do ambiente. Aquele mesmo ambiente enriquece à medida que a criança se torna capaz de perceber diferenças mais delicadas entre as coisas, porque as coisas que não se distinguem é como se não existissem. Com os materiais sensoriais damos uma orientação, uma espécie de classificação de impressões que podem ser recebidas por cada sentido: as cores, os sons, os ruídos, as formas e as dimensões, os pesos, as impressões táteis, os cheiros e os sabores. Sem dúvida, essa também é uma forma de cultura que chama a atenção ao mesmo tempo sobre si mesma e sobre o ambiente, e é uma daquelas formas de cultura que conduzem ao aperfeiçoamento da personalidade, como também a linguagem e a escrita, ou seja, enriquecem as *potencialidades naturais*.

Os sentidos, sendo os exploradores do ambiente, abrem o caminho para o conhecimento. Os materiais para a educação dos sentidos são oferecidos como uma espécie de chave para abrir uma porta para a exploração das coisas externas, como uma lanterna que faz ver mais coisas e mais detalhes que no escuro (no estado inculto) não seria possível ver.

Ao mesmo tempo, tudo o que tem relação com as energias superiores se torna um estímulo que põe em movimento as forças criativas, aumentando os interesses da mente exploradora.

Existe a opinião, na educação comum, de que é preciso oferecer à criança um objeto para que ela aprecie suas várias qualidades de cor, de superfície, de forma etc. No entanto, os objetos são infinitos, enquanto as qualidades são limitadas. As qualidades poderiam ser comparadas ao alfabeto: poucos sons em contraste com as inumeráveis palavras.

Dar as qualidades separadas uma da outra é como dar o alfabeto da exploração: uma chave, portanto, que abre as portas dos conhecimentos. Quem não só classificou com ordem as qualidades, mas também já avaliou as gradações de toda qualidade, pode aprender a ler todas as coisas no ambiente e na natureza.

Esse alfabeto que diz respeito ao mundo exterior é de importância incalculável. De fato, a cultura, como dizíamos acima, não se adquire só com o aprender, mas engrandecendo a personalidade. Assim, é muito diferente ensinar crianças que tenham os sentidos educados e crianças crescidas sem esse auxílio educativo. Quando, no primeiro caso, você dá às crianças os objetos e os elementos da cultura ou as conduz a explorar diretamente o ambiente, elas se interessam, porque já são sensíveis àquelas pequenas diferenças entre as formas das folhas, as cores das flores e os pormenores dos insetos. Tudo está em ver as coisas e sentir interesse em conhecê-las. Importa ter uma mente preparada, e pouco adianta ter um professor mais ou menos hábil.

Ora, em nossos materiais, como eu dizia, há uma classificação das qualidades dos objetos e disso deriva um dos auxílios mais eficazes para a ordem mental.

A mente é naturalmente levada a distinguir as qualidades a despeito dos objetos. Todos distinguem cores, sons, formas etc. sem nenhuma educação. Mas esse é um fato que diz respeito à forma da mente humana.

A mente humana, por sua natureza, não tem somente a propriedade da imaginação que permite realizar o que não se vê diretamente, mas tem também a propriedade de fazer sínteses, de extrair – digamos – um alfabeto das inúmeras coisas que se encontram no ambiente externo. Essa propriedade é a natural aptidão da mente para as abstrações. Aqueles que inventaram o alfabeto tiveram um poder de abstração: definiram e emitiram os poucos sons dos quais são compostas as palavras. Por isso, justamente, o alfabeto é algo de abstrato, enquanto o que existe de fato são as palavras. Se o homem não tivesse a capacidade de imaginar e de abstrair, não seria inteligente, ou sua inteligência seria semelhante à dos animais superiores: estática e limitada às necessidades de seu comportamento particular e, portanto, sem possibilidade de desenvolvimento.

Ora, as abstrações são limitadas, enquanto as coisas imaginadas podem adentrar o infinito. Os limites têm tanto maior valor quanto mais exatos forem; eles vêm construir no campo mental uma espécie de órgão de precisão necessário para nos orientarmos no espaço, como um relógio é necessário para nos orientarmos no tempo.

Essas duas qualidades da mente, que ultrapassam a simples percepção das coisas presentes, põem-se em relação entre si na construção mental. Ambas são necessárias na construção da linguagem: o alfabeto preciso de um lado e as regras gramaticais do outro permitem o enriquecimento infinito das palavras. As palavras, para serem utilizadas e enriquecerem a linguagem, devem poder se dispor dentro da trama precisa dos sons e da ordem gramatical. Ora, o que se passa na construção da linguagem também se passa na construção mental.

Quando se diz: "Aquele indivíduo tem uma mente errante, é inteligente, mas não é conclusivo", aponta-se para a mente que desenvolveu ideias, mas sem ordem. De outro, ao contrário, se diria: "Aquele tem uma mente equilibrada, sabe medir as circunstâncias".

Vamos dar então um nome a essa parte da mente que se constrói mediante a exatidão; vamos chamá-la de "mente matemática". O termo se deve ao filósofo, físico e matemático francês Pascal. Ele dizia que a forma da mente humana é matemática: a avaliação das coisas exatas permite o conhecimento e o progresso.

A forma da língua é dada pelos sons do alfabeto e pela ordem das palavras. Assim, a forma mental do homem, a trama sobre a qual podem se depositar todas as riquezas devidas às percepções diretas ou à imaginação, é uma *ordem* fundamental. E, examinando as ações daqueles que deixaram no mundo traços de suas invenções úteis para o progresso da civilização, vemos que eles partiam de uma ordem, de uma exatidão que os conduziu a criar alguma coisa nova. E também no campo imaginativo da música e da poesia vemos que música e poesia têm uma base tão exata a ponto de ser chamada "metro", isto é, medida.

Precisamos, portanto, ter em conta, na educação, duas qualidades mentais, e, embora uma delas prevaleça em todo indivíduo, essas duas qualidades devem existir juntas e integrar-se. Se a educação mental das crianças levasse em consideração apenas a imaginação, esta conduziria ao desequilíbrio e criaria um obstáculo para elas se orientarem utilmente no mundo, isto é, chegar a uma conclusão prática na vida.

Ora, a evidência em nossas crianças pequenas de uma mente matemática se manifestou de modo singular e espontâneo.

De fato, quando ensinávamos a elas uma precisão exata na ação, essa precisão parecia atrair seu interesse. Ter um objetivo real a alcançar em suas ações, esse era o impulso básico, mas o modo de realizá-lo exatamente era o fundamento para tornar a criança constante e para levá-la, assim, a realizar algum progresso no desenvolvimento. A ordem e a precisão orientavam seu trabalho espontâneo.

Tornando então ao material sensorial capaz de produzir um ato de concentração sobretudo nas crianças pequenas, entre os 3 e os 4 anos, não há dúvida de que esse material é considerado um auxílio não só como chave de exploração, mas como meio de desenvolvimento da mente matemática.[1]

Os resultados que constatamos em nossas crianças pequenas contrastam bastante com o fato de que, em geral, nas escolas, a matemática é um estorvo, em vez de um atrativo, e que, com relação à matemática, as barreiras mentais são comuns na maioria das pessoas. Concluamos, portanto: tudo se torna fácil se a consciência tiver lançado as raízes na *mente absorvente*.

Os objetos matemáticos não estão dispersos pelo ambiente como as árvores, as flores e os animais. Faltaram assim as oportunidades para desenvolver espontaneamente a mente matemática na infância, o que veio a constituir um obstáculo ao desenvolvimento mental posterior. Por isso, chamamos os materiais sensoriais de *abstrações materializadas* ou material matemático básico. Meu plano de educação matemática está exposto em duas outras obras, que são um tratado de psicologia especial sobre esse desenvolvimento específico.[2]

Roteiros embrionários

O fato de a criança seguir uma primeira trama das conquistas que deverá fazer sobre o ambiente é um fenômeno embrionário. Porque o embrião é determinado por roteiros, seja os dos órgãos do corpo nos genes, seja os do comportamento segundo a descoberta de Coghill.

Assim, a criança, com relação à linguagem, segue uma trama precisa e estabelecida: os sons e a ordem gramatical das palavras. Aqueles sons e aquela ordem da linguagem não estavam na natureza, mas foram construídos pela sociedade porque, como vimos, o estabelecimento das palavras em seu sentido teve como fundamento um acordo entre os homens que deviam se entender mutuamente.

---

[1] Quem desejar orientar-se sobre meu material de desenvolvimento, ver meu livro *La scoperta del bambino* (Milão: Garzanti, 2017).

[2] Montessori, Maria. *Psicogeometria* (2012) e *Psicoartimetica* (2013). Roma: Opera Nazionale Montessori.

Outras coisas foram estabelecidas pela sociedade. Por exemplo, os costumes, que depois foram sancionados como *moral* do grupo. É interessante observar que os costumes não vieram se criando com a finalidade de tornar a vida mais fácil, como era proclamado nos conceitos sobre a evolução. A adaptação e a construção social têm lados que em si mesmos são contrários a tais conceitos. O "instinto de viver" não é somente o de procurar as melhores condições de vida; aliás, aparecem restrições a esse instinto que fariam pensar, bem mais, em outros instintos inatos de sacrifício, se não viesse a ideia de que, para dar forma a um bloco informe, é necessário moldá-lo, isto é, descartando, sacrificando algumas partes dele. De fato, estudando os povos primitivos, vê-se que restrições (proibições, tabus) e sacrifícios corporais estão incluídos nos costumes de todas as raças primitivas.

Até mesmo a beleza é buscada às vezes em deformações artificiais infligidas, ainda que comportem pesados sacrifícios (nos referimos, por exemplo, aos famosos pés das mulheres chinesas, ou às orelhas e narizes perfurados e deformados por joias).

Mas as restrições ocorrem principalmente na alimentação. Aqueles milhões de indianos que morreram de fome recentemente viviam entre rebanhos que estão entre os maiores do mundo. No entanto, tinham arraigada em seus costumes a impossibilidade de matá-los para se nutrirem deles, e o costume era mais poderoso do que a morte.

Ora, a moral é uma superconstrução da vida social, que a estabelece em determinada forma. Não se deve esquecer, pois, que esses usos característicos tiveram, eles também, de ser estabelecidos por um comum acordo à medida que se desenvolviam.

O mesmo se diga das religiões: o ídolo, para se tornar tal, deve ser reconhecido por acordo social. As religiões não são apenas um pacto sobre determinadas ideias, mas nascem sem dúvida das exigências espirituais da espécie humana que conduzem a *adorar*, e não só a apreender intelectualmente certos fatos. Assim, os primitivos, fascinados com as grandezas misteriosas da natureza, adoram algumas manifestações dela, e unem ao assombro o sentimento de gratidão ou de temor. Acabam se fixando, por consenso geral, essas profundas reações psíquicas a alguns fenômenos e a alguns objetos, os quais se tornam sagrados para o grupo. Não são fenômenos e objetos que atingem a mente apenas pelo lado imaginativo, mas que a mente acolhe também em si, fazendo sínteses deles, como ocorre com as impressões sensoriais pelas quais se alcança a abstração. As qualidades das coisas são definidas por meio de um funcionamento mental fundamental. No entanto, lá onde age a influência do inconsciente, como nas sensações que levam à adoração, se alcança a representação de abstrações semelhantes, o que ocorre com os símbolos que as personificam. Esses símbolos, para entrarem como elemento social, devem ser reconhecidos por comum acordo. E entre as expressões simbólicas há também os atos de adoração, e daí os ritos que se estabelecem no grupo. Tudo isso se constrói através da passagem dos séculos; não apenas é adquirido estavelmente como os costumes morais, mas se torna caráter de unidade para as pessoas de um grupo social, um caráter que ajuda a distingui-lo de outros grupos. Assim se vão formando os caracteres distintivos dos grupos humanos tais como se formam os caracteres de uma espécie. Eles se transmitem de geração em geração como os caracteres das espécies se transmitem por hereditariedade.

Tais caracteres se delineiam, se aceitam, se estabelecem, portanto, não somente na imaginação. A imaginação, com os corolários de exigências espirituais, coleta, assim como em outro plano os sentidos coletam, porém a abstração, intervindo, sintetiza, e assim a mente vai tornando precisa a imensidão infinita em formas determinadas.

São formas precisas e estáveis expressas em símbolos simples aos quais todos podem aderir. Disso resulta a estabilidade de atos que ganham uma precisão quase matemática. As impressões imaginativas e espirituais são assim estabelecidas e reconhecidas por meio das propriedades matemáticas da mente reguladora.

Ora, quando a criança absorve os costumes, a moral, a religião de um povo, o que de fato ela absorve?

Analogamente ao que ocorre com a linguagem, a criança adota um *roteiro*, isto é, adota estabilidade e precisão derivadas das abstrações e ordenadas segundo a mente matemática. Esse roteiro é adotado por ela em modo embrionário, isto é, como um roteiro biológico poderoso e criativo, que dará forma à personalidade, como faz a hereditariedade traçada nos genes, e como faz o roteiro do comportamento traçado nos centros nervosos.

A criança, em seu período embrionário psíquico, isto é, pós-natal, absorve do ambiente os roteiros dos caracteres distintivos que se construíram na sociedade de determinado grupo, isto é, não absorve as riquezas mentais de sua raça, mas só os roteiros que delas resultaram. Absorve, portanto, a parte fundamental, sintetizada, precisa e, por isso, repetida na vida habitual do povo. Absorve a parte matemática. Ora, quando os roteiros se firmaram, permanecem como caracteres, assim como se dá com a língua materna.

O homem poderá, em seguida, desenvolver-se indefinidamente, mas o fará segundo aquele roteiro. Assim, a língua materna poderá enriquecer indefinidamente, mas o fará segundo o roteiro dos sons e da ordem estabelecido no período embrionário.

Que a mente matemática age desde a primeira idade da vida é algo que se vê não só – como mencionamos – pelos atrativos que a exatidão acrescenta a cada ação da criança (a qual sustenta sua atividade somente se houver um procedimento exato a seguir, e só mediante este ela poderá chegar à concentração e à constância na execução dos atos), mas se vê também no fato de que a ordem é uma das mais poderosas e proeminentes sensibilidades próprias do início do período formativo. A sensibilidade à ordem das coisas, de suas recíprocas posições, é simultânea às simples sensações, isto é, à absorção das impressões do ambiente.

Disso decorre para nós a ideia de uma "construção fundamental" dos caracteres psíquicos da personalidade: um organismo psíquico se forma, e se forma pelos roteiros estabelecidos. Não fosse assim, o mundo psíquico seria ordenado somente por meio da razão e da vontade, isto é, seria criado por capacidades adquiridas depois – o que constituiria um absurdo. Assim como o homem não cria seu corpo seguindo um raciocínio lógico, de igual modo não segue um raciocínio lógico para criar sua forma psíquica. A criação é o misterioso fato primitivo que dá origem a "alguma coisa" que antes não existia e que está destinada a crescer segundo as leis da vida. No entanto, tudo parte de alguma criação: *Omne vivum ex ovo*.[3]

Assim, a psique humana se constrói igualmente sobre uma parte também ela criativa, mas no período pós-natal, porque a psique deve se formar graças ao ambiente, incorporando-o como roteiro fundamental, para fazer de cada indivíduo um tipo da própria raça. É assim que se tem a continuidade diferencial própria dos vários grupos humanos, os quais vão desenvolvendo suas atividades ao longo das gerações. A continuidade de um processo não fixado pela natureza, mas gradual por evoluções sucessivas, só é possível porque os novos indivíduos que nascem têm um poder psíquico criativo, que produz a adaptação ao ambiente no estado em que o indivíduo se encontra. Essa é a função biológica da criança. E é ela que assegura nosso progresso social. Mas, justamente por ser um fato criativo que pode cair sob nosso controle, ele tem para nós uma importância incalculável.

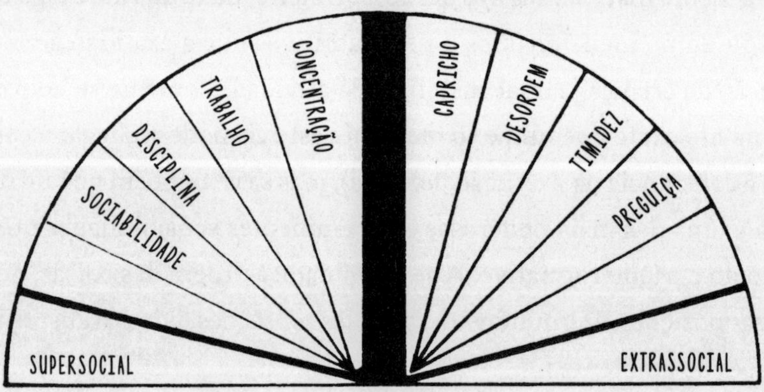

Figura 7. Aspectos normais e extraviados do caráter da criança.

[3] *Omne vivum ex ovo*: "Todo ser vivo surge de um ovo", isto é, tudo o que existe provém de alguma coisa. (N.T.)

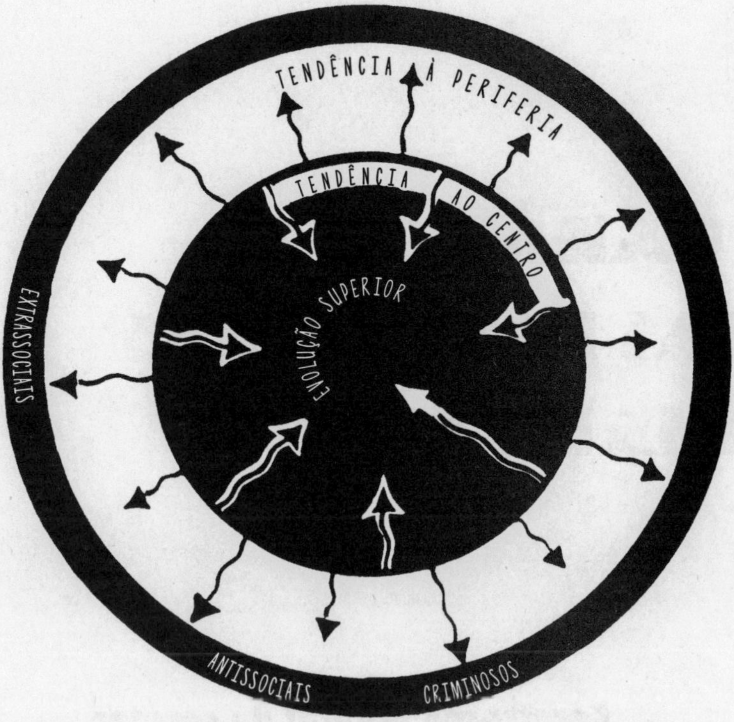

Figura 8. Círculos de tendência por tipos superiores e inferiores.

O CARÁTER E SUAS FALHAS NAS CRIANÇAS

Construção natural do caráter

Outro grupo de fatos importantes a destacar se refere à formação do caráter nas crianças pequenas.

A educação do caráter era o ponto essencial da antiga pedagogia, um de seus objetivos principais.

Ao mesmo tempo, porém, essa pedagogia não dava uma definição clara de caráter, nem oferecia um método para educá-lo, se limitava a dizer que a educação mental e a prática não bastavam e que era necessária também essa incógnita, esse *x*, indicado pela palavra *caráter*. Aqueles velhos educadores, entretanto, mostram certa intuição a esse propósito, porque o que queriam era a realização dos valores humanos. No entanto, não vejo com clareza se queriam alcançar esses valores. Dá-se valor a certa ordem de coisas, como as virtudes: coragem, perseverança, segurança do que se quer fazer, relações morais com os semelhantes, porque na questão do caráter a educação moral tem uma parte importante.

Em todo o mundo, aliás, as ideias são vagas no tocante à essência do caráter.

Embora os filósofos e os biólogos tenham se ocupado do tema desde a Antiguidade, ainda não se chegou a uma definição precisa do que seja o caráter. Dos tempos dos gregos até hoje, de Teofrasto até Freud e Jung, existem múltiplas tentativas de determiná-lo mas, como declara justamente Rümke,[1] continuamos na fase das tentativas, ainda não se construiu um conceito definitivo que possa ser aceito por todos os cientistas. Eles sentem, no entanto, a importância daquele conjunto, intuído, que se chama caráter. Sob essa palavra foram contemplados, pelos estudiosos mais recentes, elementos físicos, morais e intelectuais, a vontade, a personalidade e a hereditariedade. Pode-se dizer que quase se fundou um ramo científico sobre o estudo do caráter quando Bahnsen, em 1876, introduziu pela primeira vez a palavra "caracterologia".

E nesse campo de elaborações, mais que de conhecimentos estabelecidos, também deram sua contribuição os mais modernos estudiosos e inovadores. Todos eles, porém, partem do homem, seja como figura abstrata, seja como pessoa concreta. Também aqueles que têm se referido à educação, seja de um ponto de vista positivo, seja de um ponto de vista religioso, têm geralmente negligenciado em suas investigações as crianças pequenas, embora muitos falem de "hereditariedade" e, por isso, de influências que precedem o nascimento. No conjunto, faz-se assim um salto da hereditariedade à formação da personalidade humana, e permanece um vazio inexplorado, que bem poucos se propõem a estudar.

Foi justamente esse, porém, o terreno das nossas investigações, e foi uma contribuição dada espontaneamente pela criança que nos indicou novos conceitos sobre a questão não definida do caráter – ou seja, que permitiu ver a questão entendida como construção natural do caráter e de seu desenvolvimento através de esforços individuais, que decerto não se referem a nenhum fator de "educação", mas que dependem da energia vital e dos obstáculos que podem ser encontrados no ambiente. Nosso interesse se voltou assim para

[1] Rümke, Henricus Cornelius. *Introduzione agli studi sul carattere*. Haarlem: Erven F. Bohn, 1937.

a observação e a interpretação do trabalho que a natureza faz ao construir o homem, desde o nascimento, por seu lado psíquico, e se dedicou atenção especial à criança pequena: do recém-nascido, cujo caráter e cuja personalidade estão no zero, até a idade em que começa a se definir sua personalidade, já que a partir do inconsciente existem sem dúvida leis naturais, comuns a todos os homens, e determinantes no desenvolvimento psíquico. Por outro lado, as diferenciações individuais dependem, por sua vez, em grande parte, das vicissitudes da vida no ambiente, dos rápidos progressos ou das quedas ou regressões, vicissitudes psíquicas que fazem o indivíduo avançar entre os obstáculos interpostos pela vida.

Sem dúvida, tal princípio deve ser capaz de orientar também as interpretações sobre o caráter mediante o desenvolvimento nas idades seguintes até a maturidade do homem, isto é, considerar a vida que se desenvolve como base essencial e como guia entre as infinitas variações que os indivíduos podem apresentar em seu esforço de adaptação.

Do ponto de vista da vida, poderíamos considerar tudo o que diz respeito ao caráter como comportamento do homem. Como já disse, a vida do indivíduo de 0 a 18 anos pode ser dividida em três períodos: 0-6 anos (que é o tema deste livro), 6-12 anos e, enfim, 12-18; cada um pode ser dividido em fases secundárias. Se considerarmos separadamente esses grupos, o tipo de mentalidade que cada um deles representa é muito diferente dos outros dois, a ponto de dar a impressão de que se trata de indivíduos diferentes.

Como vimos, o primeiro período é um período de criação; nele encontramos as raízes do caráter, embora, apenas nascida, a criança não o possua. O período de 0 a 6 anos é, por isso, a parte mais importante da vida também no que diz respeito ao caráter. Todos têm reconhecido que nessa idade a criança não pode ser influenciada pelo exemplo ou pela restrição exterior; portanto, deve ser a própria natureza que lança os fundamentos do caráter. A criança nessa idade não compreende as distinções entre o bem e o mal, ela vive fora da nossa concepção moral da vida. De fato, não chamamos a criança dessa idade de malvada ou cruel, mas de travessa, querendo indicar que sua conduta é infantil. Assim, neste livro, não falaremos de mal ou de bem ou de moralidade. No segundo período, dos 6 aos 12 anos, a criança começa a estar consciente do bem e do mal, não só nas próprias ações como também nas dos outros. O problema do bem e do mal é característico dessa idade; a consciência moral se forma e leva mais tarde à consciência social. No terceiro período, dos 12 aos 18 anos, surge o sentimento do amor ao próprio país, do pertencimento a um grupo e da honra do grupo.

Já me referi ao fato de que, embora o caráter de cada período seja muito diferente do dos outros dois, cada um deles fixa as bases do seguinte. Para que se possa desenvolver normalmente no segundo período, é preciso estar bem desenvolvido no primeiro. Também a lagarta e a borboleta são muito diferentes no aspecto e em suas manifestações; no entanto, a beleza da borboleta é consequência de sua vida no estado de lagarta e não pode provir de imitar o exemplo de outra borboleta. *Para construir o futuro é necessário zelar pelo presente.* Quanto mais cuidados receberem as necessidades de um período, maior sucesso terá o período seguinte.

A vida começa no ato da concepção. Se a concepção resultar da união de dois seres sadios, não alcoolizados ou degenerados, o indivíduo que daí nascer será livre de certas taras. O modo como o embrião se desenvolve é, por isso, condicionado na concepção. Em seguida, a criança poderá ser influenciada, mas só pelo ambiente, ou seja, durante a gestação, pelas condições da mãe. Se o ambiente for favorável, dele resultará um ser forte e sadio. Assim, a gestação e a concepção condicionam a vida pós-natal.

Fizemos referência ao trauma do nascimento e à possibilidade de que ele provoque regressões; as características dessas regressões são graves, mas não tanto quanto as do alcoolismo ou das doenças hereditárias (epilepsia etc.).

Seguem-se ao nascimento os anos determinantes, dos quais já nos ocupamos. Durante os primeiros dois ou três anos agem sobre a criança influências que podem alterar o caráter na vida futura. Se a criança teve algum trauma ou experiência violenta ou encontrou obstáculos consideráveis durante esse período, disso podem resultar desvios. O caráter, portanto, se desenvolve com relação aos obstáculos encontrados ou à liberdade que favoreceu seu desenvolvimento. Se durante a concepção, a gestação, o nascimento e o período seguinte a criança tiver sido tratada cientificamente, aos 3 anos de idade deveria ser um indivíduo modelo. Esse ideal de perfeição jamais é alcançado, já que, além de outras razões, muitos obstáculos podem surgir. Na idade de 3 anos, as crianças apresentam características diferentes umas das outras e que têm importância diferente segundo não só a gravidade da experiência, mas especialmente no tocante à época da vida em que ocorreu. Se as características forem devidas a dificuldades após o nascimento, estas serão menos graves do que as do período da concepção. No quadro das possibilidades que se oferecem para corrigir as falhas das crianças, resulta na prática que as falhas adquiridas durante o período pós-natal, de 0 a 3 anos, podem ser corrigidas no período seguinte, de 3 a 6, o qual por natureza é particularmente ativo para fins do aperfeiçoamento.

Nossas escolas têm dado para esse período uma contribuição notável de experiências e de resultados que nos permitem agir com auxílios externos, isto é, com a educação. Mas, se as falhas surgidas entre 0 e 3 anos não forem corrigidas durante esse período por negligência ou por tratamento errado, elas não só permanecerão como piorarão. Assim, aos 6 anos, pode-se ter uma criança com desvios do período de 0 a 3 anos e com as novas taras adquiridas durante o período seguinte. Elas terão por sua vez, após os 6 anos, influência sobre o segundo período e sobre o desenvolvimento da consciência do bem e do mal.

Todas essas falhas têm um reflexo sobre a vida mental e sobre a inteligência. As crianças aprendem com mais dificuldade se no período anterior não tiverem encontrado condições favoráveis a seu desenvolvimento. Por isso, uma criança de 6 anos apresenta o acúmulo de características que podem realmente não ser suas, mas o resultado de circunstâncias desfavoráveis, e pode carecer, por exemplo, da consciência moral que se desenvolve entre os 7 e os 12 anos, ou não ter uma inteligência normal. E temos então uma criança privada de caráter e incapaz de aprender. Outras carências se acrescentarão no último período por causa de sua inferioridade, e ela se tornará um homem com taras devidas às dificuldades através das quais teve de passar.

Nas nossas escolas (e em muitas outras escolas modernas) faz-se um diagrama biológico das características de cada criança, para saber como se comportar ao educá-la. Se conhecermos as perturbações dos distintos períodos, podemos nos orientar sobre sua gravidade e sobre o tratamento conveniente. Por isso, perguntamos aos pais se há doenças hereditárias, qual era a idade deles quando a criança nasceu, e prudentemente nos informamos sobre a vida da mãe durante a gestação, se alguma vez teve uma queda etc. Em seguida, também, se o nascimento foi normal, se a criança estava bem ou se nasceu anóxica. Outras questões incidem sobre a vida da criança em casa: os pais eram severos? A criança teve sustos? Se nos encontramos diante de crianças difíceis ou birrentas, buscamos a razão de seu caráter na vida que tiveram anteriormente. Quando chegam a nós aos 3 anos, quase todas mostram características não normais, mas corrigíveis. Consideremos agora brevemente os tipos mais comuns de desvio do caráter. A ideia geral é a de observar as falhas das crianças nessa idade uma a uma, buscando corrigi-las direta ou separadamente.

Agrupamos em duas únicas categorias as inúmeras falhas que podem apresentar as crianças dessa idade, isto é, as da criança forte que luta e vence os obstáculos apresentados pelo ambiente e as da criança fraca que sucumbe às condições desfavoráveis.

Falhas das crianças fortes

A primeira categoria apresenta birras violentas, acessos de raiva, atos de rebeldia e de agressão. Uma das principais características dessas crianças é a desobediência e outra é o instinto de destruição. Há também o desejo de posse e, portanto, egoísmo e inveja (esta não se manifesta passivamente, mas com a tentativa de se apoderar daquilo que as outras crianças têm). Inconstância (muito comum nos pequenos), incapacidade de atenção, dificuldades em coordenar os movimentos das mãos de modo que os objetos que lhes são confiados caem e se quebram; mente desordenada, forte imaginação. Frequentemente gritam, esbravejam e fazem muita baderna; perturbam, atormentam e muitas vezes são cruéis com crianças fracas e com animais. Nelas é frequente a gula.

Falhas das crianças fracas

As que pertencem à segunda categoria são tipos passivos e apresentam falhas negativas: indolência e inércia; choram para obter qualquer coisa e tentam fazer os outros trabalhar em seu lugar; querem ser contentadas e se aborrecem facilmente. Têm medo de tudo, agarram-se aos adultos. Frequentemente também são mentirosas (uma forma passiva de defesa) e roubam (outra forma de se apoderar do que pertence às outras) etc.

Também pode ocorrer que as crianças apresentem certas características físicas defeituosas que têm origem psíquica. Assim, por exemplo, a recusa de comida e a falta de apetite ou, ao contrário, a gula excessiva. Também os pesadelos, o medo do escuro, os sonos agitados que trazem dano ao físico e provocam anemia. (Certas formas de anemia e de distúrbios do fígado se devem precisamente a fatores psíquicos.) Há também formas nervosas. Todas elas, que têm origem psíquica, em geral não são tratáveis com os meios oferecidos pela medicina comum.

Tais características entram no quadro dos problemas morais do comportamento e, em geral, das falhas de caráter. Muitas dessas crianças (especialmente do tipo forte) não são consideradas uma bênção pelas famílias: os pais tentam se livrar delas e as entregam de bom grado às babás e às escolas, e essas crianças se tornam órfãs com pais vivos. São doentes mesmo tendo um corpo são, e inevitavelmente serão levadas à má conduta. Os pais gostariam de saber o que fazer com elas: alguns pedem conselhos, outros tentam resolver seu problema sem auxílio. Algumas vezes se decidem pela severidade, convencidos de que desse modo as crianças se corrigirão. Recorrem a todos os meios: tapas, gritos, mandar para a cama sem jantar... As crianças, contudo, se tornam mais ferozes e más, ou mesmo vêm a apresentar o equivalente passivo do mesmo problema. Tenta-se então a tática persuasiva, dialoga-se com elas e se apela a seu afeto: "Por que você faz a mamãe sofrer?". Por fim, os pais deixam de se preocupar.

As crianças de tipo passivo geralmente não chamam a atenção dos pais e não constituem um problema. A mãe acha que seu filho é bom e obediente, já que não faz nada de mal; acredita que ele fica a seu lado por afeto. Ele a ama tanto, a mãe crê, que não quer ir para a cama sem ela. No entanto, logo se dá conta de que o filho é lento em seus movimentos e na fala, fraco no caminhar: "É sadio, mas é tão sensível e tem medo de tudo! Nem sequer tem vontade de comer, é uma criança realmente espiritual: para induzi-la a comer tenho sempre de lhe contar histórias. Deve ser um santo ou um poeta!". Por fim, crê que ele está doente e chama o médico. Em certa medida, as doenças psíquicas fazem a fortuna dos pediatras.

Todos esses problemas se resolvem se conhecermos como se desenvolveu o ciclo da atividade construtiva de cada criança. Sabemos que todas as falhas de caráter se devem a um tratamento equivocado que a criança recebeu durante o primeiro período. Quando, nesse período, as crianças foram negligenciadas, sua mente fica vazia porque não se deu a elas possibilidades de construí-la. Essa mente faminta (pela qual agora os psicólogos se interessam muito) é a causa principal de muitos males. Outra causa é a carência de atividade espontânea dirigida pelos impulsos construtivos. Poucas dessas crianças puderam encontrar as condições necessárias a um pleno desenvolvimento. Com frequência, ficaram isoladas e quase entorpecidas: os adultos fizeram tudo por elas e elas não puderam cumprir livremente seus ciclos de atividade. Assim, se tornaram passivas e inertes. Não se deu a elas a possibilidade de observar os objetos, que eram tirados de suas mãos; não podiam tocá-los e, desejando tê-los, quando conseguiam apanhar uma flor ou um inseto, não sabiam o que fazer com eles e os reduziam a pedaços.

Também a causa do medo pode remontar ao primeiro período.

Uma das razões por que nossas escolas se difundiram foi o desaparecimento visível dessas falhas nas crianças tão logo foram postas em condições de fazer suas experiências no ambiente, e o livre exercício nutriu sua mente. Assim, rodeadas pelo interesse em suas atividades, elas repetiam seus exercícios e passavam de um período de concentração a outro. Quando a criança tinha podido alcançar essa fase e podia se concentrar e trabalhar em algo que realmente lhe interessava, as falhas desapareciam: o desordenado se tornava ordenado, o passivo, ativo, e a criança que perturbava se tornava um auxílio na escola. Esse resultado nos fez compreender que suas falhas eram adquiridas, não originárias. E as crianças não eram diferentes entre si pelo fato de uma dizer mentiras e a outra desobedecer. Mas todos os problemas derivavam da mesma causa: a falta de alimento para a vida psíquica.

Que conselho podemos dar às mães? Oferecer a seus filhos trabalhos e ocupações interessantes, não os ajudar sem necessidade e não os interromper quando tiverem iniciado um trabalho inteligente. Doçura, severidade, remédios não ajudam: as crianças sofrem de fome mental. Se alguém tem fome de comida, não o chamamos de estúpido nem o beliscamos, nem fazemos apelo ao sentimento: não serviria de nada, ele precisa comer. Também nesse caso, nem severidade nem doçura resolverão o problema. O homem é uma criatura intelectual e precisa de alimento mental quase mais que de pão. Diferentemente dos animais, ele tem de construir seu comportamento. Se a criança for dirigida a um caminho que lhe permita construir sua conduta e sua vida, tudo andará bem: desaparecerão as aflições, desaparecerão os pesadelos, a digestão se tornará normal e desaparecerá a gula. Ela se tornará normal porque sua psique será normal.

Esse não é um problema de educação moral, mas de desenvolvimento do caráter. A falta de caráter, as falhas de caráter desaparecem sem necessidade de sermões nem de exemplos da parte do adulto. Nem ameaças nem bajulações serão necessárias, mas só condições normais de vida.

CONTRIBUIÇÃO SOCIAL DA CRIANÇA: NORMALIZAÇÃO

Todas as características que descrevemos no capítulo anterior, falando da conduta da criança forte e da criança fraca, não são consideradas males pela opinião pública. Algumas delas, aliás, são apreciadas. As crianças que mostram um caráter passivo são tidas como boas; as que apresentam as características opostas, como a exuberância física, a imaginação vívida etc., são tidas como particularmente brilhantes ou mesmo superiores.

Assim, podemos dizer que as crianças são classificadas em três tipos:

1. aquelas cujas falhas devem ser corrigidas;
2. as que são boas (passivas) e servem de modelo;
3. as consideradas superiores.

Os dois últimos tipos pertencem aos assim chamados desejáveis, e os pais se orgulham muito deles, ainda que (como no último tipo) a proximidade não os revele particularmente agradáveis.

Tenho insistido nesse ponto e chamado a atenção para essa classificação, porque foi estabelecida há séculos. No entanto, na minha primeira escola e nas seguintes, vi tais características desaparecerem tão logo as crianças se interessavam por um trabalho que as atraía. As qualidades ditas más, boas, superiores, *todas desaparecem*, e fica só um tipo de criança que não tem mais nenhuma dessas características. Significa que o mundo não tem sabido até agora medir o bem e o mal ou o que supera essas duas qualidades: o que se considerava verdadeiro não o é. Faz pensar num dito místico: "Nada há de justo senão tu, ó Deus, toda outra coisa é erro". As crianças das nossas escolas nos demonstraram que sua verdadeira aspiração era a constância no trabalho, o que jamais tinha sido observado, como jamais tinha se verificado a escolha espontânea do trabalho da parte da criança. As crianças, seguindo uma diretriz ulterior, se ocupavam (cada qual a seu modo) de algo que lhes dava serenidade e alegria; surgia depois outra coisa que ainda não se tinha visto num grupo de crianças: uma disciplina espontânea. Esse fato surpreendeu mais que qualquer outro. A disciplina na liberdade parecia resolver um problema que até então parecia insolúvel. A solução consistia em obter a disciplina dando a liberdade. Aquelas crianças que andavam buscando trabalho em liberdade, cada qual concentrada num tipo diferente de ocupação, ainda que unidas num só grupo, davam a impressão da disciplina perfeita. Isso se repetiu por quarenta anos nos mais variados países e demonstra que, postas num ambiente que lhes ofereça a possibilidade de desenvolver uma atividade ordenada, as crianças manifestam esse novo aspecto, isto é, desenvolvem um tipo psíquico comum a toda a humanidade, que antes não era possível ver porque oculto sob outras características aparentes. Essa mudança, que cria quase uma uniformidade de tipos, não ocorre gradualmente, mas se revela de súbito. Ela se produz sempre quando a criança está concentrada numa atividade. Não significa que a professora deva impelir a criança preguiçosa ao trabalho, basta apenas que facilite o contato com meios de atividade presentes no ambiente preparado para ela. Tão logo a criança encontra o modo de trabalhar, seus defeitos desaparecem. Não é preciso chamar as crianças à razão, algo dentro delas parece liberar-se rumo a uma atividade externa, que atrai aquela energia e a fixa num trabalho constante e repetido.

O indivíduo humano é a unidade. Ora, essa unidade deve ser construída e fixada através de experiências ativas sobre o ambiente, estimuladas pela natureza.

Os desenvolvimentos embrionários que se realizaram separadamente de 0 a 3 anos, cada um no momento específico, devem enfim agir todos juntos e organizar-se a serviço da personalidade. Isso ocorre quando, no período seguinte, de 3 a 6 anos, a mão trabalha e a mente guia o trabalho.

Se as circunstâncias externas não permitirem essa integração, as energias continuam a impelir aquelas formações parciais que se desenvolverão desorganizadas, desviando-se de sua finalidade.

A mão se move sem objetivo; a mente divaga, distante da realidade; a linguagem busca complacências em si mesma; o corpo se move sem ordem. E essas energias separadas, que nunca encontram satisfação, dão lugar a inúmeras combinações de desenvolvimento erradas, desviadas, origens de conflitos e distúrbios.

Tais desvios não devem ser atribuídos a falhas da personalidade, mas têm de ser interpretados como consequência de uma personalidade carente de organização.

São aparências efêmeras, no entanto incorrigíveis em si mesmas, porque só podem ser corrigidas quando todas as atividades concorrerem para seu fim.

No entanto, quando o ambiente chama com seus atrativos ou oferece motivos para uma atividade construtiva, eis então que todas as energias se concentram e os desvios desaparecem. Surge então um tipo único de criança, "uma nova criança", isto é, a "personalidade" da criança, que conseguiu se construir normalmente.

Na figura 7 vemos, do lado direito, as diferentes características das crianças, como nós as conhecemos, representadas por várias linhas que se abrem em leque. A mediana, larga, perpendicular, é símbolo de concentração sobre um ponto: é a linha da normalidade. Quando as crianças podem se concentrar, todas as linhas à direita dessa mediana desaparecem, e resta só um tipo que nos oferece as características representadas pelas linhas que estão à esquerda. A perda de tantas falhas superficiais não é obra de um adulto, mas da criança mesma, que passa ao longo da linha principal com sua inteira personalidade – e então a normalidade foi alcançada.

Esse fenômeno se repetiu constantemente nas nossas escolas com crianças pertencentes a diversas classes sociais e a raças e culturas diferentes.[1]

E é essa a experiência mais importante do nosso trabalho.

A passagem entre os dois estágios ocorre sempre depois de um trabalho exercido pela mão sobre os objetos, trabalho acompanhado de concentração mental. Chamamos esse fenômeno psicológico – que recorda as curas que são obtidas no adulto com a psicanálise – pelo nome de "normalização".

Hoje, após tantos anos e tão amplas experiências, o fato se afirmou. As clínicas para a orientação das crianças (*Child Guidance Clinics*) que vão sendo criadas para o tratamento das "crianças difíceis" consistem precisamente em oferecer à criança um ambiente rico em motivos de atividade, onde ela poderá escolher a própria atividade, livre de todo controle de professores ou de adultos em geral.

A *ludoterapia* também deixa a criança livre para escolher entre muitos brinquedos ou jogos imitativos, mais variados e numerosos do que os que a família geralmente pode oferecer.

Nessas instituições modernas se nota uma melhora no caráter das crianças.

A melhora deve ser atribuída, além de à liberdade, à vida "social" com outras crianças.

Mas o objetivo dessas instituições é limitado demais. Elas representam somente um lugar de "tratamento", como se fossem "casas de saúde" para crianças doentes (difíceis). Falta a compreensão de que, se trabalho e liberdade curam falhas de crescimento, significa que trabalho e liberdade são necessários normalmente para o desenvolvimento da criança.

[1] Montessori, Maria. *Il segreto dell'infanzia*, cit.

De fato, frequentemente, quando crianças curadas ou melhoradas voltam a viver nas mesmas condições em que se determinaram seus "desvios da normalidade", elas não têm a força ou os meios para permanecer num estado normal e sua melhora é passageira.

Por isso, em alguns países, tentou-se aplicar liberdade e atividade também nas escolas, mas a liberdade e a atividade são interpretadas de forma demasiado empírica.

A liberdade é entendida de um modo primitivo como imediata aquisição de uma independência dos vínculos repressivos, como uma suspensão de correções e de submissões à vontade do adulto. Esse conceito evidentemente é negativo, isto é, significa somente a eliminação de coerções. Disso derivou muitas vezes uma simples "reação": um desencadeamento desordenado de impulsos não mais controláveis porque tinham sido controlados antes somente pela vontade dos adultos. "Deixar fazer o que quer a criança que não desenvolveu a vontade" é trair o sentido de liberdade.

Disso resultam então crianças desordenadas porque a ordem tinha sido imposta pelo arbítrio dos adultos, crianças ociosas porque o trabalho tinha sido imposto pelos adultos, crianças desobedientes porque a obediência tinha sido uma necessidade forçada.

A liberdade, porém, é uma consequência do desenvolvimento; é o desenvolvimento de guias latentes, auxiliado pela educação. O desenvolvimento é ativo, é construção da personalidade alcançada através do esforço e da experiência própria; é o longo trabalho que toda criança deve realizar para se desenvolver a si mesma.

Todos podem comandar e reprimir uma pessoa fraca e submissa, mas ninguém pode "desenvolver" outra pessoa. O "desenvolvimento" não pode ser ensinado.

Se a liberdade é entendida como deixar as crianças se moverem como quiserem, usando ou, até mesmo, usando mal os objetos que a circundam, é evidente que os desvios são deixados livres de desenvolvimento e se agravam as condições anormais das crianças.

A normalização vem da "concentração" num trabalho. É preciso que para essa finalidade haja no ambiente motivos adequados para provocar essa atenção, que os objetos sejam usados segundo o fim a que foram destinados, o que leva a uma "ordem mental"; e, ainda, que sejam "usados corretamente", o que leva à "coordenação dos movimentos".

A ordem mental e a coordenação dos movimentos, guiadas por um critério científico, preparam a concentração, a qual, uma vez advinda, "libera as ações da criança" e a leva à cura de seus defeitos. Dizemos "concentração", e não apenas "ocupação". Porque, se as crianças passam indiferentes de uma coisa a outra, ainda que bem usada, não por isso desaparecem os defeitos.

É preciso que se manifeste, no tocante a uma ocupação, um interesse que empenhe a personalidade.

Nas nossas escolas, essa "cura" não é o ponto de chegada, como nas clínicas das crianças difíceis, mas é o ponto de partida, depois do qual a "liberdade de agir" consolida e desenvolve a personalidade.

Somente as crianças "normalizadas", auxiliadas pelo ambiente, revelam em seu desenvolvimento posterior aquelas maravilhosas capacidades que descrevemos: a disciplina espontânea, o trabalho contínuo na alegria, os sentimentos sociais de ajuda aos outros e de compreensão.

A atividade para a "livre escolha das ocupações" se torna o modo constante de viver: a cura é o ingresso numa nova forma de vida.

A característica principal permanece sempre a mesma: a "aplicação ao trabalho". Um trabalho interessante, escolhido livremente, que tenha a virtude de concentrar, em vez de cansar, aumenta as energias e as capacidades mentais e permite o assenhoreamento de si mesmo.

Ora, para ajudar tal desenvolvimento não bastam "objetos" de qualquer espécie, mas cabe organizar um ambiente de "interesses progressivos". Daí resulta então um método de educação baseado na psicologia do desenvolvimento infantil.

Nas nossas escolas, não somente se fortifica o caráter, mas a inteligência parece se tornar insaciável na busca de conhecimentos.

Seria possível dizer que as crianças fazem exercícios de vida espiritual, tendo encontrado um caminho de aperfeiçoamento e de ascensão.

O trabalho em seu desenvolvimento sugere à lembrança alguns princípios que se encontram no *Gita*, o livro da sabedoria indiana: "Dar o trabalho apropriado é coisa importante. A mente tem contínua necessidade de trabalho. Tê-la sempre empregada em ocupações sadias é exercício espiritual. Quando a mente se deixa aquietar, sem fazer nada, entra o diabo. Um homem na inércia não pode ser espiritual".

E a nossa concepção explica também as palavras de Gibran: "O trabalho é o amor tornado visível".[2]

[2] Gibran, Khalil. *The Prophet*. Nova York: Alfred A. Knopf, 1948, p. 33.

A CONSTRUÇÃO DO CARÁTER É UMA CONQUISTA

Como se mostrou nos capítulos anteriores, as crianças constroem o caráter, elaborando as qualidades que nelas admiramos. Estas surgem não do exemplo que o adulto pode dar, nem de suas admoestações, mas somente por meio de um longo e gradual exercício individual que vai dos 3 aos 6 anos.

Nesse período, os adultos não podem "ensinar" os valores que formam o caráter: a única coisa que se pode fazer é pôr a educação em bases científicas de modo que a criança possa cumprir sua tarefa proficuamente, sem perturbações e sem obstáculos.

Somente mais tarde é possível enfrentar a mente da criança e intervir com chamadas à razão e exortações. Só depois dos 6 anos podemos nos tornar missionários de moralidade, porque entre os 6 e os 12 anos sua consciência despertou, e ela vê os problemas do bem e do mal. Mais ainda se poderá obter entre os 12 e os 18 anos, quando os jovens começam a ter ideais, como o sentimento de pátria, o senso social, a religião etc. Então poderemos nos tornar missionários para eles, como para os adultos. O mal é que, depois dos 6 anos, as crianças não podem desenvolver "espontaneamente" qualidades de caráter, e os missionários, eles também imperfeitos, se encontram diante de grandes dificuldades: trabalham sobre o fumo, não sobre o fogo. Os educadores lamentam o fato de que, mesmo podendo ensinar ciência, literatura etc., se veem diante de jovens que não conseguem aprender, não porque lhes falte inteligência, mas porque não têm caráter, e, quando este não existe, falta a força propulsora da vida. Somente aqueles que, através de tempestades e problemas de seu ambiente, puderam salvar alguns ou todos os dotes fundamentais do caráter, têm uma personalidade. Infelizmente, a maioria não tem. Ora, não podemos mandar que se concentrem, porque o que lhes falta é justamente a concentração. Como pretender que cumpram sua tarefa com constância e precisão se faltam qualidades necessárias? Seria o mesmo que dizer: "Ande direito" a quem não tivesse pernas. *Essas habilidades só podem ser adquiridas com o exercício, jamais em cumprimento de uma ordem.* O que se pode fazer então? A sociedade costuma dizer: "Sejam pacientes com a juventude: é preciso insistir com boas intenções e bons exemplos". E se acredita, com o tempo e a paciência, ser possível realizar alguma coisa, mas não se realiza nada: com o passar do tempo, a pessoa se torna mais velha, mas não cria nada. Nada pode ser realizado *só* com o tempo e a paciência, se não tiverem sido aproveitadas as ocasiões que se apresentam durante o período criativo.

Outro ponto fica claro, se observarmos a humanidade. Parece que, como as crianças, os adultos diferem entre si nos defeitos, mas têm algo de íntimo, comum a todos, que, no entanto, permanece oculto. Em todos os homens existe uma tendência, ainda que vaga e inconsciente, a melhorar a si mesmos e a aspirar a algo de espiritual, e essa tendência, que exercita uma ainda que tênue ação sobre as falhas de caráter, tem mais tarde a virtude de estimular o aperfeiçoamento. Os indivíduos e a sociedade têm isto em comum: o contínuo progresso. Seja no plano exterior seja no interior, há uma pequena luz no inconsciente da humanidade que a guia rumo ao aperfeiçoamento. Em outras palavras, o comportamento do homem não é invariável como nos outros animais, mas pode progredir, e é natural por isso que o homem sinta esse ímpeto rumo ao progresso.

Na figura 8, vemos no centro um círculo preto, o centro da perfeição; em torno dele há uma área maior, cinza escuro, que representa a categoria humana do tipo mais forte e normal. O espaço branco que a circunscreve indica a grande massa das pessoas que – em graus diversos – não alcançaram um desenvolvimento normal. Na periferia vemos um círculo de área menor preenchido em cinza claro, que representa a categoria daqueles que estão fora da humanidade normal – os pouquíssimos extrassociais ou antissociais (os extrassociais são as pessoas com deficiência intelectual, e os antissociais são os delinquentes). Os criminosos e as pessoas com deficiência intelectual não puderam adaptar-se à sociedade; todos os outros se adaptaram mais ou menos. Os problemas da educação, portanto, se referem àqueles que souberam, até certo ponto, permanecer nos limites da adaptação.

Essa adaptação ao ambiente se efetiva nos primeiros seis anos: aqui está, portanto, a origem do caráter humano. Tremendo problema o de conseguir uma adaptação! O círculo preto inclui aqueles que estão mais próximos da perfeição: são os mais fortes, seja porque têm maior quantidade de energia vital, seja porque encontraram melhores condições de ambiente, enquanto aqueles do círculo branco têm menor força vital ou encontraram maiores obstáculos. Na sociedade, os primeiros são reconhecidos como os caracteres fortes, enquanto os outros (zona branca) são considerados caracteres fracos. Os primeiros sentem uma tendência natural à perfeição (centro preto), os segundos tendem a deslizar rumo ao círculo dos anti e dos extrassociais. Esses encontram em seu caminho muitas tentações. Se não fizerem um esforço contínuo, sentem que se tornam inferiores e têm por isso a necessidade de serem apoiados moralmente para não cederem às tentações. Não é uma atração pelo prazer, já que ninguém pode gozar com a ideia de caminhar rumo à criminalidade ou à loucura: é uma atração quase irresistível, como a força da gravidade, e exige luta contínua e defesa. O esforço de resistir ao mal é considerado uma virtude porque, de fato, nos impede de cair no marasmo moral. Esses indivíduos imporão a si mesmos uma regra que os salve da queda, se agarrarão a alguém que seja melhor do que eles, rogarão ao Onipotente para que os ajude contra as tentações, cada vez mais se revestirão de virtudes, mas terão uma vida difícil. A penitência não é uma alegria: é um esforço semelhante ao do alpinista que tem de se agarrar a uma saliência para não desabar da rocha. A juventude sente esse terror do vazio, e o educador tenta ajudá-la com exemplos e exortações, oferecendo-se como modelo, ainda que às vezes sinta o mesmo impulso e terror. Quantas vezes ele se pergunta: "Devo servir de exemplo, senão o que podem fazer meus alunos?"; e sente pesar sobre seus ombros esse comando. Alunos e educadores pertencem à categoria da gente virtuosa (círculo branco). Este é hoje o ambiente no qual se educa o caráter e se ensina a moral e, como o único tipo de educação possível, foi aceito. Disso resulta que a maioria fica sempre dentro daqueles limites, e a humanidade geralmente considera aquele que está continuamente na defensiva como o homem real.

No círculo preto estão as pessoas mais fortes, atraídas pela perfeição: aqui não há força de gravidade, mas um *verdadeiro* desejo de se aproximar do que é melhor. Pode se tratar com frequência de aspiração sem possibilidade de alcançar o que é verdadeiramente perfeito, mas de todo modo esses seres se orientam rumo à perfeição, naturalmente e sem esforço. Não é por horror à prisão que eles não roubam; não se extenuam para vencer o desejo de possuir o que não é deles; nem são levados à violência e impedidos por falsa virtude: eles simplesmente não sentem a atração de se apoderar da coisa alheia e sentem repulsa pela violência. Atrai-os a perfeição porque ela está em sua natureza, e, quando vão no rumo da perfeição, não o fazem com sacrifício, mas como se satisfizessem seu mais ardente desejo.

É um pouco como os vegetarianos e os não vegetarianos. Muitos dos que comem carne se abstêm em certos dias da semana e, durante a Quaresma, jejuam por quarenta dias, ou seja, se privam da carne e de outros gêneros voluptuários. Ela representa para eles um longo período de real penitência, e por isso se consideram virtuosos ao resistir à tentação.

São indivíduos que observam as regras ditadas por outros e pelos próprios diretores espirituais. Aqueles do campo cinza escuro seriam os celestiais, os vegetarianos, que não são tentados pela carne: evitam-na. Inútil mandar para eles um missionário: eles observam o mandamento com plena adesão de sua vontade.

Outro exemplo é dado pelo homem fisicamente forte e pelo fraco. Um indivíduo que sofra, por exemplo, de bronquite crônica deverá proteger os pulmões com vestuário de lã bem quente; precisará de banhos e massagens para sua circulação ruim. Normal em aparência, deve, no entanto, cuidar-se. Ou talvez tenha uma digestão ruim, e para seguir adiante deve comer alimento especial em determinadas horas. Esses tipos de pessoa se mantêm na zona das pessoas normais, mas com grandes cuidados e com o temor contínuo do hospital e talvez da morte. Estão sempre agarradas aos médicos, às enfermeiras, à gente de casa, pedindo ajuda continuamente. Mas vejam as que têm boa saúde: comem o que querem sem obedecer a regras, saem no frio, se jogam na corrente gélida para nadar, quando as outras não têm coragem de pôr o nariz para fora. No campo branco dos fracos são necessários mentores espirituais de todo tipo, para frear a queda no abismo da tentação ou no marasmo; mas de mentores não precisam os indivíduos do campo cinza escuro, ou pelo menos não do mesmo modo: eles sentem alegrias com que os outros nem sequer sonham.

Observemos agora o círculo da perfeição para tentar basear o caráter em fatos. O que é a perfeição? É talvez a posse das virtudes levadas ao mais alto grau – e para alcançar o quê? Aqui, de novo, precisamos explicar: por caráter não entendemos o comportamento dos homens que é impelido (ainda que em muitos casos inconscientemente) para o progresso. Esta é a tendência natural: a humanidade e a sociedade devem progredir na evolução. Há naturalmente a atração por Deus, mas consideremos aqui um centro de perfeição estritamente humano: o progresso da humanidade. Um indivíduo faz uma descoberta, e a sociedade progride naquela linha. O mesmo se dá no campo espiritual: um indivíduo alcança um alto nível e empurra a sociedade para adiante. Tudo aquilo que sabemos, espiritualmente falando, foi realizado por obra de alguém. Se observarmos a geografia e a história, veremos esse progresso incessante, porque em toda época algum homem coloca um ponto no círculo da perfeição, que o fascinou e o impeliu à ação. Esse homem está entre aqueles do campo cinza escuro que, seguros de si, não desperdiçam energia combatendo as tentações, e aquela mesma energia empregam para realizar obras que parecem irrealizáveis a todos os que devem lutar contra a miséria do próprio eu. O almirante Byrd se sujeitou à humilhação de coletar dinheiro para poder explorar o polo Sul e se expor a todos os sofrimentos de uma expedição polar. Ele sentiu apenas a atração de alcançar alguma coisa ainda não alcançada, e acrescentou assim seu ponto àqueles que formam o círculo da perfeição.

Para concluir, poderíamos dizer que a humanidade, do ponto de vista do caráter, tem excesso de indivíduos que estão no círculo branco. Há gente demais que precisa de muletas para se sustentar, e, se o mundo continuar a manter a educação no nível atual, o nível da humanidade descerá sempre para mais baixo.

Imaginem um missionário que venha do campo branco para pregar a crianças do campo cinza escuro e lhes diga: "Renunciem à carne ou estarão em pecado". Aquelas crianças responderão: "Nós não pecaremos, porque a carne não nos atrai". Reconheçamos que instrutores provenientes do campo branco tendem a rebaixar o nível da criança, mais do que levá-lo rumo ao centro da perfeição. Se examinamos os textos educativos, nos damos conta de sua miséria e de sua aridez. A educação de hoje é humilhante e leva a um complexo de inferioridade e à redução artificial da força humana; por seu próprio modo de organização, ela impõe ao saber limites que estão abaixo do nível humano. Dá muletas aos homens, enquanto eles poderiam correr com pernas fortes. É educação baseada nas qualidades inferiores do homem, não nas superiores, e é culpa da humanidade mesma se a massa é composta de homens inferiores: eles não puderam formar seu caráter durante o período construtivo. Nós devemos nos esforçar por encontrar o verdadeiro nível humano, permitindo à criança empregar seu poder criativo. E então, provavelmente, o espaço cinza escuro, que não é de perfeição, mas tende a ela; que não é de defesa, mas de conquista, invadirá o inteiro espaço branquicento. Se na vida do homem é uma só a época da construção psíquica, e se esta então não pode ocorrer ou ocorre mal, por culpa de um ambiente enganoso, é natural que disso resulte uma massa de homens não desenvolvidos. Se se permitisse, ao contrário, que o caráter se desenvolvesse segundo a natureza e se houvesse não exortações, mas possibilidades de atividades construtivas, então o mundo exigiria outro tipo de educação.

Suprimam-se as limitações artificiais e coloquem-se diante da humanidade grandes coisas a realizar. Alguém pode ler toda a história e a filosofia e permanecer um inepto, mas ofereçamos os *meios* que impelem aos grandes esforços, e os resultados serão diferentes. Para fazer isso, porém, é preciso agarrar-se a alguma coisa que encontre no homem uma correspondência. As qualidades que devemos encorajar são as que se formam no período criativo, e, se elas não tiverem a possibilidade de se estabelecer, não as encontraremos mais tarde, e será inútil pregar e dar bons exemplos para suscitá-las.

É esta a diferença entre a velha e a nova educação: desejamos ajudar a autoconstrução do homem no período oportuno, para dar a ele a possibilidade de ascender rumo a algo de grande. A sociedade ergueu muros e barreiras: a nova educação deve destruí-los e mostrar o horizonte livre. A nova educação é uma revolução, sem violências, é a revolução não violenta. Depois disso, se ela triunfar, serão impossíveis as revoluções violentas.

A SUBLIMAÇÃO DO INSTINTO DE POSSE

Depois de ter lançado um olhar sobre o fenômeno em geral, observemos um a um os fatos que ocorreram e qual foi nossa interpretação deles. Os resultados, tanto pela idade das crianças quanto pela intensidade do interesse que elas mostravam, nos deram ampla matéria de observação, tanto mais pela relação que as ações de nossas crianças pareciam ter com as mais elevadas características da humanidade.

Estudando os diversos fenômenos, se pode ver neles um processo de construção, comparável à ação das lagartas em certa fase: em vez de se arrastar sobre os galhos, como fizeram até aquele momento, elas se fecham num dado ângulo, e lá começam uma misteriosa atividade: pouco depois, se poderá observar um novelinho de fios levíssimos e diáfanos, que são o início da crisálida. Como no caso da lagarta, também nas escolas o primeiro fenômeno que surpreendeu foi um fenômeno de concentração sobre um ponto. Numa menina de 3 anos, que veio à nossa primeira escola, essa concentração foi de intensidade impressionante: havia tantas outras coisas interessantes ao redor dela, mas era impossível distraí-la de seu trabalho. Tamanho grau de concentração se observa somente em alguns adultos, mas só em caráter excepcional, e tamanho poder de concentração nos adultos é próprio somente dos gênios. Evidentemente, o tipo de concentração da menina de 3 anos e meio não podia ser da mesma natureza; encontrando-o, porém, em diversas crianças, cabe reconhecer que deve ser uma forma de construção. Como no compasso é necessário fixar um ponto para que o círculo saia exato, também na construção da criança a atenção é o ponto essencial. Não significa que ela deve fixar-se sempre do mesmo modo, mas se não for fixada a construção não pode começar. Sem essa concentração, os objetos possuem a criança, isto é, ela sente o chamado de todos os estímulos e passa de uma coisa a outra, mas quando tiver fixado sua atenção ela se tornará dona de seu ambiente e o controlará.

Quando encontramos no mundo dos adultos alguém que muda de emprego com muita frequência, falamos dele como de um caráter inconstante, e sabemos que ele jamais poderá assumir para si na vida uma responsabilidade, ao passo que de uma pessoa que tem um objetivo bem delineado e sabe organizar seu trabalho com perícia temos a certeza de que realizará algo no mundo. Damos tanto peso a esses fatos que repetimos frequentemente o quanto nos agradaria ver nossos alunos concentrados no trabalho, mas infelizmente não o conseguimos, o que demonstra que é impossível obter um resultado satisfatório com meios puramente educativos. E, se não é possível com jovens, como poderia uma professora obter a concentração da parte de crianças de 3 anos e meio? E sem dúvida não é recorrendo a uma força de vontade própria que as crianças chegam à concentração. O fenômeno ilumina, com um novo detalhe psíquico, o procedimento da natureza em seu trabalho de construção: ela impõe interesses à criança, interesses especiais para a criação de cada elemento.

Depois da concentração, é a vez da constância. De fato, tenho falado da repetição de exercícios que não têm um objetivo externo e que, por isso, devem ter um objetivo interior. A repetição que principia depois do primeiro fenômeno de concentração é uma espécie de treinamento que inicia a construção desse outro elemento do caráter humano. Aqui também, a vontade não é da criança, mas da natureza: com ela se afirma no indivíduo aquele poder que têm certos adultos de levar a cabo o que se propuseram. Este é de fato outro fenômeno que se revela na criança junto com a repetição dos exercícios: a determinação de cumprir suas tarefas. As crianças de nossas escolas escolhem livremente seu trabalho e não deixam de exercitar essa determinação. Fazem isso todo dia, por anos. Quando nos encontramos com pessoas que nunca sabem o que desejam, dizemos que não têm vontade. E das pessoas que sabem o que querem e entendem o que devem fazer dizemos que têm uma forte vontade e sabem guiar as próprias ações.

As crianças determinam suas ações com base nas leis da natureza; os adultos, com base na reflexão. É evidente que para exercer esse poder é necessário que a criança não tenha sempre perto alguém que lhe diga o que deve fazer a cada instante da vida, porque essa determinação provém da possibilidade de ação das forças internas. Se alguém usurpar o encargo do guia interior, a criança não pode desenvolver nem a determinação nem a concentração. Assim, se quisermos que tais qualidades se afirmem, devemos em primeiro lugar tornar a criança independente do adulto, e, de resto, o instinto mais forte da criança é justamente o de libertar-se do adulto. A coisa é lógica se olhamos para as conclusões, mas a criança não o faz por lógica, age por natureza: é a natureza que, como dissemos, dá o traçado especial que ela deve seguir. Pode-se notar aqui o paralelismo entre o desenvolvimento do caráter no homem e nos animais porque também os animais devem seguir um caminho seu, e o fazem libertando-se da dependência de adultos de sua espécie. Há leis naturais que orientam o crescimento e a formação, e o indivíduo *deve* seguir essas leis para construir seu caráter, sua psique.

A construção da psique pode ser acompanhada em cada elemento seu, e a observação confirma que o caráter do homem não é só o resultado da educação, é um fato que faz parte da complexa orientação do universo: é vontade da natureza, não é o resultado da nossa imposição; é um elemento da criação, não da educação. Demonstra-o o outro fenômeno que acompanha o anterior: o desaparecimento de certas atitudes de vida frequentes nas crianças que não têm a plena possibilidade de desenvolvimento.

Um dos defeitos mais comuns, nas crianças que não puderam se desenvolver normalmente, é a avidez de possuir. Ora, na criança normalizada, a possibilidade ativa de se interessar por alguma coisa a leva ao estudo, no qual o que fixa seu interesse não é mais o objeto, mas o *conhecimento* dele: assim, a ânsia de posse sofre uma transformação. É curioso que a criança que ardentemente desejou um dado objeto o perca ou o quebre. A avidez de possuir é acompanhada pela de destruir, o que é explicável se refletirmos que o objeto não tem um interesse duradouro. Ele atrai por um momento, depois é deixado de lado. Por exemplo, um relógio: ele é feito para nos dizer as horas e esse é seu valor. Uma criança pequena não compreende sequer as horas, e, não podendo se interessar por seu real objetivo, quando se apodera de um relógio, quase sempre o quebra. A criança maior, por sua vez, consciente da função do relógio, poderá desejar saber como é feito, o abrirá com cuidado para ver as rodas e os mecanismos que, com seu movimento, marcam a hora. Essa máquina complicada lhe interessa por sua *função*.

Esse é um segundo tipo de posse: o interesse pelo funcionamento dos objetos. Podemos observá-lo em outros campos. As crianças colhem as flores para se apoderarem delas e as destroem: a mania da posse material e a da destruição andam sempre juntas. Em vez disso, porém, se a criança conhece as diferentes partes da flor, o tipo das folhas, a curva do estame, não nasce nela o desejo de colher e de destruir, mas de observar. Ela mostra pela planta um interesse intelectual e se apodera dela intelectualmente. Assim, ela matará uma borboleta para se apoderar dela; contudo, se seu interesse for dirigido para a vida e a função do inseto, seu interesse estará concentrado na borboleta, mas para observá-la, não para se apossar dela e matá-la. E essa posse intelectual se manifesta com uma atração tão forte que quase poderíamos chamá-la de amor; ela leva a criança a ter cuidado com as coisas e a tratá-las com extrema delicadeza.

Podemos dizer que essa paixão, se for ditada por um interesse intelectual, é levada a um nível superior e impele a criança a progredir no estudo da vida. Em vez do instinto de possuir, nesse mais elevado interesse há uma aspiração a conhecer, amar e servir. Do mesmo modo, a curiosidade se sublima na pesquisa científica: a curiosidade é um impulso para aprender. Quando a criança se apaixona por *um* objeto e o ama, torna-se então cheia de zelo pela conservação de *todos* os objetos. Foi a transformação das crianças em nossa primeira turma que nos demonstrou como elas passam do desejo de posse a um sentimento mais elevado de amor e de empenho pelas coisas confiadas a elas. Seus cadernos, quando eram escritos, não apresentavam nenhuma dobra, mancha ou borrões, mas eram limpos e também enfeitados.

Quando consideramos a humanidade, em sua grandeza tal como se revela através da história e da evolução, vemos que essa aspiração ao sublime é um instinto do homem, o qual tenta penetrar em todas as áreas para proteger e melhorar a vida, e ele ajuda a vida com a penetração intelectual. O agricultor não passa a existência a cuidar de plantas e animais, e o cientista a manejar com todo o cuidado microscópios e lentes? A humanidade começa por agarrar e destruir e termina por amar e servir toda coisa com o intelecto. As crianças que arrancavam as plantas do jardim agora vigiam seu crescimento, contam suas folhas, medem-nas: não se fala mais de *minha* planta, mas *da* planta. Essa sublimação e esse amor se devem à consciência adquirida pela mente. Nunca se poderá evitar a destruição fazendo sermões. Se a criança quer as coisas para si ou para que outros não a tenham e tentamos corrigi-la dando-lhe sermões, por cinco minutos ela poderá desistir, mas logo voltará ao ponto de antes. Só o trabalho e a concentração, que primeiro dão conhecimento e depois amor, poderão levá-la a uma transformação que é a revelação do homem espiritual.

Conhecer, amar e servir é o trinômio de todas as religiões, mas o construtor da nossa espiritualidade é a criança: ela revelou que a natureza tem um plano para nosso comportamento e para nosso caráter, um plano bem delineado em todos os detalhes de idade, trabalho, necessidade de liberdade e intensa atividade, segundo as leis da vida. O que conta não é a física, ou a botânica, ou o trabalho material, mas a vontade e os elementos do espírito que, através do exercício, vão se construindo: a criança é a construtora de nós, adultos, e os obstáculos que pusermos a seu livre desenvolvimento se tornarão as pedras dos muros da prisão da alma do homem.

DESENVOLVIMENTO SOCIAL

O ambiente

O primeiro passo que a criança deve dar é encontrar o caminho e os meios de concentração que estabelecem os fundamentos do caráter e preparam o comportamento social. Fica de súbito evidente a importância do ambiente para esse fim. Já que ninguém de fora pode dar à criança concentração ou organizar sua psique, ela deve fazer isso por si. A importância das nossas escolas está nisto: que nelas a criança encontra o tipo de trabalho que poderá lhe dar essa possibilidade. Um ambiente fechado (nossa escola ou uma turma) favorece a concentração: todos sabem que em todo momento da vida se busca um lugar afastado quando se quer alcançá-la. Mediante uma atividade que, num lugar recolhido, promove a concentração, o caráter se forma e a criação do indivíduo se cumpre. Nas escolas convencionais, as crianças são em geral admitidas depois da idade de 5 anos, isto é, só quando já terminaram o primeiro e mais importante período de formação. Nossa escola oferece aos pequenos um ambiente de proteção onde os primeiros elementos do caráter podem se formar e adquirir sua particular importância.

Quando foi anunciado o grande valor de um ambiente particularmente adaptado, manifestou-se um grande interesse.

Artistas, arquitetos, psicólogos colaboraram para determinar com cuidado o tamanho e a altura das salas e os elementos artísticos de uma escola que oferecesse não somente refúgio, mas ajudasse a concentração dos pequenos. Era algo mais do que um ambiente de proteção, seria possível chamá-lo de "ambiente psíquico". Sua importância, porém, não estava tanto na forma e na dimensão do edifício – que, sozinhas, não teriam alcançado o objetivo – quanto nos objetos, já que sem objetos a criança não pode se concentrar. Eles por sua vez foram definidos com base na experiência com as próprias crianças.

A primeira ideia foi enriquecer o ambiente com um pouco de tudo e deixar que as crianças escolhessem o que preferiam. Vimos que elas pegavam somente certos objetos, enquanto outros ficavam sem uso, e esses foram eliminados. Ora, tudo o que temos e usamos em nossas escolas não é o resultado de experimentos em um só país, mas em todo o mundo, e bem se pode dizer que foi escolhido pelas próprias crianças. Há, portanto, coisas que *todas* as crianças preferem, e essas consideramos essenciais; outras coisas que não essas, em todo país, elas quase nunca empregam (por mais que os adultos pensassem o contrário). Em todo lugar onde nossas crianças normalizadas tinham liberdade de escolha acontecia assim, e eu pensava naqueles insetos que vão somente e sempre na direção de certas flores de que necessitam. Também esses objetos, evidentemente, representam para as crianças uma necessidade: elas escolhem os objetos que as ajudam na construção de si mesmas. A princípio havia muitos brinquedos, mas as crianças os desprezavam. Havia também muitos dispositivos para ensinar as cores, e elas escolheram um único tipo: as pranchas coloridas que agora usamos em toda parte. Isso aconteceu em todos os países. Também para a forma dos objetos e para a intensidade das cores nos baseamos nas preferências da criança. Isso conduziu nosso método a um sistema de definição de objetos que se reflete também na vida social na turma, porque, se houver coisas demais ou mais de uma série de material para um grupo de trinta ou quarenta crianças, disso resulta confusão; assim, os objetos são poucos, ainda que as crianças sejam muitas.

Em cada turma de muitas crianças haverá um só exemplar de cada objeto: se uma criança deseja algo que já está sendo usado por outra, não poderá tê-lo e, se é normalizada, esperará até que a outra tenha terminado seu trabalho. Assim se desenvolvem certas qualidades sociais que são de grande importância: a criança sabe que deve respeitar os objetos que são empregados por outra, não porque assim lhe foi dito, mas porque essa é uma realidade diante da qual ela se achou em sua experiência social. Há muitas crianças e um só objeto: a única coisa a fazer é esperar. E, dado que isso acontece a cada hora do dia, por anos, o conceito de respeitar e esperar entra na vida de cada indivíduo como uma experiência que amadurece com o passar do tempo.

Daí se origina uma transformação, uma adaptação, que não é senão a construção mesma da vida social. A sociedade não está fundada nas preferências, mas numa combinação de atividades que devem se harmonizar. De sua própria experiência se desenvolve nas crianças outra virtude social: a paciência, uma espécie de abnegação na inibição dos próprios impulsos. Assim, aqueles traços de caráter que chamamos de virtudes se afirmam espontaneamente. Não podemos ensinar às crianças de 3 anos essa forma de moralidade, mas pode-o a experiência, e dado que em outros ambientes a normalização então não podia ocorrer, vendo que no mundo todas as crianças lutavam pela posse dos objetos enquanto as das nossas escolas esperavam, a coisa tomou ainda maior relevo aos olhos das pessoas, que me perguntavam: "Como você conseguiu obter esse tipo de disciplina em criaturas tão pequenas?". No entanto, não era eu; era o ambiente preparado e a liberdade concedida nele que permitiam a manifestação de qualidades que não se encontram comumente em crianças de 3 a 6 anos.

A interferência dos adultos nessa primeira preparação ao comportamento social é quase sempre equivocada. No exercício de "andar sobre um fio" uma das crianças erra a direção e parece que será inevitável um tropeço: o adulto tem o impulso de pegar a criança e virá-la, mas a criança vai se virar sozinha e resolverá o problema, nem sempre do mesmo modo, mas sempre de modo satisfatório. E outros problemas semelhantes se apresentam a todo momento, e os pequenos ficam bem contentes por enfrentá-los. Eles se irritam quando os adultos intervêm: deixados por si mesmos, resolvem tudo bem. Esse também é um exercício de experiência social, e tais problemas resolvidos pacificamente constituem uma experiência contínua de situações que o educador não poderá suscitar. Geralmente um educador intervém, sua solução é diferente da das crianças e perturba a harmonia social da turma. Se surge um desses problemas, deveremos, tirando os casos excepcionais, deixar que as crianças se virem sozinhas, e assim fazendo poderemos observar com maior objetividade as manifestações e o comportamento infantil, sobre o qual o adulto ainda está no escuro. Por meio dessas experiências diárias se afirma uma construção social.

Os educadores que usam o método do ensino direto não compreendem como se pode desenvolver o comportamento social numa escola Montessori, onde, creem eles, se oferecem as matérias escolares, mas não a vida social. Dizem: "Se os pequenos fazem tudo sozinhos, onde está a vida social?". Mas que coisa é a vida social se não resolver problemas, comportar-se bem e traçar projetos que sejam aceitáveis por todos? Eles pensam que a vida social consiste em ficar sentado, um ao lado do outro, escutando alguém que fala, mas essa não é a vida social.

As únicas oportunidades de vida social que as crianças têm nas escolas convencionais são dadas pelo recreio ou pelas raras excursões, enquanto as crianças das nossas escolas vivem sempre numa comunidade trabalhadora.

Vida social

Quando as turmas são numerosas, revelam-se melhor as diferenças de caráter e mais fáceis são as experiências variadas. Estas faltam se forem poucas as crianças. O maior aperfeiçoamento das crianças ocorre por meio das experiências sociais.

Consideremos agora a constituição dessa sociedade de crianças. Foi reunida por acaso, mas por um acaso feliz. Aquelas crianças, que se acharam reunidas num ambiente fechado, eram de idades variadas (de 3 a 6 anos). Isso não costuma ocorrer nas escolas, a menos que o índice mental dos de idade maior esteja aquém do considerado normal para sua faixa etária. As crianças são sempre classificadas por idade; só em poucas escolas encontramos esse agrupamento *vertical* na mesma turma.

Quando algumas professoras nossas quiseram aplicar o critério de idade igual na mesma turma, foram as crianças mesmas que mostraram as dificuldades que advinham disso. Aliás, é o mesmo na família. Uma mãe pode ter seis filhos e governar a casa facilmente. As dificuldades começam quando há gêmeos ou grupos reunidos de crianças da mesma idade, porque é cansativo ter de lidar com pequenos que têm necessidade das mesmas coisas. A mãe com seis filhos de idades diferentes está muito melhor que a que tem só um. O filho único é sempre difícil, e não tanto porque ficará mimado, mas porque lhe falta companhia e sofre mais que os outros. As famílias frequentemente têm dificuldade com o primogênito, não com os filhos seguintes, e os pais creem que isso se deve à sua maior experiência, mas a verdade é que as crianças têm companhia.

A sociedade é interessante em virtude dos diversos tipos que a compõem. Um asilo de idosos é uma coisa morta: é desumano e cruel juntar pessoas da mesma idade. O mesmo acontece com as crianças, já que, assim fazendo, rompe-se o fio da vida social, retira-se seu alimento. Na maior parte das escolas, há primeiro a separação dos sexos, depois a da idade, mais ou menos uniforme nas diferentes turmas. É um erro fundamental que dá lugar a toda espécie de outros erros: é um isolamento artificial que impede o desenvolvimento do sentimento social. Nós temos geralmente turmas mistas para nossas crianças. No entanto, não é tão importante reunir meninos e meninas, que podem muito bem estar em escolas diferentes, quanto ter crianças de idades diversas. Nossas escolas têm mostrado que as crianças de idades diferentes se ajudam umas às outras: as pequenas veem assim o que fazem as maiores e pedem explicações, que estas dão de bom grado. É um verdadeiro ensino, já que a mentalidade da criança de 5 anos está tão próxima da mentalidade da criança de 3 e que a pequena compreende facilmente com a maior aquilo que nós não saberíamos explicar-lhe. Há entre elas uma harmonia e uma interação, o que é bem raro existir entre adulto e criança pequena.

Os professores são incapazes de fazer uma criança de 3 anos entender uma quantidade de coisas que uma criança de 5 anos sabe fazê-la entender muitíssimo bem: há entre elas uma osmose mental natural. Além disso, uma criança de 3 anos se interessará por aquilo que faz a de 5, porque não será coisa muito distante de suas possibilidades. Todos os maiorzinhos se tornam heróis e mestres, e os pequenos são seus admiradores: estes recorrem àqueles como inspiração e depois trabalham por conta própria. Nas outras escolas, onde as crianças têm a mesma idade, as mais inteligentes poderiam muito bem ensinar as outras, mas em geral o professor não o permite; aquelas se limitam assim a responder quando as outras não sabem, e com frequência surge a inveja. Nas crianças pequenas não existe inveja, não ficam humilhadas pelo fato de as maiores saberem o que elas não sabem, porque sentem que quando estiverem crescidas chegará sua vez. Há amor e admiração e uma real fraternidade. Nas velhas escolas o único modo de elevar o nível da turma é a competição, mas infelizmente é natural que ela se torne inveja, ódio e humilhação, sentimentos que são deprimentes e antissociais. A criança inteligente se torna então vaidosa e adquire poder sobre as outras, enquanto em nossas escolas a criança de 5 anos se sente uma protetora da colega menor. É difícil imaginar o quanto essa atmosfera de proteção e de admiração aumenta e se aprofunda em sua ação: a turma se torna um grupo conectado pelo afeto. As crianças acabam por conhecer o caráter uma da outra e se apreciam mutuamente. Nas velhas escolas se costuma repetir: “Aquele ficou em primeiro lugar e aquele levou zero”. A fraternidade, assim, não pode se desenvolver, e, no entanto, é essa a idade em que se constroem as qualidades sociais e antissociais segundo o ambiente. É esse o ponto de partida.

Alguns temem que a criança de 5 anos, se se ocupar em ensinar, não possa, por seu turno, aprender. Antes de tudo, porém, ela não ensina sempre, e sua liberdade é respeitada; secundariamente, ensinando, ela aperfeiçoa aquilo que já sabe, porque tem de analisar e remanejar seu pequeno volume de conhecimento para passá-lo a outras, de modo que ela vê as coisas com maior clareza e é recompensada pela troca mútua.

A turma das crianças de 3 aos 6 anos tampouco é rigidamente separada da que vai dos 7 aos 9 anos, tanto que as crianças de 6 anos trazem sugestões da turma seguinte. Nossas paredes divisórias são meias paredes, há sempre fácil acesso de uma turma a outra, e assim os alunos ficam livres para andar de lá para cá. Se a criança de 6 anos entra na turma das de 7-9 anos, não se demora porque logo se dá conta de que não pode obter ali nada de útil para si. Há, portanto, limitações – mas não separações –, e todos os grupos se comunicam. Cada grupo tem seu ambiente, porém não fica isolado: há sempre a possibilidade de um passeio intelectual. Uma criança de 3 anos pode ver uma de 9 que extrai a raiz quadrada e pode lhe perguntar o que está fazendo: se a resposta não lhe satisfizer, voltará para sua turma, na qual encontra coisas de maior interesse, mas uma de 6 anos pode entender alguma coisa e se valer disso. E com essa forma de liberdade é possível observar os diferentes limites da inteligência em idades diferentes. Vimos assim que as crianças de 8 ou 9 anos compreendiam a extração da raiz quadrada acompanhando o trabalho de alunos de 12-14, e desse modo nos demos conta de que a criança aos 8 anos podia se interessar por álgebra. Não é só a idade que leva ao progresso, mas também a liberdade de olhar a seu redor.

Em nossas escolas há animação. Os pequenos são cheios de entusiasmo porque *entendem* o que fazem os maiores, e estes podem ensinar o que sabem: não há complexos de inferioridade, mas a normalidade recíproca dada pelo intercâmbio de forças psíquicas.

Tudo isso, e mais, serve para demonstrar que os fenômenos que pareciam tão extraordinários em nossas escolas são apenas, na realidade, os resultados de leis naturais.

Estudando o comportamento dessas crianças e as recíprocas relações numa atmosfera de liberdade, revela-se o verdadeiro segredo da sociedade. São fatos sutis e delicados que devem ser examinados com um microscópio espiritual, fatos de imenso interesse que revelam a verdadeira natureza do homem. Por isso, olhamos para nossas escolas como laboratórios de pesquisas psicológicas, ainda que não se trate de verdadeiras pesquisas, mas de observações. Há outros fatos notáveis a destacar.

Já dissemos que as crianças resolvem sozinhas seus problemas, mas não dissemos como. Se as observarmos sem intervir, veremos uma coisa aparentemente estranha, isto é, que as crianças não se ajudam umas às outras como nós fazemos. Há pequeninos que carregam objetos pesados e nenhum dos outros se move para ajudá-los. Eles se respeitam e intervêm só quando a ajuda é necessária. Isso realmente nos ilumina, porque é evidente que eles intuem e respeitam a necessidade essencial da criança, a de não ser ajudada inutilmente. Um dos nossos alunos certo dia tinha espalhado no chão todo o material geométrico. De repente, ouviu-se vir da rua o som de uma banda que acompanhava uma procissão justo embaixo das janelas. Todas as crianças correram para ver, menos aquela que tinha espalhado no chão o material, porque jamais teria sonhado em deixar tanta coisa bagunçada daquele modo. Era preciso repor o material e ninguém lhe daria uma mão, mas seus olhos estavam cheios de lágrimas porque queria ver a procissão. Os outros se aperceberam e então muitos voltaram para ajudá-lo. Os adultos não fazem essa distinção refinada para os casos de urgência, ajudam-se frequentemente quando não é necessário. Não é raro que um cavalheiro, em virtude das boas maneiras, puxe uma cadeira na mesa quando uma senhora precisa se sentar, enquanto ela pode muito bem se sentar sem ajuda; ou que ofereça o braço a uma mulher para descer uma escada, enquanto ela pode muito bem descer sem apoio. Mas, quando se apresenta a verdadeira necessidade, tudo muda. Quando se precisa de ajuda, ninguém socorre; quando não se necessita ajuda, todos ajudam! Nesse campo o adulto não pode ensinar às crianças. Creio que provavelmente a criança tem em seu inconsciente a lembrança de seu desejo e necessidade primordial de fazer o máximo esforço, e é por isso que ela instintivamente não ajuda as outras quando a ajuda poderia ser um obstáculo.

Outra coisa interessante na conduta das crianças tem a ver com os baderneiros. Por exemplo, suponhamos uma criança recém-admitida na escola e ainda não ambientada; é irrequieta, perturba e constitui um problema para todos. Em geral, a professora lhe dirá: "Isso não se faz, não é educado", ou então: "Você é um menino malcriado". A reação dos colegas, ao contrário, é bem diferente. Um deles se aproximou de um recém-chegado e disse: "Você é malcriado, mas não se preocupe, quando nós chegamos aqui também éramos malcriados". Tinha compaixão dele, considerava um infortúnio ser malcriado, e o coleguinha queria consolar o outro e, possivelmente, trazer à tona tudo o que havia de bom nele. Que mudança haveria na sociedade se o mau suscitasse compaixão e fizéssemos um esforço para consolá-lo, com a mesma compaixão que sentimos por um doente. Fazer o mal, de resto, é uma doença psíquica devida a um ambiente ruim, a condições de nascimento ou a outros infortúnios e deveria suscitar compaixão e ajuda; nossa estrutura social melhoraria. Com nossas crianças, se ocorre um incidente, se, por exemplo, se quebra um vaso, a criança que o deixou cair normalmente fica desesperada, porque não gosta da destruição e se sente num estado de inferioridade por não ter sabido transportar o objeto. A reação instintiva do adulto é dizer: "Está vendo, você quebrou o vaso; por que mexe em coisas que tantas vezes eu lhe disse pra não mexer?". Ou ao menos o adulto lhe dará a ordem de recolher os cacos, pensando que a criança sentirá melhor sua culpa se for obrigada a catar os pedaços. O que fazem, porém, nossas crianças? Correm todas para ajudar e, com um tom encorajador em suas vozinhas, dizem: "Tudo bem! Vamos achar outro vaso". E algumas recolherão os cacos, outras enxugarão a água que se espalhou no chão. Há um instinto que as chama a auxiliar os fracos, encorajando-os e consolando-os: e esse é um instinto de progresso social. Um grande passo rumo a nossa evolução foi dado quando a sociedade começou a ajudar os fracos e os pobres em vez de oprimi-los e rejeitá-los. Toda a nossa ciência médica se desenvolveu sobre esse princípio, e desse instinto nasceu a vontade de ajudar não só os que despertam compaixão, mas a humanidade inteira. Não é errado encorajar os fracos e os inferiores: é uma contribuição ao progresso de toda a sociedade. As crianças mostram esses sentimentos tão logo se tornam normalizadas, e os mostram não só uma pela outra, mas também pelos animais.

Acredita-se que o respeito pelos animais deve ser ensinado, porque se pensa que as crianças são naturalmente cruéis ou insensíveis, mas não é assim. Quando as crianças são normalizadas, ao contrário, têm o instinto de protegê-los. Em Laren tínhamos uma cabra. Eu a alimentava todos os dias e segurava a comida no alto de modo que ela, a fim de comer, tinha que se levantar sobre as patas traseiras. Eu gostava de vê-la naquela posição e ela parecia se divertir com aquilo. Certo dia, porém, veio um pequeno e colocou as mãozinhas sob o ventre da cabra para apoiá-la, e tinha o rosto ansioso, temendo que o animal pudesse se cansar por ficar erguido apenas sobre duas patas. Era sem dúvida um sentimento muito delicado e espontâneo.

Outra característica que se manifesta em nossas escolas é a admiração pelos mais inteligentes: não só as crianças não têm inveja como tudo aquilo que é bem-feito provoca nelas uma admiração entusiasmada. Assim aconteceu com a famosa explosão repentina da escrita. A primeira palavra escrita de um deles foi ocasião para grande alegria e risos: todos olhavam para o "escritor" com admiração e logo foram impelidos a seguir seu exemplo: "Eu também sei fazer!", exclamavam. O bom trabalho de um provoca o de todo o grupo. O mesmo com o alfabeto, tanto que uma vez a turma inteira fez uma procissão, carregando os cartazes com as letras à guisa de bandeiras, e tamanha era a alegria e tantos os gritos que, dos andares debaixo (a escola era na cobertura), todos subiram para ver o que estava acontecendo. "Estão empolgados com o alfabeto", disse a professora.

Há entre as crianças uma forma evidente de fraternidade, baseada num sentimento elevado que cria a unidade no grupo. Por esses exemplos podemos nos aperceber de que, no ambiente em que os sentimentos estão num alto nível e as crianças são normalizadas, cria-se uma espécie de atração. Como os maiores se voltam para os menores e vice-versa, assim os normalizados são atraídos pelos novos, e estes pelos já ambientados.

SOCIEDADE POR COESÃO

O convívio social entre as livres experiências descritas acima conduz as crianças, por fim, a sentir e a agir como grupo. Elas passam a de fato formar uma *sociedade*, ligada por misteriosos vínculos, que age como um só corpo. Esses vínculos eram formados por um sentimento comum, porém individual: mesmo sendo "indivíduos independentes", estes eram movidos pelo mesmo impulso. Semelhante sociedade parece unida bem mais pela *mente absorvente* do que pela consciência.

As linhas de construção que temos observado são comparáveis às do trabalho da célula durante a constituição do organismo. Evidentemente, também a sociedade tem uma fase embrionária que, em sua forma inicial, se pode acompanhar entre as crianças que vão se desenvolvendo.

É interessante ver como, lentamente, elas se percebem formando uma comunidade que se comporta como tal. Dão-se conta de pertencer a um grupo e de contribuir para a atividade desse grupo; não só começam a se interessar por isso, mas se diria que com seu espírito trabalham nisso em profundidade. Quando alcançam esse nível, as crianças não operam mais mecanicamente, mas aspiram a ter êxito e põem em primeiro plano a honra do grupo. Chamo esse primeiro passo rumo à consciência social de "*espírito de família ou de tribo*", referindo-me às sociedades humanas primitivas, nas quais o indivíduo ama, defende e aprecia o valor do próprio grupo como objetivo e finalidade da atividade individual.

As primeiras manifestações desse fenômeno nos surpreenderam, porque eram independentes de nós e de nossa influência. Elas se produziram como sucessivos testemunhos de desenvolvimento, exatamente como, numa certa idade, aparecem os primeiros dentes que brotam das gengivas. Chamo essa associação, formada por uma necessidade espontânea, dirigida por um poder interior, animada por um espírito social, de "*sociedade por coesão*".

Cheguei a esse conceito através das manifestações espontâneas das crianças, que nos surpreenderam bastante. Vou dar um exemplo. Quando o embaixador da Argentina ouviu falar de nossa escola, onde as crianças de 4 e 5 anos trabalhavam em plena autonomia, liam e escreviam espontaneamente e seguiam uma disciplina não imposta pela autoridade do professor, ficou incrédulo. Em vez de anunciar sua visita, preferiu vir de surpresa. Infelizmente, era um dia de folga e a escola estava fechada. Era a escola chamada Casa dei Bambini ("Casa das Crianças"), situada num quarteirão de casas populares onde as crianças viviam com as famílias. Um pequeno se achava por acaso no pátio, e, quando o embaixador entrou e a criança viu sua expressão de contrariedade, entendeu que era um visitante e lhe disse: "Não tem problema se a escola está fechada, o vigia tem as chaves e nós estamos todos em casa". A porta foi aberta e as crianças entraram na classe e começaram a trabalhar. Sentiram o dever de fazer boa figura para a honra de seu grupo: ninguém esperava para si uma vantagem particular, ninguém queria se destacar, todos cooperavam por sua comunidade. Só no dia seguinte a professora soube do que tinha acontecido.

Essa consciência social não instilada por um ensinamento, estranha a qualquer forma de competição ou de interesse pessoal, era um dom natural. Era, porém, decididamente, uma meta que aquelas crianças tinham atingido por meio de seus esforços. Como diz Coghill: "A natureza determina a conduta, mas esta só se desenvolve por meio da experiência no ambiente circunstante".[1] A natureza evidentemente dá o esquema para a construção da personalidade e da sociedade, mas esse esquema se realiza somente através da atividade da criança quando é posta em condições de levá-lo a cabo. Assim fazendo, ela ilustra para nós as fases sucessivas do desenvolvimento social. Esse espírito de corpo, que domina a sociedade e a une, corresponde de perto àquilo que o educador americano Washburne chama de *integração social*. Ele sustenta que essa é a chave da reforma social e que deveria constituir a base de toda a educação. A integração social se realiza quando o indivíduo se identifica com o grupo a que pertence. Quando isso ocorre, o indivíduo pensa mais no sucesso de seu grupo do que no seu pessoal. Washburne ilustra seu conceito tomando como exemplo as competições náuticas de Oxford e Cambridge:

> Cada indivíduo realiza o máximo esforço pela honra de suas cores, mesmo sabendo que pessoalmente não terá benefício algum nem glória especial. Se assim fosse para todo empreendimento social, dos grandes que abarcam a nação inteira àqueles das indústrias etc., e se todos se deixassem levar pelo desejo de honrar a comunidade à qual pertencem, e não a si mesmos, a humanidade inteira seria regenerada. Nas escolas deveria ser cultivado o desenvolvimento desse sentimento de integração do indivíduo na sociedade, porque é justamente ele que falta por toda parte, e é essa falta que leva a sociedade à falência e à ruína.[2]

É possível dar o exemplo de uma sociedade onde existe uma integração social: é a sociedade das crianças pequenas guiadas por poderes mágicos da natureza. Devemos valorizá-la e fazer dela um tesouro, porque nem o caráter nem os sentimentos podem se formar através do ensino: eles são o produto da vida.

---

[1] Coghill, George E. *Anatomy and the Problem of Behaviour*. Cambridge: Cambridge University Press, 2015.

[2] Washburne, Carleton. *A Living Philosophy of Education*. Nova York: John Day Company, 1940.

A sociedade coesiva não se identifica, porém, com a sociedade organizada que governa o destino do homem: é simplesmente a última fase na evolução da criança, é quase a divina e misteriosa criação de um embrião social.

Sociedade organizada

Logo depois dos 6 anos, quando a criança inicia outra fase de desenvolvimento que assinala a passagem do embrião social ao recém-nascido social, outra espontânea forma de vida começa, e mostra uma associação organizada, totalmente consciente. As crianças buscam então conhecer os princípios e leis estabelecidos pelo homem, buscam um líder que dirija a comunidade. A obediência ao líder e às regras forma evidentemente o tecido conectivo dessa sociedade. Essa obediência, sabemos, foi preparada no estágio embrionário que precede o período de desenvolvimento. McDougall descreve esse tipo de sociedade que os pequenos de 6-7 anos já começam a construir. Eles se submetem às crianças maiores que eles, como se fossem impelidos por um instinto que ele chama de "instinto gregário".[3] Com frequência, as crianças desprezadas e abandonadas organizam bandos, grupos, em revolta contra os princípios e a autoridade dos adultos. Essas exigências naturais, que quase sempre levam a uma atitude rebelde, foram sublimadas no movimento dos *Boy Scouts* ("Escoteiros"), que responde a uma verdadeira exigência social de desenvolvimento, inculcada na natureza das crianças e dos adolescentes.

Esse "instinto gregário" é diferente da força de coesão que era a base da sociedade das crianças. As sociedades seguintes, que evoluem até atingir o nível da sociedade dos adultos, são organizadas conscientemente e precisam de regras ditadas por um homem, bem como de um líder que as faça respeitar.

A vida em sociedade é um fato natural e, como tal, pertence à natureza humana. Ela se desenvolve como um organismo que durante sua evolução mostra diferentes características. Eu gostaria de compará-la à confecção de

[3] McDougall, William. *An Introduction to Social Psychology*. Nova York: Dover Publications, 2003.

um tecido, à fiadura e à tecelagem que têm tanta importância na indústria doméstica indiana. Naturalmente, é preciso partir do início e considerar em primeiro lugar o tufo branco que a planta do algodão produz em volta de sua semente. Assim, quando queremos examinar a construção da sociedade humana, devemos partir da criança pequena e observá-la no ambiente familiar em que nasceu. A primeira coisa que se faz com o algodão – que é também o primeiro trabalho nas escolas rurais de Gandhi – é limpá-lo assim que é colhido, livrando-o das sementes escuras agarradas ao floco. Essa primeira operação corresponde, portanto, à nossa quando recolhemos as crianças das diferentes famílias e corrigimos seus defeitos, ajudando-as a se concentrarem e a se normalizarem. Passemos à fiadura. Nesta nossa comparação, o ato de fiar corresponde à formação da personalidade da criança, alcançada por meio do trabalho e das experiências sociais. Esta é a base de tudo: o desenvolvimento da personalidade. Se o fio for bem torcido e forte, o tecido que dele resultará será igualmente forte: a qualidade do pano defende da fiadura. Essa é a coisa principal a considerar, porque não tem valor o tecido que tem fios sem resistência.

Chega em seguida o momento em que os fios são postos no tear e são estendidos na mesma direção e fixados sobre os lados com pequenos ganchos. São todos paralelos e de igual comprimento, e divididos de modo que não se toquem: formam a trama de um pedaço de pano, mas não são pano. Mas sem a trama o pano não poderia ser tecido. Se os fios se romperem ou saírem do lugar, não sendo bem fixados na mesma direção, a lançadeira não pode atravessá-los. Essa trama corresponde à coesão da sociedade. A preparação da sociedade humana se baseia na atividade das crianças que agem impelidas pelas exigências da natureza num ambiente limitado, correspondente, em nossa comparação, ao tear. No final, elas são associadas, cada qual tendendo para o mesmo objetivo.

Começa então a verdadeira tecelagem, quando a lançadeira passa em meio aos fios transversais. Essa fase corresponde à sociedade organizada pelos homens, que é regida por leis e está sob a direção de um governo ao qual todos obedecem. Quando temos um verdadeiro pedaço de tecido, ele permanece intacto mesmo se tirado do tear: tem uma existência independente e, uma vez destacado, pode ser utilizado. É possível produzir uma quantidade ilimitada dele. Os homens não formam uma sociedade pelo simples fato de que cada indivíduo se dirigiu para um objetivo particular em seu ambiente e empreendeu um trabalho seu particular, como a criança no grupo: a forma última da sociedade humana se baseia na organização.

As duas coisas, porém, se interpenetram. A sociedade não depende só da organização, mas também da coesão, e das duas o segundo elemento é o fundamental e serve de base para a construção do primeiro. Boas leis e um bom governo não podem manter as massas unidas e fazê-las agir se os indivíduos mesmos não estiverem orientados para algo que os mantém coesos e faz deles um grupo. As massas, por sua vez, são mais ou menos fortes e ativas segundo o grau de desenvolvimento da personalidade dos indivíduos e de sua orientação interna.

Os gregos tinham como base de sua constituição social a formação da personalidade. Alexandre Magno, que os chefiou por um tempo, conquistou com poucos homens toda a Pérsia. Também os muçulmanos representam uma união formidável, não tanto por suas leis e seus líderes, mas por seu ideal comum. Periodicamente, eles partem em grandes massas de peregrinos rumo a Meca. Esses peregrinos não se conhecem uns aos outros, não têm interesses privados, nem ambições: são indivíduos dirigidos a uma mesma meta. Ninguém os impele, ninguém os comanda, e, no entanto, são capazes de imensos sacrifícios para cumprirem seu voto. Essas peregrinações são exemplos de coesão.

Na história da Europa, durante a Idade Média, vemos algo que, em nossos tempos dilacerados pelas guerras, os líderes tentam em vão alcançar: a verdadeira união das nações europeias. E como foi? O segredo desse triunfo estava na fé religiosa que tinha conquistado todos os indivíduos dos diferentes impérios e das diferentes nações europeias e os unia com sua formidável força de coesão. Então se viu realmente reis e imperadores (cada um dos quais guiando seu povo segundo as próprias leis), todos sujeitos e dependentes da força da cristandade. A coesão, porém, não basta para construir uma sociedade que age praticamente no mundo criando uma civilização de trabalho e de inteligência: nos nossos dias, podemos nos referir aos judeus, que estão unidos por uma força de coesão milenar, mas somente agora estão se organizando como nação. Eles são como que a trama de um povo.

É digno de nota que nesses últimos tempos um novo exemplo histórico se ofereceu a nossos olhos. Mussolini e Hitler foram os primeiros a se dar conta de que aqueles que visam à conquista segura devem preparar os indivíduos desde sua primeira infância. Eles adestraram crianças e jovens por anos e anos, impondo-lhes de fora um ideal que os unisse. Esse era um novo procedimento lógico e científico, qualquer que possa ter sido seu valor moral. Aqueles líderes sentiam a necessidade de terem uma "sociedade coesiva" como base de seus planos e a preparavam desde as raízes.

A sociedade coesiva, porém, é um fato natural e deve se construir espontaneamente sob os estímulos criativos da natureza. Ninguém pode tomar o lugar de Deus, e quem tenta fazer isso se torna um demônio, como quando um adulto oprime com seu orgulho as energias criativas da personalidade infantil. Também a força de coesão nos adultos é algo que se vincula às diretrizes ideais, superiores ao mecanismo da organização. Deveria haver duas sociedades entrelaçadas: uma, por assim dizer, teria as raízes na inconsciente zona criativa da mente; a outra dependeria dos homens que agem conscientemente. Em outras palavras: uma começa na infância e a outra se sobrepõe da parte do adulto porque, como vimos no começo deste volume, é a *mente absorvente* da criança que *absorve* as características da raça. As características que a criança apresenta quando vive como "*embrião espiritual*" não são descobertas pelo intelecto, nem pelo trabalho humano, mas são aqueles caracteres que se acham na parte coesiva da sociedade. A criança as recolhe e as incorpora, e por meio delas constrói a própria personalidade, assim se torna um homem com uma língua particular, uma religião particular e um particular tipo de costume. O que é estável e fundamental, o que é "basilar" (para usar um termo da moda) na sociedade sempre em revolução, é sua parte coesiva. Quando deixamos a criança se desenvolver e construir com as raízes invisíveis da criação o que será o adulto, então podemos aprender os segredos dos quais depende nossa força individual e social.

Entretanto – e basta olharmos ao nosso redor para nos darmos conta disso –, os homens julgam, agem e se regem somente com base na parte organizativa e consciente da sociedade: querem reforçar e assegurar a organização como se fossem os criadores dela; não têm consideração alguma pelas bases indispensáveis a essa organização, mas se preocupam apenas com a diretriz humana, e sua aspiração tende à descoberta de um líder.

O quanto esperam por um novo Messias, por um gênio que tenha a força de conquistar e organizar! Depois da Primeira Guerra Mundial foi proposto fundar escolas para a preparação de *líderes* porque se viu que aqueles existentes estavam insuficientemente preparados e não estavam aptos a dominar os acontecimentos. De fato, foram feitas tentativas de descobrir, por meio de "testes" mentais, pessoas superiores, jovens que durante os anos de escola tivessem se destacado de modo particular, para dirigi-los rumo a postos de comando. Mas quem podia instruí-los se não havia docentes superiores, adequados às necessidades?

Não são os líderes que faltam, ou, pelo menos, a questão não se limita a esse aspecto. A questão é bem mais ampla, mas, infelizmente, são as próprias massas que estão despreparadas para a vida social de nossa civilização. O problema, então, é educar as massas, reconstruir o caráter dos indivíduos, recolher os tesouros escondidos em cada um deles e desenvolver-lhe os valores. Nenhum líder pode fazer isso, por maior que seja seu gênio. De multidões de despreparados jamais se poderá resolver esse vasto problema.

Esse é o maior e mais premente problema dos nossos tempos: as massas humanas são inferiores àquilo que poderiam ser. Já vimos o diagrama das duas forças atrativas, uma que partia do centro e outra, da periferia. A grande tarefa da educação deve consistir em buscar salvar a normalidade, que, com sua força, tende ao centro de perfeição. Ora, em vez disso, tudo o que se faz é preparar artificialmente homens anormais e fracos, predispostos a doenças mentais, necessitados de incessantes cuidados para não serem puxados para a periferia onde, uma vez caídos, se tornariam seres extrassociais. O que acontece hoje é de fato um delito de lesa-humanidade que repercute sobre todos nós e poderia nos destruir. A massa dos iletrados, que cobre metade da superfície da terra, não pesa realmente sobre a sociedade; o que pesa é o fato de que nós, sem nos apercebermos, ignoramos a criação do homem e pisoteamos os tesouros depositados pelo próprio Deus em cada criança, porque ali se encontra a fonte dos valores morais e intelectuais que podem levar o mundo inteiro a um plano mais elevado. Nós choramos diante da morte e aspiramos a salvar a humanidade da destruição, mas não é a salvação dos perigos, e sim a nossa elevação individual e nosso destino mesmo de homens que devemos ter em mente. Não é a morte, mas o paraíso perdido que deveria no afligir.

O maior perigo está em nossa ignorância: sabemos buscar pérolas nas conchas das ostras, ouro na rocha, carvão nas vísceras da terra, mas ignoramos o germe espiritual, a nébula da criação que a criança esconde em si quando vem ao nosso mundo para renovar a humanidade.

Se fosse admitida nas escolas convencionais a organização espontânea já descrita, ela levaria a uma notável melhora. Os docentes, porém, acham que as crianças não são ativas no aprender, e as impelem, encorajam e premiam para estimulá-las, encorajam a competição para alcançar o ânimo ao trabalho. É como se todos estivessem impelidos para a busca do mal pelo gosto de combatê-lo, e é própria do adulto essa atitude de descobrir o vício para suprimi-lo. Mas a correção do erro é frequentemente humilhante e desencorajadora, e, como ela está na base da educação, disso resulta em geral um rebaixamento do nível de vida. Nas escolas não é permitido copiar, e se considera uma culpa ajudar um aluno mais fraco: o aluno que ajuda o colega que não sabe fazer sua tarefa é considerado culpado, tanto quanto aquele que aceita a ajuda, e assim não se forma a união e se impõe um princípio de moralidade que rebaixa o nível normal. A todo momento se repete: "*Não* se distraia", "*não* se excite", "*não* ajude", "*não* responda quando não for perguntado". Tudo entra num registro negativo. O que devemos fazer diante dessa situação? Mesmo quando o professor tenta elevar sua turma, faz isso sempre de modo diferente de como fariam as crianças. Provavelmente, na melhor das hipóteses, ele dirá: "Não tenha inveja se algum for melhor que você" ou "não se vingue se alguém te ofendeu". Já que a educação corrente é cheia de negações, a ideia geral é que todos estão errados e que é nosso dever melhorá-los na medida do possível. Mas as crianças frequentemente fazem coisas que o professor nem sequer imagina: *admiram* quem é melhor que elas e não se limitam, portanto, a "não serem invejosas". Certas atitudes do espírito não podem ser suscitadas se não existirem; mas, se existirem e forem instintivas (como de fato são), é ainda mais importante encorajá-las e cultivá-las! O mesmo se pode dizer a propósito do "não se vingue", pois com frequência ocorre de uma criança se tornar amiga daquela que a ofendeu, mas ninguém pode *obrigá-la* a isso. Pode-se experimentar simpatia e amor também por quem faz o mal, mas outros não podem *impor* essa simpatia. É bonito ajudar o colega mais fraco, mas não por *obrigação*. Esses sentimentos naturais deveriam, como tenho dito, ser encorajados. Desafortunadamente, porém, são com frequência reprimidos, e todo o trabalho das escolas se desenrola na zona branca inferior (ver figura 8) que leva à periferia do antissocial e do extrassocial. O docente pressupõe que a criança seja incapaz e tenha de ser instruída, daí acha que lhe faz bem dizendo: "Não faça isso ou aquilo". Ou, em outras palavras: "Não se deixe levar para a periferia". Contudo, as crianças normalizadas apresentam uma nítida inclinação para o bem e não sentem a necessidade de "evitar" o mal. Outro ato negativo é a interrupção do trabalho em horas fixas segundo um horário. Diz-se à criança: "Não se aplique por tempo demais a um dado afazer porque você se cansará", enquanto ela mostra evidentemente querer fazer o máximo esforço. As escolas que temos hoje não podem ajudar o instinto criativo das crianças, que têm em si quase uma exaltação de atividade: exaltação no trabalho intenso, em achar bonito o trabalho, em consolar os aflitos e ajudar os fracos. Eu gostaria de comparar a relação entre escolas convencionais e escolas normalizadas àquelas entre o Antigo e o Novo Testamento. Os Dez Mandamentos do Antigo Testamento: "Não matarás", "não roubarás" e todas as demais fórmulas negativas de uma lei necessária apenas a homens de mente ainda obscura e confusa. No entanto, no Novo Testamento, Cristo, igual às crianças, nos dá mandamentos positivos como: "Ama o teu inimigo". Àqueles que pareciam superiores aos outros, que seguiam a lei e queriam por isso ser admirados, Cristo disse: "Eu vim pelos pecadores". Não basta, porém, ensinar aos homens esses princípios, é inútil repetir "Ama o teu inimigo", já que isso se diz na igreja, e não na batalha, em que ocorre o contrário. Quando se diz: "Não matarás", chama-se a atenção para o mal apenas para que alguém se proteja a si mesmo, como se o bem nos fosse impraticável. Amar um inimigo parece impossível, tanto que permanece em geral um vão ideal.

E por quê? Porque a raiz da bondade não existe no coração do homem; pode ser que em alguma época tenha existido, mas hoje está morta e sepultada. Se, durante todo o período da educação, a rivalidade, a competição, a ambição foram encorajadas, como esperar que as pessoas crescidas em tal atmosfera sejam boas aos 20 ou 30 anos só porque alguém prega a bondade? Digo que é impossível, já que nenhuma preparação foi feita para a vida do espírito.

Não as pregações, mas os instintos criativos são importantes, porque são uma realidade: as crianças operam segundo a natureza, e não porque o professor as exorta. O bem deveria vir da ajuda recíproca, da união que deriva da coesão espiritual: esta sociedade criada por coesão, tal como nos é revelada pelas crianças, é a base de todas as organizações; por isso defendo que não podemos ensinar crianças de 3 a 6 anos. Podemos observá-las com inteligência e acompanhar seu desenvolvimento, a cada hora e cada dia de seus incessantes exercícios. Aquilo que a natureza dá se desenvolve com o trabalho constante: a natureza oferece um guia, mas também mostra que, para desenvolver qualquer coisa em qualquer campo, são necessários contínuo esforço e experiência. Se faltar essa possibilidade, não haverá pregações que possam valer. O *crescimento* vem da atividade, não da compreensão intelectual; portanto, a educação dos pequenos é importante especialmente entre os 3 e os 6 anos porque esse é o período embrionário para a formação do caráter e da sociedade (assim como o período do nascimento aos 3 anos é o da formação da psique, e o período pré-natal, o da formação da vida física). Aquilo que a criança realiza entre os 3 e os 6 anos não depende de doutrina, mas de uma divina diretriz que guia o espírito para a construção. São os germes do "comportamento" humano e só podem se desenvolver no correto ambiente de liberdade e de ordem.

O ERRO E SEU CONTROLE

As crianças nas nossas escolas são livres, mas a organização é necessária: uma organização mais acurada do que nas outras escolas, a fim de que as crianças estejam livres para *trabalhar*. A criança que realiza suas experiências num ambiente preparado se aperfeiçoa, mas lhe é indispensável um material de trabalho especial. Uma vez alcançada a concentração, ela poderá mantê-la através de toda espécie de atividade, e, quanto mais ativa for a criança, menos será o educador, até este vir a se colocar quase à margem.

Mencionamos aqui o fato de que, por meio de exercícios repetidos em liberdade, as crianças se unem numa espécie de sociedade tão mais perfeita que a nossa que nos deixaria persuadidos de que elas deveriam ser sempre deixadas livres de qualquer interferência nossa. É um fenômeno de vida, delicado como o da vida do embrião, e não deveria ser sequer tocado: criem-se as condições necessárias e qualquer objeto, correspondendo à necessidade de desenvolvimento, bastará para suscitá-lo.

Nesse nosso ambiente há uma relação precisa entre o educador e a criança. A tarefa do educador será ilustrada em outro capítulo, mas uma das coisas que, de todo modo, o educador não deve fazer é interferir para elogiar, para punir ou corrigir erros. A muitos educadores este parece ser um princípio errôneo, e eles se opõem a nosso método sempre nesse ponto. Dizem:

"Como vocês podem fazer a criança progredir se não corrigem os erros?". Na educação comum, a tarefa fundamental do docente é corrigir, tanto no campo moral quanto no intelectual. A educação caminha sobre duas diretrizes: dar prêmios ou dar punições, mas se uma criança recebe prêmios e punições significa que não tem a energia para se orientar e recorre à contínua direção do docente. Os prêmios e as punições, na medida em que são estranhos ao trabalho espontâneo do desenvolvimento da criança, suprimem e ofendem a espontaneidade do espírito. Não podem, desse modo, ter lugar em escolas como as nossas, onde se quer tornar possível a espontaneidade e defendê-la. As crianças deixadas livres são absolutamente indiferentes a prêmios e castigos.

A abolição dos prêmios não suscitaria protestos: no fundo, constitui uma economia, e, de qualquer modo, os prêmios cabem a poucos e, em geral, no fim do ano. Mas as punições! Esta é outra história: acontecem todos os dias. O que significam as correções no caderno de tarefas? Significa dar dez ou zero! Como é que o zero pode representar uma "correção"? Então o professor diz: "Vocês cometem sempre os mesmos erros, não escutam quando eu falo, vão ser reprovados nos exames". Todas as notas nos cadernos, e as observações das professoras, produzem uma redução da energia e do interesse. Dizer: "Você é ruim" ou "você é burro" é humilhante: é insulto e ofensa, mas não correção, porque a criança, para se corrigir, tem que melhorar, e como pode melhorar se já está abaixo da média e, além disso, é humilhada? Antigamente, os professores costumavam pôr orelhas de burro nas crianças quando pareciam ignorantes e batiam em seus dedos quando escreviam mal. Ainda que tivessem usado todo o papel do mundo para fazer orelhas de burro e reduzido a pó os pobres dedinhos, não teriam corrigido nada: só a experiência e o exercício corrigem os erros, e a aquisição das diferentes capacidades requer longo exercício. Se falta disciplina a uma criança, ela se torna disciplinada trabalhando em sociedade com as outras crianças, e não ouvindo dizer que é indisciplinada. Se você diz a um aluno que ele não sabe fazer uma coisa, ele poderá facilmente responder: "Por que me diz isso? Eu já sei!". Isso não é correção, mas apresentação de fatos. Correção e aperfeiçoamento se dão somente quando a criança pode se exercitar à vontade por longo tempo.

Também podem ser cometidos erros e a criança não se dar conta de cometê-los; mas também o professor pode se enganar sem saber que está cometendo erros. Infelizmente, o docente em geral parte da ideia de que nunca se engana e de que é um exemplo; assim, se incorre em erro, sem dúvida não o dirá à criança: sua dignidade se baseia em ter sempre razão. O professor tem que ser infalível. E isso não é culpa dos docentes que são forçados pelas circunstâncias a esse comportamento, mas da educação escolar que se apoia numa base falsa.

Consideremos o erro por si mesmo. É necessário admitir que todos podemos nos enganar, é uma realidade da vida, de modo que admiti-lo é um grande passo rumo ao progresso. Se devemos percorrer a senda da verdade e da realidade, temos de admitir que todos podemos errar, senão seríamos todos perfeitos. Assim, melhor será ter para com o erro uma atitude amigável e considerá-lo como um companheiro que vive conosco e tem um objetivo, porque realmente tem. Muitos erros são corrigidos espontaneamente no curso da vida. O pequeno de 1 ano começa a andar inseguro, vacila, cai, mas no fim caminha bem. Corrige seu erro *crescendo e fazendo sua experiência*. Nós temos a ilusão de caminharmos ao logo da senda da vida rumo à perfeição: na realidade, fazemos erros sobre erros e não os corrigimos, não os reconhecemos e vivemos na ilusão, fora da realidade. O professor que parte do princípio de ser perfeito e não reconhece os próprios erros não é um bom educador. Para qualquer lugar que se olhe, lá está sempre o Senhor Erro! Se quisermos andar rumo à perfeição, convém estarmos atentos aos enganos porque a perfeição só virá corrigindo-os e é preciso olhar para eles à luz do sol, é preciso lembrar que eles existem como existe a própria vida.

As ciências exatas (matemática, física, química etc.) chamam a atenção para os erros, porque são ciências que têm a tarefa de colocá-los em evidência. O estudo científico do erro começou com as ciências positivas, as quais são consideradas imunes ao erro porque medem exatamente e podem avaliar o erro. Duas coisas importam: (1) alcançar certa exatidão e (2) comparar o erro com a exatidão. Qualquer coisa que a ciência nos dê, ela nos dá com uma aproximação, não como absoluta, e se percebe essa aproximação *no* resultado. Por exemplo, uma injeção antimicrobiana dá um resultado seguro em 95 por cento dos casos, mas é importante saber que existe 5 por cento de incerteza. Uma medida também é considerada correta até certo número de milésimos. Na ciência nada é dado ou aceito sem a indicação do erro provável, e o que dá importância aos elementos é o cálculo dos erros. Nenhum dado é considerado sério se o resultado não for oferecido com o erro provável, tão importante quanto o resultado mesmo. Se esse cálculo do erro é tão importante para a ciência exata, será ainda mais para nosso trabalho, em que o erro apresenta um interesse especial e seu conhecimento é necessário para corrigir ou controlar.

Alcançamos assim um princípio científico que é também um princípio de vida: o "controle do erro". Em qualquer coisa feita na escola por professores, crianças ou outros, sempre há erros. Na vida da escola deve entrar o princípio de que *não é importante a correção, mas o controle individual do erro*, que nos diz se temos razão ou não. Eu devo saber se trabalhei bem ou mal, e, se antes considerei o erro de modo superficial, agora ele se torna interessante para mim. Nas escolas comuns um aluno erra sem saber, inconscientemente e com indiferença, porque não é ele que deve corrigir os próprios erros, mas é o professor que se encarrega disso. Como esse procedimento é distante do campo da liberdade! Se eu não tiver a habilidade de controlar meus erros, tendo a me dirigir a alguém que pode não saber mais do que eu. O quanto é importante, contudo, compreender os erros cometidos e saber controlá-los! Uma das maiores conquistas da liberdade psíquica é nos darmos conta de que podemos cometer um erro e podemos reconhecer e gerir o erro sem ajuda. Se há algo que torna o caráter indeciso é não saber gerir alguma coisa sem ter de recorrer à ajuda alheia. Nasce um sentimento de inferioridade desestimulante e uma falta de confiança em nós mesmos. O controle do erro se torna um guia que nos diz se estamos no caminho certo.

Suponhamos que eu queira ir a determinado lugar, mas não conheça o caminho, e isso na vida acontece com frequência. Para ter certeza, pegarei um mapa topográfico, também verei sinalizações ao longo da estrada que me dirão onde me encontro, posso ter visto uma placa com a indicação "Ahmedabad a dois quilômetros"... se, ao contrário, vejo de repente uma placa que diz "50 quilômetros até Mumbai", me dou conta de ter me enganado. O mapa e as sinalizações me ajudaram: se não tivesse o mapa, teria de perguntar e receberia indicações contraditórias. Se não houver um guia ou o controle, é impossível avançar.

Aquilo que é necessário, portanto, na ciência exata e na vida prática deve ser admitido desde o princípio como necessário à educação: a possibilidade de gerir o erro. Assim, *junto* com o ensino e o material, é essencial o controle do erro. A possibilidade de proceder consiste em grande parte em termos liberdade e um caminho seguro, e os meios de dizer a nós mesmos se e quando nos enganamos. Quando conseguirmos seguir esse princípio na escola e na vida prática, não importa que a professora ou a mãe sejam ou não perfeitas. Os erros cometidos pelos adultos têm um quê de interessante e as crianças simpatizam com eles, de maneira, porém, completamente destacada. Torna-se para elas um aspecto da natureza, e o fato de que todos possamos nos enganar provoca no coração delas um grande afeto: é uma nova razão de união entre mãe e filho. Os erros nos aproximam e nos tornam mais amigos: a fraternidade nasce melhor no caminho dos erros do que no da perfeição. Se alguém é perfeito, não pode mais mudar: duas pessoas perfeitas postas juntas em geral combatem uma à outra porque não há possibilidade de mudarem e de se entenderem.

Examinemos, por exemplo, um dos primeiros exercícios práticos que as crianças fazem com o material. Há cilindros, todos da mesma altura, mas de diâmetro diferente, que se encaixam numa base com furos correspondentes. O primeiro exercício consiste em reconhecer que eles diferem um do outro; o segundo, em segurá-los com três dedos. A criança começa a colocá-los em seus furos, mas quando terminou percebe que se enganou, porque sobrou um cilindro grande demais para a pequena cavidade que resta a preencher, enquanto outros cilindros bailam no encaixe. Assim, a criança olha para eles e os observa com maior atenção. Ela se acha diante do problema daquele cilindro restante como evidência de um erro. Ora, é justamente isso o que faz aumentar seu interesse no exercício e a leva a repeti-lo muitas vezes. Assim, o material citado responde a dois objetivos: (1) aguçar os sentidos da criança e (2) dar-lhe a possibilidade de um controle dos erros.

Nosso material tem a particularidade de oferecer um controle do erro muito visível e tangível: um pequeno de 2 anos pode usá-lo e adquirir a noção do controle do erro e dirigir-se ao aperfeiçoamento. Com uma prática diária de tais exercícios, ele adquire a possibilidade de corrigir os erros e de se tornar seguro de si mesmo. Isso não significa perfeição, mas conhecimento das próprias possibilidades e, portanto, de se tornar capaz de fazer alguma coisa. Ele poderia dizer: "Não sou perfeito, não sou onipotente, mas sei fazer esta coisa e conheço minha força, e sei também que posso me enganar e me corrigir... assim conheço meu caminho". Nisso há prudência, certeza e experiência: viático seguro rumo à perfeição. Chegar a essa certeza não é simples como se poderia crer, nem é tão simples colocar-se no caminho da perfeição. Dizer a alguém que é burro, estúpido, corajoso, bom ou mau é uma forma de traição: a criança deve dar-se conta por si mesma daquilo que faz, e é preciso dar-lhe, junto com a possibilidade de se desenvolver, a de gerir os próprios erros.

Observemos um pouco mais tarde uma criança que tenha sido educada desse modo. Ela fará exercícios de aritmética, mas sempre lhe será oferecida a possibilidade de fazer o teste das operações, e se habituará a controlar por si mesma o próprio trabalho. Esse controle é mais atraente que o próprio exercício. O mesmo se diga para a leitura. A criança deve fazer um exercício que consiste em pôr cartelas escritas em correspondência com os objetos adequados: há à parte outros cartões em que estão representados os mesmos objetos com os nomes correspondentes, para o controle. O grande prazer da criança consiste em verificar se errou ou não.

Se na prática da vida escolar tornarmos sempre possível esse controle dos erros, estaremos no caminho da perfeição. O interesse pela melhora e as contínuas experimentações e controles são tão importantes para a criança que asseguram seu progresso. Por natureza, ela tende à exatidão, e o modo de exercitá-la a atrai. Numa de nossas escolas, uma menina viu uma ordem escrita assim: "Saia, feche a porta e volte". Estudou-a atentamente e depois se moveu para obedecer, mas na metade do caminho voltou e se dirigiu à professora: "Como faço para voltar se tiver fechado a porta?". "Tem razão", disse a professora, "eu me enganei", e corrigiu a escrita. E a menina, com um sorriso: "Sim, agora posso fazer".

Desse controle dos erros surge uma forma de fraternidade: os erros dividem os homens, mas o controle dos erros é um modo de uni-los. Corrigir o erro, em qualquer campo, pode se tornar interesse geral. O próprio erro se torna interessante: torna-se um vínculo, e certamente um meio de coesão entre os seres humanos, mas especialmente entre crianças e adultos. Achar um pequeno erro no adulto não provoca falta de respeito na criança ou diminuição da dignidade do adulto: o erro se torna uma coisa em si, que pode ser submetida a controle.

Assim, os pequenos passos levam a grandes coisas.

OS TRÊS GRAUS DA OBEDIÊNCIA

As principais preocupações na educação habitual do caráter dizem respeito à vontade e à obediência, e geralmente estas constituem dois conceitos antagonistas na mente dos homens. Um dos objetivos principais da educação ainda é o de dobrar a vontade da criança e substituí-la pela do adulto que espera obediência.

Quero esclarecer essa ideia, baseando-me não numa opinião, mas na minha experiência. Antes de tudo, temos de admitir que nessa matéria há uma grande confusão. Os estudos biológicos nos sugerem que a vontade do homem faz parte de um poder universal (*horme*), e que essa força universal não é física, mas é a força da vida em curso de evolução. Toda forma de vida é impelida irresistivelmente rumo à evolução, e o que dá impulso é o *horme*. A evolução é governada por leis fixas, e não pela sorte ou pelo acaso: essas leis da vida nos dizem que a vontade do homem é uma expressão daquela força e plasma seu comportamento. Na infância, essa força se torna em parte consciente tão logo a criança realiza uma ação por ela mesma deliberada, e se desenvolve nela depois, mas só por meio da experiência. Assim, começamos a dizer que a vontade é algo que deve se desenvolver e que, sendo natural, obedece a leis naturais.

A confusão, neste campo, vem também da ideia de que as ações voluntárias das crianças são por natureza desordenadas e às vezes violentas, o que em geral se deve ao fato de que as pessoas veem esse tipo de ações da criança e acreditam serem expressões de sua vontade. Mas não é assim: essas ações não pertencem ao campo da força universal (*horme*). Se, examinando o comportamento dos adultos, considerássemos as convulsões de um homem como manifestações voluntárias ou atos realizados num acesso de ira dirigidos por sua vontade, isso seria evidentemente um absurdo. De fato, falamos de vontade como de algo que implique um objetivo a alcançar e dificuldades a vencer. Se, porém, se considerasse que as ações voluntárias são movimentos quase sempre desordenados, então se sentiria a necessidade de domar a vontade, como se dizia antigamente, de "quebrar a vontade", e, achando isso necessário, o resultado lógico seria substituir a vontade da criança pela nossa, obrigando-a a "obedecer".

A realidade dos fatos é que a vontade não leva à desordem e à violência: estas são sinais de desvio e de sofrimento. A vontade, em seu campo natural, é uma força que impele a ações benéficas à vida. A tarefa que a natureza impõe à criança é a de crescer, e a vontade da criança é uma força que impele ao crescimento e ao desenvolvimento.

Uma vontade que deseja o que o indivíduo faz investe no caminho do desenvolvimento consciente. Nossas crianças escolhem espontaneamente seu trabalho e, repetindo o exercício escolhido, desenvolvem a consciência de suas ações. Aquilo que a princípio era somente um impulso vital (*horme*) se torna ação da vontade: antes a criança agia instintivamente, agora age consciente e voluntariamente, e esse é um despertar do espírito.

A própria criança compreendeu essa diferença e a exprime de um modo que será sempre uma preciosa recordação da nossa experiência. Uma senhora da boa sociedade visitava certo dia nossa escola e, com seu tipo de mentalidade antiquada, disse a uma criança: "Então este é um lugar onde vocês fazem o que querem, não é?". E a criança: "Não, senhora, nós não fazemos o que queremos, nós queremos o que fazemos". A criança sentia a sutil diferença entre fazer o que agrada a alguém e amar o que alguém faz.

Uma coisa deve ficar bem clara: a vontade consciente é um poder que se desenvolve com o exercício e o trabalho. Nosso objetivo é o de cultivar a vontade, e não o de quebrá-la. A vontade pode ser quebrada quase num instante. Seu desenvolvimento é um processo lento, que se desdobra por meio de uma contínua atividade em relação ao ambiente. É fácil destruir: o desmoronamento de um edifício pode ocorrer em poucos segundos com um bombardeio ou um terremoto, mas como é difícil sua construção! Esta exige conhecimento das leis do equilíbrio, da resistência dos materiais e também da arte, para que a construção seja harmoniosa.

Se tudo isso é necessário para a realização de uma construção material inanimada, muito mais exigirá a construção do espírito humano! Ela ocorre no íntimo. O construtor, portanto, não pode ser nem a mãe nem o professor: estes são apenas os arquitetos, mas podem ajudar somente a obra que procede da própria criança. Ajudar: essa deveria ser sua tarefa e sua meta, mas eles também têm o poder de destruir e de quebrar por meio da repressão. Esse ponto, mantido na escuridão por tantos preconceitos, merece ser esclarecido.

O preconceito mais comum na educação convencional implica que tudo pode ser obtido com o ensino (ou seja, dirigindo-se ao ouvido da criança) ou com alguém servindo de exemplo a imitar (uma espécie de educação visual), enquanto a personalidade só pode ser desenvolvida com o próprio exercício. A criança é comumente considerada um ser receptivo em vez de um indivíduo ativo, e isso se dá em todos os campos: até mesmo o desenvolvimento da imaginação é tratado desse ponto de vista. À criança se narram contos de fadas, histórias encantadas de príncipes e princesas, e se acredita de tal modo desenvolver a imaginação. Escutando essas e outras histórias, porém, ela só faz *receber* impressões, não desenvolve totalmente as próprias possibilidades de imaginação, uma das mais elevadas qualidades da inteligência. No caso da vontade, esse erro é ainda mais grave, porque a educação convencional não só tolhe a ocasião para a vontade se desenvolver como também impede esse desenvolvimento e inibe diretamente sua expressão. Toda tentativa de resistência da parte da criança é reprimida como uma forma de rebelião: é como se o educador fizesse todo o possível para destruir a vontade do aluno. Por outro lado, o princípio educacional do ensino mediante o exemplo leva o educador, pondo à margem o mundo da fantasia, a se apresentar aos alunos como modelo. E assim imaginação e vontade permanecem inertes, e a atividade das crianças se reduz a seguir o professor, quer ele conte histórias, quer ele aja.

Devemos finalmente nos libertar desses preconceitos e enfrentar corajosamente a realidade.

Na educação tradicional, o professor raciocina de um modo que pode parecer bastante lógico. Ele pensa: "Para poder educar, devo ser bom e perfeito. Sei o que se deve e o que não se deve fazer; por isso, bastará que as crianças me imitem e me obedeçam". A obediência é a base secreta do ensino. Não recordo qual famoso educador pronunciou esta máxima: "Todas as virtudes da criança se resumem a uma: obediência".

Dessa maneira, a tarefa do professor se torna fácil e entusiasmante. Ele diz: "Diante de mim está um ser vazio, ou cheio de erros; eu o transformarei recriando-o à minha imagem e semelhança". Ele se atribui assim os poderes expressos nas palavras da Bíblia: "E Deus criou o homem à sua imagem e semelhança".

O adulto, naturalmente, não percebe que se coloca no lugar de Deus. Esquece sobretudo a outra parte da história bíblica, em que se diz que o diabo se torna tal pelo orgulho que o impele a ocupar o lugar do Criador.

A criança traz em si a obra de um criador bem maior que o professor, o pai e a mãe, e apesar disso ela tem que se submeter. Em outros tempos, os professores usavam a vara para alcançar seu objetivo, e ainda recentemente, numa nação em outros aspectos altamente civilizada, os educadores declararam: "Se renunciarmos ao chicote, renunciamos à educação". Também encontramos na Bíblia, entre os provérbios de Salomão, aquele famoso em que se diz que são maus pais aqueles que não usam a vara, porque condenam os filhos ao inferno. A disciplina se apoia em ameaças e temor. E assim se conclui que a criança desobediente é má e a obediente é boa.

Na nossa época de teorias democráticas e de liberdades, se refletirmos sobre aquela atitude, somos forçados a concluir que a educação ainda vigente condena o educador a ser um tirano. Só que os tiranos, já por si muito mais inteligentes, associam à força de vontade também um pouco de originalidade e certa dose de imaginação, enquanto os professores do velho tipo frequentemente têm ilusões e preconceitos e dão seu apoio a regras irracionais. Existe esta diferença entre o tirano e o professor: enquanto o primeiro usa meios ríspidos para construir, o segundo usa os mesmos meios para chegar ao fracasso de seu objetivo. É um erro fundamental acreditar que a vontade do indivíduo deva ser destruída a fim de que possa obedecer, isto é, aceitar e executar o que outro decide. Se aplicássemos esse raciocínio à educação intelectual, teríamos de dizer que é necessário destruir a inteligência da criança para fazê-la aprender nossa cultura.

Obter obediência de indivíduos que já desenvolveram sua vontade, mas que decidiram livremente seguir a nossa, é muito diferente. Esse tipo de obediência é um tipo de homenagem, um reconhecimento da superioridade do educador, que deveria ser para ele de grande satisfação.

Vontade e obediência estão conectadas entre si, na medida em que a vontade é o fundamento e a obediência assinala uma segunda fase do desenvolvimento. Então, só a obediência assume um significado superior àquele que o educador geralmente imagina: ela pode ser considerada uma *sublimação* da vontade individual.

A obediência também pode ser interpretada como um fenômeno da vida e considerada uma característica da natureza. De fato, temos visto o desenvolvimento da obediência em nossas crianças como uma espécie de evolução; ela se revela espontânea e repentina e representa o término de um longo processo de aperfeiçoamento.

Se na alma humana não existisse essa qualidade, se os homens não adquirissem, mediante um processo de evolução, a capacidade de obedecer, a sociedade não poderia existir. Basta um olhar superficial ao que acontece no mundo para perceber em que medida as pessoas obedecem. Esse tipo de obediência é justamente a razão pela qual enormes grupos de homens caem num abismo de destruição: uma obediência sem controle, uma obediência que leva inteiras nações ao desastre. Não falta obediência no mundo, muito pelo contrário! A obediência, como consequência natural do desenvolvimento da alma humana, é de fato muito evidente; o que falta, infelizmente, é o controle da obediência.

O que temos podido observar nas crianças num ambiente programado para ajudar seu desenvolvimento natural nos mostra claramente o progresso da obediência como um dos coeficientes mais salientes do caráter. Essa observação lança muita luz sobre o tema.

No curso de nossa experiência, temos visto muito bem que a obediência se desenvolve na criança de maneira análoga às outras qualidades do caráter. No princípio, ela é comandada pelo *horme*, depois sobe ao nível da consciência; ali se desenvolve ulteriormente, ascendendo de degrau em degrau até poder ser controlada pela vontade consciente.

Tentemos definir o que para alguém significa realmente obediência; no fundo é aquilo que sempre significou: professor e pais ordenam às crianças o que elas devem fazer, e as crianças respondem ao comando executando a ordem.

O desenvolvimento natural da obediência pode ser dividido em três graus. No *primeiro grau*, a criança obedece só em certas ocasiões, não sempre. Esse fato, que se poderia atribuir a um comportamento caprichoso, deve ser analisado.

A obediência não está ligada somente ao que nós habitualmente chamamos "boa vontade". Durante o primeiro período da vida, aliás, as ações da criança obedecem ao *horme*. Isso está claro para todos, até o final do primeiro ano. Entre 1 e 6 anos, o fenômeno se torna menos aparente à medida que, na criança, se desenvolvem a consciência e o controle de si mesma. Durante esse período, a obediência depende de fatores de formação. Certa habilidade e certa dose de maturidade são necessárias para poder executar a ação comandada. A obediência, por isso, deveria ser julgada em relação ao desenvolvimento e às condições vitais. É absurdo mandar que alguém caminhe com o nariz, porque é fisiologicamente impossível; nem é possível dizer "escreva uma carta" a alguém que não sabe escrever. É necessário, por isso, estabelecer primeiro a possibilidade material da obediência em relação ao desenvolvimento alcançado. E é por isso que uma criança antes dos 3 anos não pode ser obediente se o comando recebido não corresponder ao impulso vital. Ela não pode porque ainda não se construiu a si mesma: ainda está envolvida na elaboração inconsciente dos mecanismos da própria personalidade e não alcançou ainda o ponto em que os estabeleceu de modo que possam servir a suas intenções e ela possa dominá-los conscientemente. O domínio representa um progresso no desenvolvimento. De fato, os usos e o modo como crianças e adultos vivem juntos subentendem que o adulto não espera obediência de uma criança de 2 anos. Nessa idade, o adulto, por intuição e lógica, ou talvez por causa de um convívio mais que milenar, só poderá impedir, mais ou menos violentamente, as ações da criança que ele reprova.

A obediência, porém, não é só inibição: ela consiste especialmente em agir conformemente à vontade de outra pessoa. Embora a vida de uma criança mais crescida não esteja na fase de preparação primitiva da criança de 0 a 3 anos, que, como dissemos, se dá no mistério da vida, mesmo nesse período posterior nos encontramos diante de fatos análogos. Também o pequeno depois dos 3 anos deve ter podido desenvolver certas qualidades para estar apto a obedecer: não pode subitamente agir segundo a vontade de outro indivíduo, nem compreender de um dia para o outro a razão e a lógica de fazer aquilo que se espera dele. Certos progressos são o resultado de uma *formação interior* que passa por várias fases. Enquanto perdurar esse período de formação, pode ocorrer que a criança de vez em quando consiga realizar uma ação comandada, se esta corresponderá à aquisição de maturidade interior recém-obtida. Só quando a aquisição se tornar sólida e permanente é que a vontade poderá dispor dela. Algo de semelhante ocorre também quando a criança se esforça por adquirir os primeiros elementos mecânicos das funções motoras. Com cerca de 1 ano ela se arrisca a dar os primeiros passos, mas cai com frequência e por um tempo não repetirá o experimento. Quando, porém, o mecanismo do andar estiver completamente estável, ela poderá exercitá-lo a todo momento. Eis outro ponto muito importante. A obediência da criança, nesta segunda fase, dependerá sobretudo do desenvolvimento de suas capacidades. Pode acontecer, por exemplo, que ela consiga obedecer uma vez, mas não uma segunda: essa incapacidade de repetir o ato de obediência é atribuída à "má vontade". Se for assim, o educador, com sua insistência e suas críticas, pode impedir o desenvolvimento interno que está em ação. Na história de Pestalozzi, o famoso educador suíço, que ainda tem tanta influência em escolas de todo o mundo, encontramos um elemento muito importante. Pestalozzi foi o primeiro a introduzir uma nota paternal no tratamento dos alunos; era sempre animado por uma simpatia por eles e pronto a perdoar. Uma coisa, porém, ficava excluída do perdão: o comportamento caprichoso, a criança que uma vez obedecia e outra vez não. Se ela tinha obedecido a uma ordem uma vez, significava que tinha a possibilidade de fazê-lo, e, se se recusava uma segunda vez, Pestalozzi não aceitava desculpas: era esse o único caso em que não mostrava indulgência. Se assim procedia Pestalozzi, com que maior frequência incorrerão no mesmo erro os outros educadores!

Por outro lado, nada é mais prejudicial do que provocar desestímulo justamente quando um desenvolvimento particular está em curso: se a criança ainda não é senhora de suas ações, se não consegue obedecer à sua própria vontade, muito menos conseguirá obedecer a outra pessoa. Eis por que pode acontecer que consiga obedecer uma vez e outra não. E não só na infância isso pode acontecer: quantas vezes um principiante que toca algum instrumento conseguirá executar uma peça na primeira vez e se, no dia seguinte, lhe pedirem que toque outra vez, não saberá fazê-lo igualmente bem; não lhe falta a vontade, mas a habilidade consumada e segura.

Portanto, o que chamamos de *primeiro grau* é o período em que a criança pode obedecer, mas nem sempre consegue fazê-lo: é o momento em que obediência e desobediência vão *pari passu*.

O *segundo grau* é alcançado quando a criança pode obedecer sempre, ou seja, quando não há mais obstáculos que dependem do grau de seu desenvolvimento. Suas habilidades bem consolidadas podem então ser dirigidas, não só por sua vontade, mas também pela vontade de outra pessoa. Esse, no campo da obediência, é um grande passo: poderíamos compará-lo à capacidade de traduzir de uma língua a outra. A criança pode absorver a vontade de outra pessoa e agir em consequência: é esse o mais alto nível a que visa a educação. O educador comum não aspira a nenhum estágio de obediência que vá além de ser sempre obedecido. A criança, porém, quando lhe é dada a possibilidade de seguir as leis da natureza, vai muito além da nossa expectativa.

A criança não se detém aqui, mas procede rumo ao *terceiro grau* de obediência. Aqui a obediência ultrapassa a relação com a habilidade adquirida, que a põe ao alcance da criança; a obediência é dirigida para uma personalidade cuja superioridade ela sente. É como se a criança se desse conta de que o professor é capaz de fazer coisas superiores àquelas que ela pode fazer. É como se dissesse a si mesma: "Esta pessoa, que está tão acima de mim, pode penetrar minha inteligência com um poder especial e me tornar tão grande quanto ela. Age dentro de mim!". Esse sentimento parece dar à criança uma grande e profunda alegria. Poder receber diretrizes daquela vida superior é uma repentina descoberta que traz consigo uma nova forma de entusiasmo, e a criança fica impaciente e ansiosa por obedecer. A que poderíamos comparar esse fenômeno natural e maravilhoso? Talvez, em outro plano, ao instinto do cão que ama o dono e com sua obediência põe em ação a vontade deste. Quando o dono lhe mostra uma bola, o cão olha para ela intensamente, e quando o dono a atira longe o cão corre e a traz de volta triunfalmente e espera novo comando. O cão fica ansioso por receber ordens e, agitando a cauda cheio de alegria, corre a obedecer. O terceiro grau da obediência na criança é, aproximadamente, semelhante a esse. Sem dúvida, porém, ela obedece sempre com surpreendente prontidão e parece impaciente por fazê-lo.

As experiências de uma educadora, após uma década de prática, nos oferecem provas interessantes. Ela tinha uma turma de crianças e a dirigia muito bem, mas não sabia abster-se de fazer sugestões frequentes. Um dia ela disse: "Arrumem tudo antes de irem para casa hoje à tarde". As crianças não esperaram que ela concluísse suas palavras; assim que ouviram: "Arrumem tudo...", se apressaram a executar com cuidado e rapidamente. Depois, ouviram com surpresa: "... quando forem para casa hoje à tarde". Sua obediência tinha se tornado tão instantânea que a professora tinha de estar muito atenta ao modo como se exprimia. De fato, deveria ter dito: "Antes de irem para casa hoje à tarde, coloquem cada coisa em seu lugar". Casos semelhantes, dizia, ocorriam toda vez que ela se exprimia sem refletir o suficiente, e se sentia responsável, dada a imediata reação das crianças. Era para ela uma estranha experiência, porque as ordens pareciam atributos naturais da autoridade: em vez de sentir o peso delas, ela sentia a responsabilidade de sua posição de autoridade. Conseguia obter o silêncio tão facilmente que bastava escrever a palavra "silêncio" na lousa para que todos se calassem já antes que ela tivesse terminado de escrever a letra "S".

Também a minha experiência, que me levou a introduzir a "lição do silêncio", demonstra essa atitude perante a obediência, que naquele caso era um fenômeno de obediência coletiva; demonstra uma maravilhosa e inesperada correspondência de um grupo inteiro de crianças que quase se identificavam comigo.

Para obter o silêncio absoluto, é preciso todos estarem de acordo: se um não estiver, o silêncio é rompido. Por isso, é importante ter a consciência de agir juntos para chegar a um resultado. Daqui nasce um consciente acordo social.

Desse exercício do silêncio se poderia medir a força de vontade daquelas crianças. Ao repetir o exercício, essa força se tornava maior e os períodos de silêncio se prolongavam. A esse exercício acrescentamos uma espécie de chamada, em que o nome de cada criança era apenas murmurado e aquela que ouvia ser chamada se adiantava em silêncio, enquanto as outras continuavam imóveis. Cada criança chamada se destacava do grupo lentamente buscando não fazer nenhum ruído. Dá para imaginar o quanto a última a ser chamada teve de esperar imóvel a sua vez! Aquelas crianças tinham desenvolvido incrivelmente sua vontade. A inibição dos impulsos é um dos grandes resultados desse exercício, como também o controle das próprias ações. Daqui derivou uma parte do nosso método: de um lado, a vontade de escolher e de trabalhar livremente; do outro, a inibição. Naquele ambiente elas podiam exercer a própria vontade, seja para agir, seja para conter seu agir, e formavam um grupo realmente admirável. A obediência tinha se desenvolvido nas crianças porque todos os elementos dela tinham sido preparados.

O poder de obedecer é a última fase do desenvolvimento da vontade, a qual, por sua vez, torna possível a obediência. Em nossas crianças, o grau de desenvolvimento alcançado é tão alto que a professora é logo obedecida, seja o que for que ordene. Ela então sente que deve ter cautela para não se aproveitar de tanta dedicação, e se dá conta da qualidade de caráter que um líder deveria ter. Não é líder quem tem um sentimento de grande autoridade, mas, antes, quem tem um sentimento de grande responsabilidade.

A EDUCADORA MONTESSORIANA E A DISCIPLINA

Uma professora inexperiente, cheia de entusiasmo e de fé nos resultados dessa disciplina interior que deveria se desenvolver numa pequena comunidade, se acha diante de problemas nada leves. Ela compreende e crê que as crianças deveriam estar livres para escolher suas ocupações, assim como não deveriam jamais ser interrompidas em suas atividades espontâneas. Nem instrução, nem ameaças, nem prêmios, nem punições são permitidos. A professora deve permanecer silenciosa e passiva, numa expectativa paciente, quase se retraindo para anular a própria personalidade de modo que o espírito da criança possa ter espaço para se expandir livremente. Ela pôs à disposição das crianças uma quantidade de material, quase todo o material, contudo a desordem não diminui e está para atingir proporções alarmantes.

Talvez estejam errados os princípios que aprendeu? Não. Entre a teoria e os resultados falta alguma coisa, que é a experiência prática. Neste ponto, a inexperiente iniciante precisa de orientação e esclarecimentos. Algo semelhante ao que se passa com o jovem médico com qualquer um que, tendo adentrado com o estudo o reino das ideias e dos princípios, se acha em seguida deixado sozinho diante dos fatos da vida, que são mais misteriosos que a incógnita nos problemas não resolvidos da matemática.

Devemos ter em mente que o fenômeno da disciplina interior é algo que deve se realizar, e não algo preexistente. Nossa tarefa é orientar no rumo da disciplina. A disciplina nascerá quando a criança tiver concentrado sua atenção sobre o objeto que a atrai e que permite não só um exercício útil, mas o controle do erro. Graças a esses exercícios, cria-se uma maravilhosa coordenação da individualidade infantil, com a qual a criança fica calma, radiosamente feliz, ocupada, esquecida de si e, por conseguinte, indiferente aos prêmios ou a recompensas materiais. Esses pequenos conquistadores de si mesmos e do mundo que os circunda são de fato super-homens que revelam para nós a alma divina que existe no homem. A feliz tarefa da educadora é mostrar o caminho para a perfeição, provendo os meios e removendo os obstáculos, a começar por aqueles que ela mesma pode representar, porque a educadora pode ser um grandíssimo obstáculo. Se a disciplina fosse preexistente, nosso trabalho não seria necessário: a criança teria um instinto seguro que a tornaria capaz de superar toda dificuldade.

Mas a criança de 3 anos, chegando à escola, é um combatente no ponto de ser derrotado pelas repressões. Ela já desenvolveu uma atitude defensiva que mascara sua mais profunda natureza. As mais elevadas energias que poderiam guiá-la a uma paz disciplinada e a uma divina sabedoria estão dormentes: tudo o que permanece ativo é uma personalidade superficial que esgota a si mesma em movimentos descoordenados, em ideias vagas, na busca de lutar contra a repressão dos adultos ou de escapar delas.

Sabedoria e disciplina, porém, estão à espera de serem despertadas na criança. As repressões trabalharam contra ela, mas ela ainda não está totalmente desgastada e fixada em seus desvios, e nossos esforços não serão vãos. A escola deve dar ao espírito da criança espaço e privilégio de expandir-se. Ao mesmo tempo, a professora deve recordar que as reações de defesa e, em geral, as características inferiores que a criança adquiriu são obstáculos preventivos ao desabrochar da vida espiritual e que a criança deve se livrar deles por si mesma.

Esse é o "ponto de partida" da educação. Se a educadora não souber distinguir entre o puro impulso e a espontânea energia que nasce de um espírito repousado, sua ação não trará frutos. O verdadeiro fundamento da eficiência da educadora consiste em poder distinguir entre dois tipos de atividade, cada uma delas tendo aparência de espontaneidade, porque em ambos os casos a criança age de própria vontade, mas têm um significado totalmente oposto. Somente quando tiver adquirido um poder de discernimento é que a educadora pode se tornar observadora e orientadora. A preparação necessária não é diferente da do médico: ele deve antes de tudo aprender a distinguir os fatos fisiológicos dos patológicos. Se não for capaz de distinguir a saúde da doença, se só o que pode fazer é diferenciar o homem vivo do morto, jamais será capaz de alcançar as cada vez mais sutis distinções entre os fenômenos patológicos, e será para ele impossível fazer um diagnóstico correto da doença. Esse poder de distinguir o bem do mal é a luz que nos revela o escuro caminho da disciplina, a qual conduz à perfeição. É possível identificar sintomas ou combinações de sintomas, suficiente, clara e implicitamente, para conseguir, mesmo na teoria, reconhecer os vários estágios pelos quais passa o ânimo infantil em sua ascensão rumo à disciplina? É possível, e uma pedra angular pode ser colocada como guia da educadora.

A criança em estado de caos

Consideremos a criança de 3 ou 4 anos como ainda não tocada pelos elementos que operam sobre ela para criar uma disciplina interior. Há três tipos e características que podem ser facilmente reconhecidos com o auxílio de uma simples descrição:

1. Os movimentos voluntários são desordenados. Não falo da intenção dos movimentos, mas dos movimentos mesmos. Falta uma coordenação fundamental. Esse sintoma, que deveria ter maior significado para um especialista em doenças nervosas do que para um filósofo, é de grande

importância. O médico observa os menores detalhes que concernem aos movimentos voluntários de um paciente seriamente enfermo; de um paralítico, por exemplo, nos primeiros estágios de lenta paralisia. O médico sabe que esses detalhes têm uma importância fundamental e que neles baseará seu diagnóstico muito mais do que nas deficiências mentais ou no comportamento desordenado que estão entre os sintomas dessa doença. A criança desajeitada em seus movimentos mostrará outras características evidentes como ações caóticas, comportamento descontrolado, contorções e gritos, mas essas manifestações têm menor valor indicativo. Uma educação que coordene com delicadeza os primeiros movimentos diminuirá por si mesma toda desordem dos movimentos voluntários. Mais do que tentar corrigir as mil manifestações externas de um desvio do reto caminho do desenvolvimento, bastará à educadora oferecer um meio interessante de desenvolvimento inteligente dos movimentos mais harmoniosos.

2. Outra característica que sempre acompanha a desordem que mencionamos é a dificuldade ou incapacidade da criança de fixar a atenção em objetos reais. Sua mente prefere vagar no reino da fantasia. Brincando com pedras ou folhas secas, ela fala como se preparasse deliciosos banquetes sobre magníficas mesas, e sua imaginação cairá possivelmente nos mais ásperos excessos quando se tornar adulta. A mente se esgota quanto mais se afasta de sua função normal, e torna-se inútil instrumento do espírito, o qual precisa, para sua finalidade, de desenvolvimento da vida interior. Desafortunadamente, muitos creem que essa força desintegradora da personalidade é a força que desenvolve a vida espiritual. Eles sustentam que a vida interior é por si mesma criativa. No entanto, por si mesma não é nada, ou somente sombras, pedregulhos ou folhas mortas. A vida ulterior se constrói, porém, sobre a base fundamental de uma personalidade unificada, bem orientada no mundo exterior. A mente vagante que se descola da realidade se afasta de sua função normal, se afasta, é preciso

dizer, da saúde normal. Nesse mundo fantástico para o qual ela tende não há controle do erro, nada que coordene o pensamento. A atenção para as coisas reais, com as futuras aplicações que derivam dela, se torna impossível. Essa vida da imaginação, como é chamada falsamente, é uma atrofia dos órgãos cujas funções são essenciais à vida espiritual. A educadora que busca fixar a atenção da criança sobre algo de real, tornando a realidade acessível e atraente – e que consegue fazer a criança se interessar por uma mesa de verdade, servindo uma refeição de verdade –, fala com uma voz que convoca, como o som de uma trompa, a mente que vagueia distante do caminho do próprio bem. E a coordenação de movimentos aperfeiçoados, junto à convocação da atenção destacada da realidade, é o único remédio necessário. Não devemos pensar em corrigir um a um os aspectos de um desvio fundamental: tão logo é adquirida a capacidade de fixar a mente em coisas reais, a mente retornará ao estado de saúde e funcionará regularmente.

3. O terceiro fenômeno, que acompanha os outros dois, é a tendência à imitação, que se torna cada vez mais pronta e rápida. É sinal de profunda debilidade, é um exagero das características normais nas crianças de 2 anos. (A imitação nas crianças pequenas é de outra espécie, não podemos tratar dela agora.) Aquela tendência é indicadora de uma vontade que não preparou seus instrumentos, nem encontrou seu curso, mas anda nos rastros dos outros. A criança não tomou a via da perfeição, está à mercê dos ventos como um navio sem timão. Quem quer que observe uma criança de 2 anos, com uma limitada ordem de ideias sugeridas pela imitação, como soma de seus conhecimentos, reconhecerá a forma degenerada da imitação, da qual venho falando. Forma degenerada que está conectada à desordem, à instabilidade mental, e tende a levar a criança para baixo, como quem desce os degraus de uma escada. Basta que uma criança numa turma faça algo de malcriado e rumoroso, jogando-se no chão, por exemplo, rindo ou gritando, para que muitas, ou talvez todas

as crianças, sigam seu exemplo ou façam algo pior. O ato insensato se multiplica num grupo de crianças e quase para fora da mesma turma. Essa espécie de instinto gregário leva à desordem coletiva, antítese da vida social, que é fundada no trabalho e na ordem. O espírito de imitação propaga e exalta na multidão os defeitos do indivíduo: é o ponto de menor resistência, onde começa a degeneração. Quanto mais tomar pé essa espécie de degeneração, tanto mais para as crianças será difícil obedecer a quem as chama para coisas melhores. No entanto, ponha-as uma vez na via correta e se colocará fim às várias consequências de um erro.

O chamado

Poderá encontrar-se numa situação de angústia a educadora que, sendo chamada para dirigir uma turma de crianças semelhantes, não tem outras armas senão a ideia fundamental de oferecer às crianças os meios de desenvolvimento e de deixá-las exprimir-se livremente. O pequeno inferno que começou a se desencadear nessas crianças arrastará consigo tudo o que estiver a seu alcance, e a educadora, se passiva, será derrotada por uma confusão e um barulho quase inconcebíveis. A professora que, por inexperiência ou por demasiada rigidez ou excessiva simplicidade de espírito, se vê em semelhante situação deve recordar as forças que jazem dormentes nessas pequenas almas divinamente puras e generosas. Deve ajudar que subam de volta essas criaturinhas que estão correndo num caminho que leva ao precipício. Deve chamá-las, despertando os adormecidos com a voz e o pensamento. Um apelo vigoroso e firme é verdadeiro ato de bondade para com essas pequenas almas. Não temamos destruir o mal: só devemos temer destruir o bem. Como devemos chamar uma criança por seu nome antes que ela possa responder, assim é necessário chamar com vigor para despertar a alma. A professora deve pegar seus materiais da escola e seus princípios daquilo que aprendeu; depois, deve enfrentar na prática, sozinha, a questão do chamado. Somente sua inteligência pode resolver o problema que será diferente para cada caso individual. A educadora conhece os sintomas fundamentais e os bons remédios, a teoria do tratamento: cabe *a ela* o resto. O bom médico, como o educador, é um indivíduo, não uma máquina para administrar remédios ou aplicar métodos pedagógicos. Os pormenores são deixados ao juízo da professora, que também está movendo os primeiros passos pelo novo caminho: cabe a ela julgar se é melhor levantar a voz na desordem geral ou sussurrar a poucas crianças, de modo que surja nos outros uma curiosidade que reconduza à quietude. Uma tecla do piano golpeada vigorosamente elimina a desordem como uma chicotada.

Ordem aparente

Uma educadora experiente não terá jamais uma grave desordem na sua classe porque, antes de se colocar à parte para deixar liberdade às crianças, ficará por algum tempo vigilante, dirigindo-as, de modo a "prepará-las" em sentido negativo, isto é, no sentido de reprimir os movimentos descontrolados. Existe para esse fim uma série de exercícios preparatórios que a professora deve ter em mente, e as crianças cuja mente divaga da realidade sentirão o forte auxílio que a professora será capaz de lhes oferecer. Calma, firme e paciente, sua voz alcançará as crianças elogiando ou exortando. Alguns exercícios são particularmente úteis, como recolocar em ordem cadeiras e mesas sem fazer barulho; dispor uma fila de cadeiras e se sentar nelas; correr de um lado a outro da sala na ponta dos pés. Se a professora for realmente segura de si, isso já lhe bastará para poder dizer: "Agora estamos tranquilos", e a calma se produzirá como que por encanto. Os mais simples exercícios da vida prática reconduzirão para a terra firme do trabalho real os pequenos espíritos errantes e os chamará de volta. Pouco a pouco, a professora oferecerá o material, não deixando jamais, porém, às crianças a livre escolha até que elas tenham compreendido seu uso.

Agora vemos uma turma tranquila. As crianças entram em contato com a realidade; sua ocupação tem um objetivo particular, como tirar o pó de uma mesa, limpar uma mancha, ir ao armário e apanhar uma peça do material e usá-la correntemente, e assim por diante.

Vê-se que a capacidade de livre escolha se fortalece com o exercício. Em geral, a educadora fica satisfeita, mas lhe parece que o material, estabelecido pelo método Montessori, é insuficiente, e ela se vê diante da necessidade de acrescentar mais. Em uma semana uma criança terá utilizado e reutilizado todo o material. A maioria das escolas talvez não vá além desse ponto.

Um fator, um só, revela a fragilidade dessa aparente ordem e ameaça o colapso da obra inteira: as crianças passam de uma coisa a outra, fazem cada exercício uma vez, depois pegam qualquer outra coisa no armário. O vaivém ao armário não tem fim. Nenhuma daquelas crianças encontrou, na terra onde desceu, um interesse capaz de despertar nela a divina e forte natureza: sua personalidade não se exercita, não se desenvolve, não se fortifica. Nesses contatos fugazes, o mundo exterior não pode exercer sobre ela aquela influência que põe o espírito em equilíbrio com o mundo. A criança é como a abelha que voa de flor em flor, mas não sabe em qual pousar, alcançar o néctar e satisfazer-se: ela não se empenha no trabalho até se sentir desperta dentro daquela estupenda atividade instintiva destinada a construir seu caráter e sua mente.

A educadora sente que sua tarefa é difícil quando a atenção, dispersa, chegou a esse ponto; além disso, ela corre de uma criança a outra comunicando sua ansiosa e fatigante agitação. Muitas daquelas crianças, tão logo ela lhes dá as costas, brincam com o material cansadas e entediadas e fazem dele o uso mais insensato. Enquanto a professora está ocupada com uma criança, as outras cometem erros. O progresso moral e intelectual, tão ardentemente esperado, não se produz.

Essa aparente disciplina é coisa verdadeiramente frágil, e a professora que percebe a desordem no ar está sempre em estado de tensão. A grande maioria das professoras não suficientemente preparadas e experientes acaba por acreditar que a "nova criança" tão ardorosamente esperada e de quem tanto se falou é apenas uma ilusão, um ideal; que na realidade uma turma mantida junta por um esforço de energia nervosa é cansativa para a professora e sem proveito para as crianças.

É necessário que a professora seja capaz de compreender a condição das crianças. Esses pequenos espíritos estão num período de transição, não acham uma porta aberta e estão batendo e esperando que alguém lhes abra. Em termos de progresso há pouco a observar! Esse estado de coisas se aproxima mais do caos do que da disciplina. O trabalho das crianças como essas será imperfeito, os movimentos elementares de coordenação serão sem força e sem graça e os atos serão volúveis. Em comparação com o primeiro período em que estavam fora de contato com a realidade, elas escassamente progrediram. É uma convalescença depois da doença. É um período crucial no desenvolvimento, e a educadora deve exercer duas funções diferentes: vigiar as crianças e dar lições individuais, ou seja, apresentar o material regularmente, mostrando seu uso exato. Vigilância geral e lições individuais, dadas com exatidão, são dois meios com que a professora pode ajudar o desenvolvimento da criança. Nesse período, deverá cuidar para nunca dar as costas à turma enquanto se ocupa de cada criança individual. Deve fazer sua presença ser sentida por todas aquelas pequenas almas errantes à procura de vida. As lições exatas e atraentes dadas na intimidade a cada criança, separadamente, são uma oferenda que a professora faz à profundidade do espírito infantil. Um dia depois, um pequeno espírito despertará, o eu de alguma criança se assenhoreará de algum objeto, a atenção se fixará na repetição de algum exercício, a execução aperfeiçoará a capacidade, e a expressão radiante da criança, e sua atitude satisfeita indicarão que seu espírito renasceu.

Disciplina

A livre escolha é a mais elevada atividade: só a criança que sabe do que precisa para exercitar-se e desenvolver sua vida espiritual pode na verdade escolher livremente. Não se pode falar de livre escolha quando todo objeto externo atrai igualmente a criança e ela, carecendo de poder volitivo, segue cada atração e passa de uma coisa a outra sem pausa. Essa é uma das mais importantes distinções que a professora deve saber fazer. A criança que não sabe ainda obedecer a uma orientação interior não é a criança livre que se dirige à via longa e estreita da perfeição. É ainda escrava de sensações superficiais que a deixam à mercê do ambiente; seu espírito salta de um objeto a outro como uma bola. O homem *nasce* quando sua alma se sente a si mesma, se fixa, se orienta, escolhe.

Esse simples e grande fenômeno se revela em todo ser criado. Todos os seres vivos têm o poder de escolher, num ambiente complexo e de muitos aspectos, aquilo, e só aquilo, que é necessário para manter a vida.

As raízes de cada planta buscam entre os muitos elementos do solo aqueles de que precisa; um inseto escolhe especificamente e se fixa sobre a flor feita para recebê-lo. No homem, o mesmo maravilhoso discernimento não é simples instinto, mas algo que deve ser conquistado. As crianças têm, especialmente nos primeiros anos, uma íntima sensibilidade como necessidade espiritual, que educação mal dirigida ou repressões podem fazer evanescer e substituir com uma espécie de escravidão dos sentidos externos para com cada objeto do ambiente. Nós mesmos perdemos essa profunda e vital sensibilidade e, diante das crianças, em quem a vemos ressurgida, nos encontramos como diante de um mistério revelado. Ele se manifesta no ato delicado da livre escolha, que uma professora não preparada para a observação pisotearia antes que fosse delineada, como um elefante pode pisotear o botão de uma flor que está desabrochando num prado.

A criança que fixou a atenção sobre o objeto escolhido e que está se concentrando toda na repetição de um exercício é uma alma salva no sentido da saúde espiritual de que falamos. A partir desse momento, não é mais preciso que nos ocupemos da criança de outro modo senão preparando o ambiente que satisfaça suas necessidades e removendo os obstáculos que podem criar um empecilho no caminho da perfeição.

Antes que atenção e concentração se realizem, a professora deve reprimir a si mesma, para que o espírito da criança fique livre para se expandir e se expressar: a importância de sua tarefa está em não interromper a criança em seu esforço. É o momento em que se mostra a delicadeza moral da educadora, adquirida durante sua formação. Ela deve aprender que não é fácil assistir ou talvez apenas ficar a observar. Mesmo no assistir e no servir ela deve *observar*, porque o nascimento do fenômeno da concentração na criança é delicado como o de um botão que está por desabrochar. Ela não observará com o objetivo de fazer que sua presença seja sentida ou de assistir os mais fracos com sua força: observará para reconhecer a criança que conseguiu concentrar sua atenção e para contemplar o glorioso renascimento do espírito.

A criança que se concentra fica imensamente feliz; ignora o vizinho ou quem esteja à sua volta. Por um instante, seu espírito é como o do eremita no deserto; nasceu nela uma nova consciência, a de sua própria individualidade. Quando sai de sua concentração, parece perceber pela primeira vez o mundo que a rodeia como um ilimitado campo para novas descobertas; também se apercebe dos colegas pelos quais mostra um interesse afetuoso. Ela desperta para o amor pelas pessoas e pelas coisas, gentil e afetuosa para com todos, pronta a admirar o vasto panorama que se abre; voando de avião, a terra revela melhor seus contornos para nossos olhos. Assim é o espírito humano. Para existir e para entrar em sociedade com os companheiros, devemos nos retirar em solidão e nos fortificar: somente depois olharemos com amor para as criaturas que são nossas companheiras. O santo na solidão se prepara para considerar com sabedoria e justiça as exigências sociais que permanecem ignoradas pela massa dos homens. A preparação no deserto prepara a grande missão de amor e de paz.

A criança assume simplesmente uma atitude de profundo isolamento, e nela também resulta a formação de um caráter forte e calmo, irradiando amor a seu redor. Dessa atitude nasce o sacrifício de si mesma, o trabalho regular, a obediência, e junto uma alegria de viver, clara como uma fonte que irrompe no meio de um terreno rochoso, alegria e auxílio para todas as criaturas que vivem ao redor.

O resultado da concentração é o despertar do sentimento social, e a educadora deveria estar preparada para segui-lo; ela será uma pessoa amada por aqueles corações de crianças recém-despertados. Elas a "descobrirão", do mesmo modo como descobrem então o azul do céu e o mais imperceptível perfume das flores que se escondem na relva.

As exigências dessas crianças, ricas de entusiasmo e explosivas em seu estupendo progresso, podem confundir uma professora inexperiente, que, como na primeira fase, não deve se deter em contemplar os muitos atos confusos da criança, mas só os indicadores das exigências fundamentais, agora não deve se deixar esmagar pelos inúmeros sinais dessa riqueza e beleza morais. Ela deve sempre visar a algo de simples e central que é como a dobradiça, na qual a porta gira, necessariamente escondida mas independente e indiferente a toda riqueza ornamental do objetivo cujo funcionamento ela provê e regula. Sua missão visa sempre algo de constante e preciso. Começa com sentir-se ela mesma não necessária porque o progresso da criança é desproporcional à parte que ela teve e àquilo que ela fez. Ela vê continuamente as crianças se tornarem cada vez mais independentes na escolha de suas ocupações e em sua rica capacidade de exprimir-se; o progresso delas às vezes lhe parece milagroso. Quer apenas servir com a humilde tarefa de preparar o ambiente e retirar-se na sombra. Estão presentes em sua mente as palavras de João Batista depois que o Messias foi revelado: "Ele deve crescer e eu serei rebaixado".

Entretanto, é esse o momento em que sua autoridade é mais requerida pela criança. Quando uma criança, com sua atividade inteligente, fez alguma coisa – um desenho, uma palavra escrita ou qualquer outro pequeno trabalho –, ela vai à professora e quer que esta lhe diga se está bem-feito. A criança não vai perguntar o que deve fazer, nem como deveria fazer, e se defende contra toda ajuda: a escolha e a execução são prerrogativas e conquistas da alma liberta.

Quando o trabalho está feito, porém, quer a aprovação de sua educadora.

O mesmo instinto que leva as crianças a defender energicamente seu segredo espiritual – sua misteriosa obediência à voz que as guia e que cada uma parece ouvir dentro de si – as leva depois a submeter seus atos à autoridade externa como que para ficarem seguras de estarem no bom caminho. Faz lembrar os primeiros passos vacilantes da criança, quando precisa ver os braços de uma pessoa grande estendidos e prontos para prevenir uma queda, embora nela já esteja o poder de iniciar e levar à perfeição o ato de caminhar. A educadora então deve responder com uma palavra de assentimento, encorajar com um sorriso, como a mãe sorri aos primeiros passos da criança. Porque perfeição e segurança devem se desenvolver na criança desde fontes internas com as quais a professora não tem nada a ver.

A criança, de fato, uma vez segura, não buscará com mais frequência a aprovação da autoridade a cada passo. Continuará a acumular trabalho terminado, do qual os outros nada sabem, obedecendo simplesmente à necessidade de produzir e de aperfeiçoar os frutos de seu trabalho. O que lhe interessa é terminar seu trabalho, não o saber admirado, nem o entesourar com sua propriedade: o nobre instinto que a move está muito longe de orgulho ou avareza. Muitos visitantes de nossas escolas recordarão como as professoras mostraram os melhores trabalhos das crianças sem indicar quem os tinha feito. Essa aparente negligência deriva de saber, por hábito, que as crianças não se importam. Em qualquer outro tipo de escola, um professor se sentiria culpado se, mostrando o belo trabalho de uma criança, não cuidasse de apresentar o pequeno autor. Se se esquecesse de fazê-lo, poderia ouvir o protesto infantil: "Eu que fiz". Em nossas escolas, a criança que fez o trabalho admirado está provavelmente empenhada num canto da sala num novo e admirável esforço e deseja apenas que não a interrompam. É esse o período em que a disciplina se estabelece: uma forma de paz ativa, de obediência e amor, em que o trabalho se aperfeiçoa e se multiplica, assim como na primavera as flores tomam cor e preparam já de longe os doces e refrescantes frutos.

PREPARAÇÃO DA EDUCADORA MONTESSORIANA

O primeiro passo para uma educadora montessoriana é a autopreparação. Ela deve manter viva sua imaginação, porque nas escolas tradicionais o docente conhece o comportamento imediato de seus alunos e sabe que deve cuidar deles e o que deve fazer para instruí-los, ao passo que a educadora montessoriana tem diante de si uma criança que, por assim dizer, ainda não existe. Essa é a principal diferença. As educadoras que vêm para nossas escolas devem ter uma espécie de fé em que *a criança se revelará* através do trabalho. Elas devem abandonar toda ideia preconcebida atinente ao nível em que as crianças podem se encontrar. Os diversos tipos mais ou menos desviados não devem perturbá-la: ela, em sua imaginação, deve ver aquele tipo diferente de criança que vive num campo espiritual. A educadora deve ter fé em que a criança que está à sua frente mostrará sua verdadeira natureza quando encontrar um trabalho que a atraia. O que buscar então? Que uma ou outra das crianças comece a se concentrar. Ela deve dirigir suas energias para provocar isso; e suas atividades mudarão de estágio em estágio como numa evolução espiritual. Três são usualmente os aspectos de seu comportamento.

Primeiro estágio. A educadora se torna a guardiã e a sentinela do ambiente. Por isso, ela se concentra no ambiente em vez de se deixar distrair pela irrequietação das crianças. Ela se concentra no ambiente porque é dele que virá o cuidado e a atração que polarizará a vontade das crianças. Em nossos países, onde cada mulher tem sua casa, ela a torna atraente o máximo possível para si e para o marido, e, em vez de se preocupar muito com o marido, ela se preocupa com a casa para criar um ambiente em que possa florescer um convívio normal ou construtivo; tenta tornar a casa tranquila, cômoda e rica de interesses diversos. Os atrativos essenciais de uma casa são limpeza e ordem: tudo em seu lugar, limpo, cintilante e alegre. Esse é o primeiro cuidado da mulher. Também na escola, o primeiro cuidado da educadora deveria ser o mesmo: ordem e cuidado do material para que esteja sempre belo, reluzente e em perfeito estado, e que nada falte, de modo que para a criança tudo pareça sempre novo e esteja completo e pronto para o uso. Isso significa também que a educadora mesma deve ser atraente: agradável pela limpeza acurada, serena e cheia de dignidade. Esse é um ideal que cada um pode realizar como quiser, mas lembremo-nos sempre, quando nos apresentarmos às crianças, de que elas são *criaturas eleitas*. A aparência da educadora é o primeiro passo de compreensão para a criança e de respeito por ela. A educadora deveria estudar seus gestos e torná-los o mais possível gentis e graciosos. A criança, nessa idade, idealiza sua mãe; não sabemos que tipo de mãe possa ser, contudo ouvimos frequentemente a criança dizer, quando vê uma bela senhora: "Como é bonita, que nem a mamãe!". Pode ocorrer de a mãe não ser bonita, mas é para a criança, e cada pessoa que ela admira é bela como a mãe. Assim, o cuidado da pessoa deve fazer parte do ambiente que circunda a criança: a educadora constitui o que há de mais *vivo* no ambiente.

A primeira tarefa da educadora é, portanto, o cuidado do ambiente, que deve preceder qualquer outro cuidado: esse é um trabalho indireto, e, se não for bem cuidado, não haverá resultados eficazes e persistentes em nenhum campo: físico, mental ou espiritual.

Segundo estágio. Examinado o ambiente, passemos ao comportamento com relação às crianças. Que coisa poderemos fazer com esses seres desorganizados, com essas mentes confusas e inseguras que desejamos atrair e fixar no trabalho? Eu às vezes uso uma palavra que não é muito apreciada: a educadora deve ser sedutora, deve atrair a criança. Se o ambiente estiver desleixado, os móveis empoeirados, o material arranhado e em desordem, e sobretudo se a educadora não cuidar de sua aparência e de seus modos – e se for indelicada com as crianças –, virá a faltar a base essencial da tarefa que lhe cabe. A educadora, no período inicial, quando a primeira concentração ainda não apareceu, deve ser como a chama cujo calor ativa, vivifica e convida. Ela não deve recear algum processo psíquico importante, porque estes ainda não principiaram.

Antes que comece a concentração, a educadora pode fazer mais ou menos o que quer: onde for necessário, pode intervir na atividade da criança.

Li sobre um santo que tentou recolher crianças abandonadas pelas ruas, numa cidade cujos costumes não era muito recomendáveis. O que fez? Tentou fazê-las se divertir. Eis o que a educadora deve fazer neste ponto: valer-se de poesias, rimas, canções, contos. A educadora que fascina as crianças torna-as interessadas por variados exercícios que, ainda que não sejam muito importantes por si mesmos, têm a grande vantagem de atrair a criança. A prática tem demonstrado que uma educadora jovial atrai mais que uma que não é, e todas podem ser joviais se quiserem. É possível dizer, por exemplo, em tom alegre: “Que tal trocarmos os móveis de lugar hoje?”, e trabalhar com as crianças encorajando todas e valorizando todas, comportando-se com aprazível alegria. Ou então: “E se alguém lustrasse bem aquele vaso de metal?”. Ou ainda: “Vamos até o jardim colher algumas flores?”. Toda ação da professora poderá se tornar para as crianças um apelo e um convite.

Esse é o segundo aspecto do comportamento da educadora. Se durante esse período houver alguma criança que persista em incomodar as outras, a coisa mais prática será interrompê-la. Embora tenhamos dito e repetido que, quando uma criança está concentrada em seu trabalho, não se deve intervir para não interromper seu ciclo de atividades e impedir sua plena expansão, a técnica correta, nesse caso, é a oposta: romper o curso da atividade perturbadora. A interrupção pode consistir numa exclamação qualquer ou em mostrar um particular e afetuoso interesse pela criança perturbadora. A demonstração de afeto capaz de distrair, que se multiplica com o multiplicar-se das ações perturbadoras da criança, será para ela como uma série de eletrochoques que, com o tempo, terão seu efeito. As intervenções da professora podem se traduzir em um: "Como vai, João? Venha cá, tenho uma coisa para você fazer". Provavelmente ele não vai querer saber o que é, e a educadora dirá: "Não gosta? Tudo bem, vamos juntos ao jardim". E a educadora irá com ele ou o fará ser acompanhado da assistente. Assim, a criança, com suas birras, passará diretamente aos cuidados da assistente e as outras crianças não serão incomodadas por ela.

Terceiro estágio. Chega por fim o tempo em que as crianças começam a se interessar por alguma coisa. Em geral por exercícios da vida prática, porque a experiência demonstra que é inútil e prejudicial dar às crianças material de desenvolvimento sensorial e cultural antes que possam extrair dele os benefícios que disso decorrem.

Para introduzir esse material, é preciso esperar a época em que as crianças tiverem se concentrado sobre alguma coisa; como eu disse, isso ocorre com os exercícios de vida prática. Quando a criança começa a se interessar por algum deles, a educadora *não* deve interrompê-la, porque esse interesse responde a leis naturais e abre um ciclo de atividades. O início, porém, é tão frágil, tão delicado que basta um toque para fazê-lo desaparecer como uma bolha de sabão e fazer desaparecer junto toda a beleza daquele momento.

A educadora deverá estar agora muito atenta: não interferir significa não interferir *de nenhuma maneira*. É então que com muita frequência uma educadora erra. A criança, que até dado momento causou muito incômodo, finalmente se concentrou no trabalho. Se a educadora, passando, disser apenas: “Bom!”, isso bastará para que a perturbação recomece. Provavelmente por duas semanas, a criança não se interessará por nenhum outro trabalho. Mesmo se outra criança tiver dificuldade e a educadora intervier para ajudá-la, aquela deixará que ela faça e se afastará. O interesse das crianças não se concentra só no trabalho, mas, com mais frequência, no desejo de *superar as dificuldades*. “Se a professora as supera em meu lugar, ela que faça, já não me interessa”. Assim, se a criança levantar objetos pesados e a educadora intervier para ajudá-la, acontecerá com frequência que a criança deixe a professora com o objeto e vá embora. Elogios, ajuda ou mesmo apenas um olhar podem ser suficientes para interrompê-la ou destruir a atividade. É estranho dizer isso, mas também pode acontecer se a criança perceber que está simplesmente sendo observada. Aliás, acontece também conosco, de não podermos prosseguir em nosso trabalho se alguém vier olhar o que estamos fazendo. O grande princípio que leva ao êxito da educadora é este: tão logo a concentração tenha início, fazer como se a criança não existisse. Poderá naturalmente ver o que ela faz, com uma rápida olhada, sem se dar a perceber. Depois disso, a criança, já não mais vítima do tédio que a fazia passar de uma coisa a outra sem se fixar jamais, guiada por um propósito, começará a escolher seu trabalho, o que poderá apresentar problemas numa turma em que muitos desejam o mesmo material. Também na solução desses problemas não cabe interferir se não se for solicitado: as crianças os resolverão por si. O dever da educadora é somente apresentar novos objetos quando perceber que a criança esgotou toda possível atividade com os que usava antes.

A habilidade da educadora em não interferir advém, como todas as outras, com a prática, mas não vem com a mesma facilidade. Ela deverá elevar-se a uma altura espiritual. A verdadeira espiritualidade é compreender que também o auxílio pode ser soberba.

O verdadeiro auxílio que uma educadora pode dar não está em obedecer a um sentimento impulsivo, contudo derivará de disciplinar a caridade, de usá-la com discernimento, porque a caridade dá maiores satisfações a quem a faz do que a quem a recebe. A caridade verdadeira serve aos necessitados sem se revelar ou, quando se revela, assume o aspecto não de auxílio, mas de um ato natural e espontâneo.

Embora a relação entre criança e educadora esteja no campo do espírito, a professora pode, por seu comportamento, encontrar um exemplo no bom empregado doméstico. Ele mantém em ordem as escovas do patrão, mas não lhe diz quando deve usá-las; prepara com cuidado seu alimento, mas não lhe ordena comer: apresenta bem a comida sem comentários e depois desaparece. Assim devemos nos comportar com o espírito em formação da criança. O patrão a quem a educadora serve é o espírito da criança: quando ela mostra um desejo, deve estar pronta para satisfazê-lo. O funcionário não vai incomodar o patrão quando estiver sozinho; se, porém, ele o chama, acorre para ouvir o que ele deseja e responderá: "Sim, senhor". Admira se lhe pedem que admire e diz: "Que bonito!", mesmo que não veja beleza alguma. Assim, quando uma criança fizer um trabalho com grande concentração, não devemos nos interpor, mas, se mostra desejar nossa aprovação, vamos dá-la generosamente.

No campo psíquico de relação entre a educadora e a criança, plano e técnica são paralelos aos do serviçal: servir e servir bem, servir o espírito. É uma coisa nova, especialmente no campo da educação. Não se trata de lavar a criança se estiver suja, de ajustar ou limpar suas roupinhas: nós não servimos ao corpo da criança, sabemos que, se a criança tem de se desenvolver, ela deve fazer essas coisas por conta própria – a base do nosso ensino é que a criança *não* seja servida nesse sentido. A criança deve adquirir independência física sendo autossuficiente; independência de vontade com a escolha própria e livre; independência de pensamento com o trabalho realizado sozinho e sem interrupção. A consciência de que o desenvolvimento da criança deve ser o guia do nosso comportamento para com ela; devemos ajudar a criança a agir, querer e pensar por si. Essa é a arte do servo do espírito, uma arte que pode se expressar perfeitamente no campo da pequena infância.

Se o comportamento da educadora corresponder às exigências do grupo de crianças que lhe foi confiado, ela verá em sua turma as qualidades sociais florescerem de modo surpreendente e se rejubilará ao observar essas manifestações do espírito da criança. É um grande privilégio poder vê-las; é o privilégio do peregrino que chega ao oásis sem esperança e ouve as águas jorrarem do seio arenoso daquele deserto que parecia ardente e árido – já que as qualidades superiores da alma humana estão, na criança desviada, muito bem ocultas, e, quando aparecem, a educadora, que as tinha pressentido, as acolhe com a alegria da fé recompensada. E nas qualidades da criança vê o homem como deveria ser: o trabalhador que não se cansa jamais porque o que o impele é o entusiasmo perene; aquele que busca o máximo esforço, porque sua aspiração incessante é tornar-se superior às dificuldades; aquele que busca realmente ajudar os mais fracos, por ter no coração a verdadeira caridade que sabe como respeitar os outros; porque o respeito ao esforço espiritual de cada indivíduo é a água que rega as raízes de sua alma. Nessas características ela reconhecerá a verdadeira criança, geradora do homem verdadeiro.

Mas isso se dará pouco a pouco. A educadora poderá começar a dizer para si: "Vi a criança como deveria ser e a encontrei superior a quanto eu podia supor". Isso quer dizer compreender a infância: não basta saber que aquele menino é João, que seu pai é lenhador ou coisa parecida – a educadora deve conhecer e viver *o segredo da infância*. Quando nele penetramos, alcançamos, junto com uma consciência profunda, um amor de natureza nova, que não se vincula ao indivíduo em si, mas a tudo o que está encerrado na escuridão desse segredo. Compreende-se, talvez pela primeira vez, o que realmente é o amor, quando as crianças manifestam seu espírito. Esse espírito em sua revelação transforma a educadora.

Nós nos sentimos comovidas e pouco a pouco transformadas. Não conseguimos parar de falar e de escrever sobre os fatos vistos. Esquece-se o nome das crianças, mas não se pode apagar a impressão das manifestações de seu espírito e o amor que sabem suscitar.

Há dois níveis de amor. Frequentemente, quando alguém diz amar as crianças, refere-se aos cuidados, às carícias que são prodigalizadas àquelas crianças, que conhecemos e que provocam ternura em nós, e, se uma relação espiritual nos une a elas, exprime-se somente no ensino da oração.

O nível de que falo, porém, é outro. Aqui o amor não é mais nem pessoal nem material: quem serve às crianças sente que serve ao espírito do homem, o espírito que deve se libertar. A diferença de nível foi realmente anulada, não pela educadora, mas pela criança: é a educadora que se sentiu levar a um nível que não conhecia. A criança a fez crescer até levá-la à sua esfera.

Até então, ela sentia que sua tarefa era nobre, mas se alegrava com as férias e aspirava, como todos os seres humanos que trabalham para os outros, a menos horas de trabalho e a melhor remuneração. Suas satisfações eram talvez a autoridade e o sentimento de ser o ideal ao qual as crianças aspiravam e que seguiam, e sua felicidade, a de se tornar diretora ou talvez inspetora. Mas quem passa daquele nível ao outro compreende que aquela não é a verdadeira felicidade. Quem bebeu da fonte da felicidade espiritual deixa espontaneamente as satisfações que dá o grau superior na hierarquia do ensino. Demonstra-o o fato de muitas diretoras e inspetoras terem abandonado sua carreira para se dedicarem às crianças pequenas e se tornarem o que os outros chamam pejorativamente de "professorinhas de maternal". Eu sei de dois médicos de Paris que deixaram sua profissão para se entregar ao nosso trabalho e entrar na verdade desses fenômenos, e sentiam ter subido de um nível mais baixo a um superior.

Qual é o maior indício de êxito para uma educadora assim transformada? Poder dizer: "Agora as crianças trabalham como se eu não existisse".

Antes da transformação, sentia o oposto. Sentia ser ela que ensinava, ela que levava as crianças de um nível inferior a um superior. Agora, porém, diante das manifestações do espírito da criança, o valor maior que ela pode dar à sua contribuição se exprime nas palavras: "Ajudei essa vida a cumprir a criação", e essa é real satisfação. A educadora de crianças até os 6 anos sabe ter ajudado a humanidade num período essencial de sua formação. Pode não saber nada dos fatos materiais que concernem às crianças, embora conheça alguns porque as crianças mesmas lhe dirão ao falar deles livremente; pode também não se interessar pelo que pode acontecer mais tarde àquelas crianças, se frequentarão escolas secundárias e universidades ou se encerrarão mais cedo seus estudos; mas está contente por saber que no período formativo elas puderam realizar o que deviam. Ela dirá: "Servi ao espírito dessas crianças e elas cumpriram seu desenvolvimento, e eu as acompanhei em suas experiências". A educadora, fora das autoridades a quem deve prestar conta de sua obra, sente seu trabalho e a obra cumprida em sua satisfeita vida espiritual, que é vida perpétua e é em si mesma oração de uma manhã a outra. Isso é difícil de entender para quem não entrou nessa vida. Muitos creem que se deve a uma virtude de sacrifício e dizem: "Como são humildes essas professoras, não se interessam sequer por sua autoridade". E muitos dizem: "Como seu método pode ser bem-sucedido se vocês pretendem que as educadoras renunciem aos atos mais espontâneos e habituais?". O que quase ninguém entende é que não se trata de sacrifício, mas de satisfação, que não é renúncia, mas uma vida nova na qual os valores são diferentes, na qual existem verdadeiros valores da vida, antes desconhecidos. Todos os princípios, de resto, são diferentes. Tome-se por exemplo o da justiça: nas escolas como na sociedade humana, e também nos países democráticos, a justiça frequentemente quer dizer apenas que há uma só lei para todos: para o homem rico e poderoso e para o que morre de fome. A justiça em geral está ligada a processos, prisões e sentenças. Os tribunais são chamados Palácios da Justiça, e dizer "eu sou um homem honesto" implica que não tem contas a prestar à justiça (polícia ou tribunal). Também nas escolas, a educadora deveria cuidar para não acariciar uma criança, pois do contrário teria de acariciá-las todas: ela tem de ser justa. Essa é uma justiça que põe todos no nível mais baixo, como se, num sentido espiritual, cortássemos a cabeça dos mais altos para colocar todos na mesma altura.

No nível educativo superior, a justiça é realmente espiritual, tenta fazer com que cada criança alcance o máximo de suas possibilidades. Justiça é dar a cada ser humano o auxílio que pode levá-lo a alcançar sua plena estatura espiritual, e quem serve ao espírito em todas as idades deve auxiliar aquelas energias que levam a alcançá-la. Essa será a organização da sociedade futura. Ninguém deveria estar desprovido desses tesouros espirituais, diante dos quais os tesouros econômicos perdem seu valor. Que eu seja rica ou pobre não importa: se puder alcançar minha plena personalidade, o problema econômico se arranjará por conta própria. Quando a humanidade puder aperfeiçoar plenamente seu espírito, ela se tornará mais produtiva e o aspecto econômico perderá seu valor preponderante. Os homens não produzem com os pés e com o corpo, mas com o espírito e com a inteligência, e, quando tiverem o desenvolvimento que deveriam ter, todos os problemas insolúveis estarão resolvidos.

As crianças constroem sem ajuda uma sociedade ordenada. Nós adultos precisamos de polícia, prisões, soldados, canhões. As crianças resolvem seus problemas em paz. Elas nos demonstraram que a liberdade e a disciplina são dois lados da mesma moeda, porque a liberdade científica leva à disciplina. As moedas têm dois lados, um mais bonito, finamente lavrado com uma efígie ou uma imagem alegórica, e o outro menos ornamentado, só com um escrito ou uma cifra. O lado plano pode ser comparado à liberdade, e o outro finamente lavrado, à disciplina. Isso é tão verdadeiro que, quando sua turma fica indisciplinada, a professora vê na desordem o resultado de algum erro que cometeu: procura-o e corrige-o. A professora da escola tradicional consideraria isso uma humilhação; mas não é assim, é uma das técnicas da nova educação. Servindo às crianças se serve à vida, ajudando a natureza se sobe ao degrau seguinte da supernatureza, já que é lei da natureza subir continuamente. E foram as crianças que fabricaram essa bela construção que se projeta para o alto. É lei da natureza a ordem, e, quando a ordem vem espontaneamente, sabemos que entramos na ordem universal. Evidentemente, a natureza, entre as missões que confiou às crianças, incluiu também a de impelir a humanidade adulta a um nível superior. As crianças nos levam para um nível espiritual mais alto e resolvem os problemas do nível material. Deixem que eu lhes diga como saudação algumas palavras que nos ajudaram a ter em mente as coisas de que falei. Não é um sermão, bem mais um memento e, para as nossas educadoras, uma invocação, uma espécie de programa, nosso único currículo: *"Ajuda-nos, ó Deus, a penetrar o segredo da criança a fim de que possamos conhecê-la, amá-la e servir a ela segundo Tuas leis de justiça e seguindo Tua divina vontade"*.

A FONTE DO AMOR: A CRIANÇA

Em nossas reuniões sempre temos uma congregação de trabalhadores tipicamente montessorianos. Com frequência eles trazem consigo cônjuges, amigos, conhecidos, de modo que em nossos grupos pode se dar o caso de vermos sentados, um ao lado do outro, crianças, adolescentes, jovens, adultos, profissionais e não profissionais, gente culta e inculta, sem que haja entre nós nenhum que dirija ou discipline esses grupos. Nossas reuniões são visivelmente heterogêneas e diferentes dos cursos culturais comuns. Os estudantes que as frequentam devem ter certo grau de cultura, e essa é a única condição. De resto, podem se encontrar lado a lado calouros e professores universitários, advogados e médicos e aqueles que poderiam ser seus clientes. Na Europa, tínhamos gente de todos os países; na América, uma vez, até um anarquista. Apesar dessa mescla, nunca houve conflitos entre os estudantes. Por quê? Porque todos estávamos unidos num ideal comum. Na Bélgica, um país tão pequeno que poderia caber inteiro num cantinho da Índia, existem duas línguas, o francês e o flamengo. O povo é politicamente dividido, e essa divisão aumenta com a diferença entre católicos e socialistas e outras correntes políticas. Por isso, é muito raro que pessoas tão divididas, e ao mesmo tempo tão estreitamente unidas cada qual ao próprio grupo, participem juntas de congressos. Nos cursos "montessorianos", porém, isso acontecia. Era um

fato tão fora do comum que foi comentado nos jornais: "Por anos temos tentado fazer intervir nas mesmas reuniões pessoas de partidos diversos, e eis que isso se verifica nesses cursos onde se estuda a criança". Esse é o poder da criança: todos estão próximos a ela, seja qual for seu sentimento religioso ou político, e todos a amam. Desse amor vem a força que tem a criança de unir as pessoas. Os adultos têm fortes e às vezes ferozes convicções que os dividem em grupos, e, quando acontece que discutam entre si, facilmente brigam. No entanto, em um ponto – a criança – todos têm o mesmo sentimento. Poucos se dão conta da importância social que deriva da criança.

É evidente que cabe meditar e investigar sobre isso se se quiser criar uma harmonia no mundo. É o único ponto aonde convergem, de todas as pessoas, sentimentos de delicadeza e de amor: quando se fala da criança, os ânimos se dulcificam; a humanidade inteira compartilha a emoção profunda que vem da criança. A criança é uma fonte de amor; quando a tocamos, tocamos o amor. É um amor difícil de definir. Todos o sentem, mas ninguém sabe descrever suas raízes ou avaliar as consequências de sua vastidão, ou estimar sua potencialidade de união entre os homens. Apesar de nossas diferenças de raça, de religião e de posição social, à medida que vamos falando da criança nos ouvimos e nos sentimos unidos por sentimentos fraternos, que vencem desconfianças e suspeições sempre presentes entre homem e homem e entre grupos de homens na prática da vida.

Junto da criança a desconfiança esmorece: nos tornamos doces e gentis porque, reunidos em torno dela, nos sentimos reaquecidos pela chama de vida que está lá onde a vida tem suas origens. Nos adultos coexistem o sentido da defesa e o impulso do amor. Dos dois sentimentos, o fundamental é o amor: o outro lhe é sobreposto. O amor, tal como o sentimos pela criança, devia existir potencialmente também entre homem e homem, porque uma união humana se formou e não há união sem amor.

Tentemos compreender a natureza do amor. Consideremos o que dele falaram profetas e poetas, porque estes são os que souberam dar forma e expressão a essa grande energia que chamamos amor. Decerto não há nada de mais belo e exaltante do que aquelas expressões poéticas que, cantando o amor – base de toda existência –, fazem vibrar o coração mesmo dos bárbaros e dos violentos. Eles também, que levam morte e destruição a povos inteiros, se sentem tocados pela beleza daquelas palavras. Sinal disso é que, apesar da prática de sua vida, eles conservaram em si essa energia que, despertada pela palavra, comunica uma vibração a seu espírito. Se não fosse assim, eles não perceberiam a beleza das expressões, as considerariam vãs ou insensatas.

Se sentem a beleza disso é porque, embora o amor não pareça fazer parte de sua vida, eles sofrem sua influência e, sem se darem conta disso, têm sede de amor.

É curioso observar que, em tempos como os nossos, nos quais a guerra foi destruição sem par e atingiu as terras mais remotas, quando se pensaria que falar de amor fosse mera ironia, as pessoas ainda falam dele com insistência. Fazem projetos para se unirem, o que significa não só que há amor, mas que o amor é uma força de base. Assim, hoje, quando pareceria que tudo devesse levar os homens a dizer: "Chega dessa fantasia que chamam de amor, ponhamo-nos diante da realidade, que, como vemos, é só destruição. Por acaso não foram destruídas cidades, florestas, mulheres, crianças?", hoje ainda se fala de reconstrução e de amor. Fala-se de amor mesmo enquanto as destruições estão em ato. Falam dele políticos eminentes, falam a Igreja e os que são contra a Igreja, o rádio, os jornais, os discursos de quem passa ao nosso lado, cultos e iletrados, ricos e pobres e seguidores de todo credo e teologia, todos, todos dizem "amor". E, se é assim (nem poderia haver maior prova dessa força que é o amor), por que a humanidade não deveria estudar esse grande fenômeno? Por que só se fala dele quando o ódio faz estragos? Por que ele não deveria ser sempre estudado e analisado, de modo que sua força possa se tornar benéfica? E por que não nos perguntamos como foi possível não se preocupar em estudar essa energia antes e de uni-la a outras forças que já conhecemos? O homem pôs tanta inteligência no estudo de outros fatos naturais, esmiuçou-os e esquadrinhou-os e fez tantas descobertas: por que não gastaria um pouco dessa sua virtude no estudo de uma força que

poderia unir a humanidade? Qualquer contribuição apta a trazer à luz o valor do amor e o amor em si deveria ser acolhida com avidez e considerada de proeminente interesse. Eu disse que poetas e profetas têm falado frequentemente do amor como se fosse um ideal, mas não é um ideal, é uma realidade, que sempre foi e será.

Devemos nos dar conta de que, se hoje sentimos essa realidade do amor, não é porque nos ensinaram na escola.

Ainda que nos tivessem feito aprender de cor as expressões dos poetas e dos profetas, suas palavras são poucas e as teríamos esquecido nos eventos da vida. Se as pessoas pedem amor com veemência, não o fazem porque ouviram falar dele ou leram sobre ele: amor e aspiração ao amor não são coisas aprendidas, fazem parte do legado da vida. É a Vida que fala, não os poetas e os profetas.

O amor pode, de fato, ser examinado de outro ângulo que não o da religião e da poesia. Devemos examiná-lo do ponto de vista da vida mesma, e então ele não é só imaginação ou aspiração, mas a realidade de uma energia eterna que nada pode destruir.

Gostaria de dizer algumas palavras acerca dessa realidade e também acerca das coisas que poetas e profetas têm dito. Essa força que chamamos amor é a maior energia do universo. No entanto, essa expressão não é adequada, porque ele é mais que uma energia: é a própria criação. Melhor seria dizer "Deus é amor".

Gostaria de poder fazer citações de todos os poetas e de todos os profetas e santos, mas não conheço todos eles, nem me seria possível citá-los em suas diferentes línguas, que não me são conhecidas. Deixem-me trazer as palavras de um que conheço e que, quando falou do amor, se exprimiu com tamanha força que hoje, mais de dois mil anos depois, ainda ecoam com veemência em todos os corações cristãos estas suas palavras: "Mesmo que eu fale em línguas, a dos homens e a dos anjos, se me falta o amor, sou um metal que ressoa, um címbalo retumbante. Mesmo que tenha o dom da profecia, o saber de todos os mistérios e de todo o conhecimento, mesmo que tenha a fé mais total, a que transporta montanhas, se me falta o amor, nada sou. Mesmo que distribua todos os meus bens aos famintos, mesmo que entregue o meu corpo às chamas, se me falta o amor, nada lucro com isso" (São Paulo aos Coríntios 1, 13).

Se poderia dizer ao apóstolo: "Tu que tens um sentimento tão profundo, sem dúvida sabes o que é o amor; deve ser algo de formidável, revela-o a nós". Porque, quando tentamos explicar para nós esse altíssimo sentimento, nos apercebemos de que não é coisa tão simples. As palavras que ele usou, poderíamos encontrá-las realizadas em nossa civilização presente que pode mover as montanhas e fazer também milagres maiores, já que de uma ponta a outra do mundo podemos nos fazer ouvir falando a meia-voz, mas tudo isso é nada se não há amor. Criamos grandes instituições para alimentar os pobres e vesti-los, mas, se não pusermos amor nisso, é como se batêssemos um tambor que faz barulho porque está vazio. Que coisa é então esse amor? São Paulo, que nos deu aquela descrição de sua grandeza, prossegue, mas não nos fornece uma teoria filosófica; ele escreve: "O amor tem paciência, o amor é serviçal, não é ciumento, não se pavoneia, não se incha de orgulho, nada faz de inconveniente, não procura o próprio interesse, não se irrita, não guarda rancor, não se regozija com a injustiça, mas encontra a sua alegria na verdade. Ele tudo desculpa, tudo crê, tudo espera, tudo suporta" (ibid.).

É uma longa enumeração de fatos, uma longa descrição de imagens, mas todas essas imagens nos recordam estranhamente as qualidades das crianças: parecem descrever a potência da *mente absorvente*. Essa mente que recebe tudo, que não julga, não repele, não reage. Absorve tudo e tudo encarna no homem. A criança cumpre a encarnação para se tornar igual aos outros homens, para adaptar-se à vida com eles. A criança suporta tudo: entra no mundo, em qualquer ambiente que nasça, ali se forma e se adapta a viver, e o adulto que ela se tornará um dia será feliz naquele ambiente. Se lhe ocorrer de chegar ao mundo numa região tórrida, ela se construirá de maneira a não poder viver e ser feliz em outro clima. Que a recebam o deserto ou as planícies ladeadas pelo mar, ou os flancos das altas montanhas, ou os terrenos glaciais das regiões árticas, de tudo ela gozará, e só lá onde nasceu e cresceu atingirá o máximo bem-estar.

A *mente absorvente* acolhe tudo, espera em tudo; aceita tanto a pobreza quanto a riqueza, aceita toda fé, e os preconceitos e costumes de seu ambiente: tudo ela encarna em si mesma.

Essa é a criança!

E se não fosse assim a humanidade não alcançaria estabilidade em nenhuma das tantas partes diferentes da terra, nem realizaria o contínuo progresso da civilização se tivesse de recomeçar sempre do zero.

A *mente absorvente* forma a base da sociedade criada pelo homem e nos aparece nos semblantes da delicada e pequena criança que resolve as misteriosas dificuldades do destino humano com as virtudes do amor.

Se examinarmos a descrição de São Paulo e depois olharmos para a criança, temos de dizer: "Nela se encontra tudo o que ele descreveu; aqui está personificado o tesouro que encerra todas as formas de amor".

Originariamente, esse tesouro se acha, portanto, não só naqueles poucos que se constituíram na poesia ou na religião, mas em todo ser humano. É um milagre oferecido a todos, onde quer que encontremos a personificação dessa imensa força. O homem cria um deserto de discórdia e de luta, e Deus continua a mandar essa chuva fecundante. Assim é fácil entender como tudo o que o adulto cria, mesmo que se possa chamar progresso, não leva a nada sem amor. No entanto, se esse amor presente em cada criança pequena, trazida em meio a nós, for realizado em sua potencialidade ou em seus valores então desenvolvidos, nossas conquistas, já grandes, serão incomensuráveis. O adulto e a criança devem se unir; o adulto deve se tornar humilde e aprender com a criança a ser grande. É estranho que, entre os milagres realizados pela humanidade, haja só um que ela não tenha considerado: o milagre que Deus fez desde o início, a Criança.

O amor, contudo, é bem mais que tudo o que consideramos até agora. Na humanidade ele é exaltado pela fantasia, mas em nós é só um aspecto de uma energia muito complexa que, descrita com as palavras "atração" e "afinidade", rege o universo, mantém as estrelas em seu curso, faz unir átomos entre si para formar novas substâncias, conserva as coisas na superfície da terra. Ela é a energia que regula e ordena o animado e o inanimado, e que é incorporada na essência de tudo e de todos, como guia que leva para a salvação e para a eternidade na evolução. Geralmente é inconsciente; na vida assume às vezes aspectos conscientes e, penetrada na consciência do homem, recebeu dele um nome: "amor".

Todos os animais têm em certo momento o instinto da reprodução, que é uma forma de amor. Essa forma de amor é um comando da natureza, porque sem ela não haveria continuidade de vida. Assim, um pequeno átomo dessa energia universal lhes foi apresentado por um momento para que a espécie não se extinga.

Eles a sentem por um momento, e depois ela desaparece de sua consciência. Isso demonstra o quanto a natureza é parcimoniosa e comedida em dispensar o amor, o quanto é preciosa essa energia que ela distribui em pequenas doses, como que por um comando. Quando os filhotes vêm ao mundo, renova-se o dom do amor para os pais; um amor especial que os leva a nutrir os que nasceram deles, a aquecê-los, a defendê-los, até a enfrentar perigos e morte. O apego da mãe aos filhotes a mantém constantemente perto deles dia e noite. É essa a forma de amor que garante a sobrevivência, a salvação e o bem-estar dos filhotes. A tarefa da energia nesse seu aspecto especial é precisa: "A espécie deve ser protegida e tu te dedicarás a essa proteção até que os seres a ti confiados não tenham mais necessidade de ajuda". E eis que, mal os filhotes cresceram, de um momento para outro o amor desaparece. Aqueles que antes pareciam ligados por um sentimento inextinguível se separam. Se se reveem depois, agem como se jamais tivessem se conhecido; e, se o filho ousa tomar um pedaço do alimento da mãe, esta, que antes lhe cedia tudo, o ataca com ferocidade.

O que quer dizer isso? Que o pequeno raio de energia penetra através das trevas da consciência que é emprestada a todo ser e retirada tão logo sua meta tenha sido atingida.

No homem não é assim: o amor não desaparece quando os filhos cresceram, mas se estende para além dos limites da família. Nós o sentimos pronto a aparecer e a nos unir quando um ideal nos tocou o coração.

Na humanidade, o amor permanece e suas consequências ultrapassam a vida individual: porque o que é a organização social que vai se estendendo para abraçar toda a humanidade senão a consequência de amor que os outros sentiram no passado?

Se a natureza fornece essa energia com objetivos precisos; se ela a dá tão comedidamente a outras formas de vida, não deve ser sem objetivo a generosidade que ela demonstra para com o homem.

Se em cada aspecto seu essa energia leva à salvação, é fatal que, quando não seja considerada, se proceda rumo à destruição. O valor dessa porção de energia que nos é prodigalizada está incomensuravelmente acima de todas as conquistas materiais de civilização às quais o homem é tão aferrado. Estas não passam de expressões temporárias da mesma energia e, pouco depois de ultrapassadas por novas conquistas, desaparecerão. No entanto, a energia mesma continuará a cumprir sua tarefa de criação, de proteção e de salvação mesmo depois que não restar traço do homem no universo.

O amor é concedido ao homem como um dom dirigido a um dado objetivo e por um desígnio especial, como toda coisa que é emprestada aos seres vivos pela consciência cósmica. Esse dom deve ser entesourado, desenvolvido e engrandecido ao máximo das possibilidades. O homem, único entre os seres, pode sublimar essa força que lhe foi dada e desenvolvê-la mais e mais, e fazer tesouro dela é sua tarefa: justamente porque é a força que mantém unido o universo.

Com ela, também o homem poderá manter unido tudo quanto cria com suas mãos e com sua inteligência: sem ela, tudo o que ele criará estará voltado (como quase sempre é) para trazer desordem e destruição; sem ela, com o aumento da própria potência, nada de seu poderá subsistir, tudo desmoronará.

Agora podemos compreender a palavra do santo de que tudo é nada se não há amor. Mais do que a eletricidade, que faz luz nas trevas, mais do que as ondas etéreas, que permitem que nossa voz atravesse o espaço, mais do que qualquer energia que o homem tenha descoberto e aproveitado, o que conta é o amor: de todas as coisas, ele é a mais importante. Tudo o que o homem pode fazer com suas descobertas depende da consciência de quem as usa. Essa energia do amor, porém, nos é dada para que cada um de nós a tenha em si. Ela, embora dada ao homem em medida limitada e difusa, é a maior força de que o homem dispõe. A parte dela que possuímos conscientemente é renovada toda vez que nasce uma criança, e, mesmo que mais tarde as circunstâncias a façam abrandar, sentimos por ela um desejo premente. Devemos, por isso, estudá-la e usá-la mais do que qualquer outra força que nos circunda, porque ela não é emprestada ao ambiente, como o são outras forças, mas é emprestada a nós. O estudo do amor e sua utilização nos levarão à fonte da qual ele jorra: a Criança.

Esse é o caminho que o homem deverá percorrer em seu afã e em suas labutas se ele, como aspira, quiser alcançar a salvação e a união da humanidade.

Acreditamos
nos livros

Este livro foi composto em Dolly Pro Regular
e impresso pela Geográfica para a Editora Planeta
do Brasil em fevereiro de 2025.